VOYAGES
D'ITALIE
ET DE HOLLANDE.

TOME PREMIER.

VOYAGES D'ITALIE ET DE HOLLANDE;

Par M. l'Abbé COYER, *des Académies de Nancy, de Rome & de Londres.*

TOME PREMIER.

A PARIS,

Chez la Veuve Duchesne, Libraire, rue Saint Jacques, au Temple du Goût.

M. DCC LXXV.

Avec Approbation & Privilége du Roi.

AVANT-PROPOS.

APrès tant de voyages d'Italie anciennement ou nouvellement publiés, encore un voyage d'Italie! quoi de plus fastidieux? Cela se pourrait. Mais en réfléchissant qu'après tant d'Élémens de Géographie, d'Arithmétique, de Physique, de Mathématique, & tant de Dictionnaires portatifs dans le même genre, la Presse en enfante chaque jour de nouveaux, on a pensé que les Voyageurs partageaient le privilége de traiter des matières déja traitées. D'ailleurs, ne sait-on pas qu'ils ont la plus vive démangeaison de raconter!

Ceux à qui ces deux raisons ne suffiront pas, se contenteront peut-être de celles qui suivent.

Le voyage d'Italie est le plus intéressant de tous les voyages possibles. La Babylonie ne conserve plus rien de toutes les merveilles qui lui donnèrent tant de célébrité. On cherche même la place où était Babylone.

L'Égypte n'a plus que ses pyramides, étonnantes sans doute par leur masse, plus étonnantes par leur inutilité qui coûta tant de travaux & de dépenses. Quoi encore? ses canaux, peut-être, où la vase du Nil venait se déposer, pour rendre la contrée si fertile, & la Nation si mal saine. La Grèce même, où les Arts, le *goût & l'amour du bien public avaient fait tant de choses dignes de tous les siècles, la Grèce a tout perdu, à peu de choses près. Les Savans qui en entreprennent le voyage, vont plutôt pour conjecturer que pour voir.*

On sait aussi que dans ces trois Régions, non-seulement les monumens des Arts ont péri; mais les Arts eux-mêmes, avec le génie, sous le despotisme oriental.

L'Italie seule conserve une infinité de monumens d'un peuple qui a été le premier peuple du monde. Tous les Arts des autres peuples s'y sont naturalisés pour y refleurir.

Outre ces considérations, l'Italie, du côté de l'ordre politique, offre des singularités qui doivent nécessairement multiplier les observations des Voyageurs. Un pays, moins grand que l'Allemagne, renferme deux Royaumes, plusieurs Duchés Souverains, plusieurs Républiques, deux Doges-Rois, & un Pontife-Roi. Un tel pays est en quelque sorte inépuisable. L'Artiste, le Lettré, le Politique, l'Homme frivole même, tous y trouvent de quoi exercer leur goût & leur génie.

Mais dans une si grande multitude d'objets si variés, il est extrêmement difficile, qu'un seul Voyageur ait tout saisi; & même qu'il l'ait voulu. L'un a traité une partie, l'autre une autre. Il y a plus. Comme chacun a sa façon de voir, il se peut que le même objet n'ait pas été observé sous toutes les faces.

Si donc il paraissait un voyage qui réunît, je ne dis pas tous les détails, mais les traits les plus intéressans de la totalité, cet ouvrage n'aurait-il pas encore son utilité ? On n'assurera pas qu'on y a réussi, mais qu'on l'a voulu.

Enfin, attendu l'importance du voyage, qui sera toujours le premier pour les gens éclairés, il peut résulter que la publication de celui-ci, venant à l'appui des autres, & fournissant sa part d'observations, on aura des matériaux suffisans pour élever tout l'édifice; ce qui menacerait d'un voyage subséquent au mien, où l'on exécutera ce que j'ai osé tenter.

Au reste, si le Voyageur qui raconte, disait qu'il n'a fait que rassembler les lettres qu'il écrivait, à mesure qu'il voyait, à une Dame qui a beaucoup de connaissances & de goût; le croirait-on, ne le croirait-on pas? Mais qu'importe? cette forme épistolaire lui a paru plus commode, & le lecteur n'y perdra rien.

VOYAGE D'ITALIE
En 1763 & 1764.

LETTRE PREMIERE.

De Paris, le 24 Août 1763.

QUAND vous recevrez cette lettre, respectable Aspasie, j'aurai déjà fait quelques lieues vers la patrie des Césars & des Papes. Me pardonnerez-vous de vous avoir trompée ? Vous vous attendiez à un adieu ; à vous ! Laissons ce mot aux simples connaissances.. L'amitié en souffre trop. Suis-je justifié ?

Je pars donc, en détournant mes regards de la campagne où je vous ai laissée, il y a huit jours ; & je pars seul. Des trois curieux avec lesquels je devais chercher de l'instruction, l'un a pris des engagemens pour jouer des proverbes pendant l'hiver prochain ; l'autre avec l'envie la plus décidée, & une fortune considérable, a été retenu par la difficulté de garnir sa bourse : on est donc pauvre avec un équipage & des terres ! le troisieme a eu le malheur de voir tomber son ami dans l'infortune. L'argent qu'il s'était ménagé avec beaucoup d'économie pour le voyage, il l'a versé dans le sein de l'amitié. C'est ce dernier que je regrette, j'aurais voyagé avec la vertu ; il me fallait ou lui, ou vous.

Si je disais à quelqu'un, Aspasie aime les Arts, les Monumens, les Lettres, & toutes les belles connaissances. Elle est libre. Elle eut un mari qui n'était pas digne d'elle. Le Ciel l'en a délivrée. Elle fut mere, elle ne l'est plus. Elle a de la santé, de la jeunesse, du courage. L'instruction est sa passion dominante ; & c'est avec le regret le plus vif qu'elle m'y voit courir sans elle, tandis que d'autres femmes, avec moins de facilité, lui ont donné l'exemple des voyages. Ce quelqu'un me répondrait fans doute: avec tout cela, comment ne l'avez-vous pas déterminée ? Eſt-ce à moi, que vous affligez, à vous juſtifier ? Je me rappelle notre dernier entretien. Cette terre, me diſiez-vous, que je tiens de mes ayeux, ils ne me l'ont pas tranſmiſe pour y être ſeule heureuſe: ces cultivateurs, ſans qui rien n'exiſte, doivent être l'objet de mes ſoins. Qui eſt-ce qui leur donnerait, pendant mon abſence, à l'un des inſtrumens d'Agriculture, à l'autre du blé, en attendant qu'il en faſſe croître; à la veuve, à l'orphelin, au malade des ſecours proportionnés à leur ſituation ? Qui eſt-ce qui les conſolerait tous de la rigueur du fiſc ?... Vous êtes déſolante avec la bonté de vos raiſons. Moi qui n'ai d'autre terre que toute la terre, je veux en connaître ce que je pourrai, avant que de la quitter. Souvenez-vous de ce mot qui nous frappa en liſant *Pope* : réveille-toi, Mylord ; nous n'avons que le tems de regarder autour de nous, & de mourir. Je n'ai pas encore le tems de mourir, & je ſaiſis celui de voir. J'ouvrirai mes yeux de toute leur grandeur; & je vous rendrai compte de tout, en entrant dans tous les détails qui pourront vous intéresser. Je vous laisse à penser si vous serez jamais absente de ma mémoire. Ma voiture est prête : j'y monte.

LETTRE II.
D'Orléans, le 28 Août 1763.

La situation d'Orléans est très-avantageuse, sur une belle & grande riviere, qui lui donne un commerce assez étendu. J'ai admiré son nouveau pont, mais sans sa Pucelle. Les habitans se flattent qu'on la replacera. Ce n'est pas leur affaire à eux seuls : c'est celle de toute la France; puisqu'enfin cette fille (soit miracle, soit stratagême politique) a tant contribué à sauver le Royaume. Les Nations policées ont perpétué la mémoire de cent évènemens bien moins importans que celui-là. L'ancienne Pucelle existe encore dans un réduit, à l'Hôtel de Ville. Il faut l'y laisser, & en créer une autre digne de notre siècle ; & du beau pont où elle prêchera l'amour du Roi & de la patrie. Je ne sais si les ponts que je verrai dans mon voyage me frapperont plus que celui-ci. Quelle légereté, sans nuire à la solidité ! Quelle beauté ! Quelle hardiesse ! Quand on arrive à un pont, on s'attend à monter & à descendre : on va de plain-pied à celui-ci. La rue qui y mène, bien alignée, & bordée de maisons à façades symmétriques, ferait honneur à une grande capitale. C'est dommage qu'elle n'ait que la largeur du pont : l'œil n'est pas content.

Si vous étiez une savante, comme Madame *Dacier*, je vous dirais qu'Orléans fut la patrie du savant Jésuite *Petau*, qui redressa *Scaliger*, qui étonna *Saumaise*, qui n'ignora aucune des langues savantes, qui traduisit les pseaumes en vers Grecs pour se délasser. Mais vous aimez mieux une vue philosophique en bonne morale, en saine politique, ou un Ouvrage de goût, que des commentaires & des critiques. Je ne vous fais point de complimens, à vous qui voulez des sentimens. Vous les réitérer dans chaque lettre, ce serait supposer que vous en doutez.

LETTRE III.

De Bourges, le 4 Septembre 1763.

Vous savez les raisons qui m'ont décidé à passer par le Berri. En quittant le territoire d'Orléans, pour prendre cette route, tout change de face. Les vignes, les champs, les prairies, les villages, les hameaux, les animaux, les hommes disparaissent ; & cela dans l'espace de quatorze à quinze lieues. Des bruyères, des brandes, des bois qui cherchent à croître, quelques nourritures vagues pour les troupeaux : point, ou presque point pour les hommes. Il y en aurait, s'il y avait des bras pour cultiver. Ennuyé & pensif, j'avançais dans ce triste pays. *La Ferté-Lovendal* m'a tiré de ma rêverie à l'heure du dîner : (car rêver n'est pas dîner) ; j'y ai vu de la culture, parce que le Maréchal de Lovendal, qui voulait des gerbes de blé, après avoir moissonné des lauriers, y avait attiré des hommes. Le propriétaire qui lui a succédé, est un Armateur qui a fait sa fortune aux dépens de l'ennemi, en servant l'État. Aimeriez-vous mieux cette Seigneurie dans les mains d'un publicain qui se se ferait engraissé du sang de la Nation, sans sortir de son cabinet ?

Suivez-moi, sans quitter le vôtre. Je m'enfonce dans le Berri. J'apperçois, autant que ma vue peut s'étendre, une terre vigoureuse, qui voudrait tout produire, & qui produit peu. Il y a quatre ans qu'un riche citoyen de Lyon, Membre de la société d'Agriculture de cette Ville, (que feront toutes ces sociétés, si la main du Gouvernement n'agit pas ?) il y a quatre ans que cet homme qui mérite d'avoir des vassaux, puisqu'il veut les faire vivre, s'est fait Seigneur de plusieurs paroisses, aux portes de Bourges. Quand je dis Seigneur, j'entends Seigneur propriétaire des fonds : c'est une terre de trois lieues de circonférence. Il y a jetté cent cultivateurs, non des gens du pays qui sont en trop petit nombre, & voués à la paresse : mais des familles du Lyonnois qui ont abandonné leurs champs, pour fuir les vexations arbitraires du fisc. J'ai eu du plaisir à voir naître des prairies artificielles, des parcs pour les moutons, & les instrumens de la nouvelle agriculture, en action. Déjà les deux tiers de la terre sont en valeur. Le reste viendra; & peut-être le Berri ouvrira les yeux. On m'assûre (& je prends de bonnes informations) que près de la moitié de la province est en friche. Ces gens-ci ont trouvé le secret de vivre dans la disette sur une terre qui promet de la fécondité. Voulez-vous un arpent de bonne terre à dix écus dans le Berri ? En voulez-vous un à quatre francs dans la Sologne ? Choisissez.

Que dites-vous de cette désolation, sage Aspasie, vous qui apportez tant de soins pour que rien ne reste inculte dans votre terre ? La terre d'un Roi, c'est tout le Royaume. Je n'ai pas le tems aujourd'hui de vous promener dans Bourges : à demain ; j'aurai tout vu.

Bourges.

Je reprends la plume. Je viens de parcourir la patrie de Bourdaloue, & de la Chapelle. On montre encore la maison où Louis XI est né : on ne la voit pas avec cet attendrissement que l'on ressent à l'aspect du berceau de Henri IV à Pau. La maison de Jacques Cœur, aujourd'hui l'Hôtel de Ville, est un édifice au-dessus de la fortune d'un particulier, dans le mauvais goût de ce tems-là. La Ville, le Présidial, & toutes les autres Jurisdictions Royales y ont leur salle, sans occuper la totalité. Vous savez qu'il était *Argentier*, c'est-à-dire, Surintendant des Finances de Charles VII ; & qu'en même tems trois ou quatre-cents Facteurs conduisaient son commerce en Italie, en Turquie, en Perse, en Afrique. L'envie de le dépouiller lui supposa des crimes ; & après sa condamnation, refugié dans l'Isle de Chypre, ce fut le commerce qui rétablit sa fortune. C'est ainsi qu'il justifia la devise qui se lit sur les anciens vitraux de sa maison. *A vaillant cœur, rien impossible.*

Si jamais vous faites votre tour de France, prenez avec vous *Piganiol de la Force*, puisqu'enfin nous n'avons pas de meilleurs guides : mais défiez-vous de lui. J'ai demandé le Palais dont il fait une description comme d'un monument subsistant, description si détaillée, qu'on dirait qu'il ne fait qu'en sortir : mais à peine son bisayeul l'aurait-il vu. Il y a 150 ans qu'il est détruit. Oh ! Monsieur Piganiol, vous receviez de mauvaises instructions. Veut-on un bon Ouvrage dans ce genre ? Que le Gouvernement employe un homme qui aura vu, & bien vu tout ce qu'il écrit. J'ai regretté cette salle, où fut ébauchée la Pragmatique Sanction. Jamais peut-être l'assemblée du Clergé de France ne fut mieux inspirée. Le tems de Charles VII était fécond en évènemens fort extraordinaires.

Je ne veux pas vous faire grâce de la Cathédrale, vaste bâtiment gothique, où la nef est accompagnée de quatre aîles, sans compter les chapelles. Tout cela est d'une grande perfection, & très-hardi : mais le frontispice est misérable, excepté une tour, qui disputerait avec celles de Notre-Dame de Paris : l'autre est à moitié ruinée, sans qu'on pense à la réparer. Comment faisaient nos peres ? Sans avoir tout l'argent que nous avons, ils entreprenaient de grandes choses, & les finissaient. Une simple réparation semble passer nos forces.

En considérant, du haut de la tour, l'étendue de la Ville, je l'aurais cru peuplée de quarante à cinquante-mille âmes. Ce nombre y fut, il y a deux siècles; on y en compte à préfent quinze-mille. J'ai queftionné fur les caufes de cette dépopulation : les uns l'attribuent à la révocation de l'Édit de Nantes ; les autres, à l'annobliffement par l'Échevinage : ces nouveaux Nobles qui éclôfent tous les ans pour ne plus vivre que noblement, redoutent les nombreufes familles. D'autres enfin donnent pour caufe du dépériffement de leur Ville, l'oppreffion de l'agriculture, & la diminution du commerce. Il eft probable qu'en réuniffant toutes ces caufes, on touche à la vérité. On compte trente-cinq Abbayes dans le Berri, & fort peu de manufactures, avec tant de matières premières; car, fans parler de la laine, le chanvre y croît en abondance, & de bonne qualité, & perfonne ne connaît les toiles du Berri.

Quand je trouverai des Villes bien bâties & bien décorées, je me ferai un plaifir d'amufer votre imagination. Ici, vilaines rues, maifons de bois, encore plus hideufes. Il y a pourtant de belles carrierès aux portes de la Ville. Je n'ai à vous préfenter ni places, ni fontaines, ni ftatues. Je vous offre en dédommagement, les portraits d'*Alciat*, de *Rebuffe*, de *Doneau*, de *Cujas*, de *Bourdaloue*, de *la Chapelle*, & généralement de tous les hommes célèbres qui ont honoré Bourges. Les honnêtes Officiers municipaux qui me les montraient dans l'Hôtel de Ville, avec cette joie patriotique qui marque du goût, voudraient bien leur ériger des monumens plus publics, & plus durables ; mais il faudrait de la dépense, & la Ville est pauvre. Je pars demain pour la Charité. Le tems s'est mis à la pluie. On me fait peur de cette traversée, qui me rejettera dans la route de Lyon : je m'en tirerai comme je pourrai.

LETTRE IV.

De Nevers, le 7 Septembre 1763.

AH ! le maudit chemin ! On jure souvent à tort & à travers contre les Intendans. Mais pour le coup on a raison. La pluie n'a pourtant pas été considérable. Que serait-ce en hiver ? On ne s'en tirerait pas. Que faudrait-il pour ouvrir un commerce entre Bourges & Lyon ? (la traverse pour gagner la grande route, n'est que de quinze lieues :) un travail de quinze mois, si on le voulait fortement & de la bonne façon ; car je ne voudrais pas qu'on arrachât nos cultivateurs aux terres, pour avoir des chemins. Ces anciennes Nations policées qui faisaient de si grands ouvrages, en employant les troupes, ces soldats ornés de couronnes murales, civiques & navales, qu'on voyait construire les voies Romaines d'un bout de l'Empire à l'autre, ces Nations avaient elles tort, ou nous ? Qu'on ne donne pas la question à décider à nos Militaires qui veulent de jolis soldats.

Nevers. La Ville d'où je vous écris n'a rien de remarquable, qu'une porte moderne qui a de la nobleſſe, & même de la grandeur. Mais la rue qu'elle annonce, n'en paraît que plus dégoûtante. On lit ſur cette porte des inſcriptions en vers Français. Elles m'auraient plu, fuſſent-elles médiocres. Il eſt tems d'honorer notre langue que nous vantons tant. Les Grecs & les Romains gravaient la leur ſur leurs monumens.

Nevers, quoiqu'aſſez ancien, ne s'eſt pas diſtingué dans les beaux Arts. Le Menuiſier Poëte, Maître Adam, eſt le ſeul Auteur connu qu'elle ait produit; car il n'y a pas moyen de placer au Parnaſſe le Chanſonnier Marigny, qui, au tems de la fronde, recueillit tant d'applaudiſſemens par ſes traits ſatyriques; & de tems en tems quelques volées de coups de bâton, récompenſe aſſez ordinaire de ce genre de talent.

Vous connaiſſez la fayence, la verrerie, & les ouvrages en émail qui s'y fabriquent. Mais ſi vous voyiez les cachots obſcurs, étouffés, enfumés, infectes, où les Emailleurs n'ont d'autre lumiere, de jour comme de nuit, que celle de leur lampe, vous plaindriez les hommes que la nécessité condamne aux métiers destructeurs. Ces malheureux, mal-sains pour la plupart, ne vivent pas long-tems.

Avant que de quitter la plume, j'ai une question à vous faire : me trouvez-vous assez docile à vos ordres ? Je ne voulais, vous le savez, m'engager à vous écrire que sur l'Italie. Vous ne m'avez fait grâce de rien. Vous exigez un compte de tous mes pas. France, Savoie, Italie, tout vous est bon. Il faut vous satisfaire.

LETTRE V.

De Lyon, ce 14 Septembre 1763.

UNE Ville, au confluent de la Saône & du Rhône ; le Rhône pour porter ses richesses à la mer, la Saône pour la nourrir ; une Ville environnée de côteaux bien cultivés, & qui offrent des points-de-vue aussi variés qu'étendus sur des campagnes fertiles ; une Ville qui rend toute l'Europe tributaire de ses manufactures ; une Ville peuplée de deux-cent-mille âmes, ou peu s'en

Lyon.

faut : voilà une légère esquisse de Lyon. Elle doit sa fortune & sa grandeur au commerce ; mais le commerce crie : abolissez vos reglemens, vos inspecteurs, vos douanes, laissez-moi libre, & l'Etat y gagnera aussi bien que mes agens. Je supprimerais ce cri, si je ne voulais que vous amuser ; mais je sais que votre âme s'élance vers le bien public.

On a voulu décorer cette Ville, & on a manqué la principale décoration. Je parle de la Place de Louis-le-Grand. Voulez-vous que j'en construise une Place de la plus grande beauté ? J'abbats les allées d'arbres à l'Orient, & les vilaines maisons qui les regardent. Puis, d'un coup de baguette, je transporte les magnifiques bâtimens des deux autres faces, dans les côtés vuides ; & du milieu je vous fais voir la Saône & le Rhône avec le mouvement du commerce. Vous n'avez à Paris aucune fontaine qu'on puisse comparer à celle qu'on admire sur cette Place.

On vous a vanté plus d'une fois la Salle de la Comédie, ou de l'Opéra, c'est-à-dire, des deux ensemble. On a

eu

eu raison pour le dedans. On a peut-être épargné l'argent au célèbre Architecte, dont les grandes idées sont assez connues. Le dehors est mesquin. Mais telle qu'elle est, elle est bien préférable aux trois jeux de Paume, où Paris voit ses Spectacles (*a*).

L'Hôtel-de-Ville, qui est en face, pourrait servir de modèle à celui qu'on se contente de projetter depuis si long-tems dans la capitale du Royaume : l'escalier, comme tout le reste, en est sublime. Connaissez-vous parmi les peintres Thomas *Blanchet* ? Il y a peint de la plus grande maniere l'embrâsement de la ville sous l'empire de Néron. Le mot de Sénèque sur ce terrible évènement se lit au bas de ce grand tableau : *Inter magnam urbem & nullam, nox una interfuit*. Je ne m'accoutume point à vous parler latin ; quoique vous le sachiez comme un homme, sans que les femmes se doutent de votre savoir.

Vous avez vu (ce n'est pas l'Hôtel-Dieu de Paris) de beaux Hôpitaux : celui de Lyon les efface tous. On le prendrait pour le palais d'un Roi par la

---

(*a*) La nouvelle Salle de l'Opéra n'existait pas alors.

beauté de l'architecture, par son étendue, & par sa situation sur un beau Quai. Cette magnificence est peut-être un luxe répréhensible. Que faut-il pour des malades ? Simplicité, commodité, propreté, salubrité. Ces trois derniers avantages y sont rassemblés. On n'y voit point dans un même lit, comme dans la capitale du Royaume, cinq à six malades qui s'infectent les uns les autres de vapeurs mortelles. Dans des cas de nécessité, qui sont très-rares, jamais le même lit n'en reçoit plus de deux.

La ville a mis la même propreté, la même salubrité dans ses deux boucheries, grands bâtimens, où, après la tuerie, deux fontaines, lâchées des deux extrémités, sur un pavé en pente, entrainent le sang & les ordures dans des puisards qui dégorgent, l'un dans le Rhône, l'autre dans la Saone. Les Etaux tous égaux où la viande s'expose, sont placés sur deux lignes, les uns vis-à-vis des autres. On n'y voit point, ou presque point de mouches.

Vous allez peut-être croire que Lyon avec ses deux rivieres, est traversée de Quais. Point du tout. On a négligé cette décoration utile, pour s'attacher à des objets qui n'étaient pas si pressés.

Voulez-vous de l'antique ? Vous trouverez à l'Hôtel-de-Ville, fur une table d'airain, la harangue que l'Empereur Claude, n'étant encore que Cenfeur, fit au Sénat de Rome en faveur des Lyonnais. Vous y verrez le *Taurobole*, c'eſt-à-dire, un autel antique, haut de quatre pieds, pour conſerver la mémoire d'un ſacrifice de taureau, à la Déeſſe Cybèle. Montez avec moi ſur la montagne de Saint-Juſt. Entrons chez les Minimes, voilà les reſtes du théâtre, où le peuple s'aſſemblait. Ces beaux reſtes feraient en plus grande maſſe, ſi les bons Peres n'en avaient pas employé une partie à ſe bâtir. A quelques pas de-là, les aquéducs qui abreuvaient la ville, en lui amenant de l'eau d'une riviere du Forêt dans l'eſpace de ſept à huit lieues, exemple perdu pour la poſtérité. Les ruines en ſont encore reſpectables. Depuis ce tems-là Lyon s'abreuve d'eau de puits, tandis que la Saone & le Rhône offrent les leurs qui ſont fort ſaines, à ce qu'on m'aſſûre. Celles du Rhône ſur-tout.

Vous avez lu quelque part que ſoixante peuples des Gaules firent bâtir un Temple en l'honneur de la ville de Rome, & d'Auguſte. C'était à Lyon.

Vous avez lu auſſi que Caligula (car les tyrans les plus déteſtables font quelquefois de bonnes choſes) établit cette fameuſe Académie qui s'aſſemblait devant l'autel d'Auguſte, où les Orateurs allaient diſputer le prix de l'Eloquence. Ce lieu ſe nommait *Athenœum*, aujourd'hui l'Abbaye d'*Ainay*. Voilà comme nos barbares ancêtres ont défiguré les noms, en détruiſant les choſes. Nul veſtige ni du temple, ni de l'Académie. On ſent pourtant une ſorte de plaiſir à ſe trouver ſur le terrein.

J'ai vu aux Carmelites une deſcente de croix de *le Brun*, dont les connaiſſeurs font grand cas. La chapelle des Pénitens a un morceau de *Rubens* digne de ſes autres ouvrages. Les Chartreux vous montrent une Réſurrection, & une Aſſomption de *Trémolière*. Que n'eût-il pas fait, s'il eût vécu âge d'homme? Quelques particuliers ont des cabinets en hiſtoire naturelle, & en méchanique. On voit ailleurs de plus grandes collections; mais on n'y trouve pas plus d'honnêteté. Il faut vous dire un mot d'une École unique dans le Royaume. C'eſt l'Ecole Vétérinaire. Trente ou quarante éleves, Français en grande partie, Pruſſiens, Danois, Suédois, y apprennent tout ce qui est nécessaire pour la conservation de l'animal le plus utile à la guerre, & du plus grand usage en tems de paix. Les leçons de la Faculté de Médecine, & celles de Saint Côme ne se donnent pas avec plus d'ordre & de profit (*a*).

Je ne vous parlerai pas de la belle & nombreuse Bibliothèque des Jésuites, dont le scellé m'a fermé la porte. Tous ceux qui s'intéressent aux Lettres en redoutent la vente. Si elle se vend, on dira d'elle, ainsi que de la Société, *Troja fuit*.

J'ai employé bien des heures à courir les Manufactures. Quand on les suit avec attention, on admire encore plus l'art, que les belles étoffes qui en sont le produit. Je vous fais grâce de beaucoup d'autres choses qu'on va voir, parce qu'on veut tout voir. Vous n'aimez pas qu'on s'appesantisse ; & on est sûr de

_____

(*a*) Cette École, qui s'est encore perfectionnée sous les yeux de son fondateur, & qui a étendu ses succès sur les animaux de labour, a été transferée dans la capitale, d'où elle envoie des secours dans les provinces.

bien faire, quand on vous plaît. Conservez, je vous prie, mes Lettres dont il me resterait trop peu de souvenir. J'aurai peut-être, un jour, quelque plaisir à me relire.

Si vous saviez ce que je projette, vous le dirai-je ? c'est d'affronter les Alpes, & les Apennins, pour arriver à Rome avec le seul cheval que vous me connaissez, qui traîne le cabriolet, le maître, le domestique, & une grosse malle. Pourquoi non ? les grands font de petites choses avec de grands moyens ; c'est aux petits à faire de grandes choses avec de petits moyens. Né d'une mere Flamande, le *Belge*, je le sais, ne ressemble en rien aux chevaux immortels d'Achille. Loin de devancer les vents, il est passablement lourd ; mais il est solide. Il ne connaît pas les nourritures célestes ; mais avec du foin, de l'avoine, & un appétit soutenu, s'il trouve une difficulté à la fin de la journée, il redouble de force. Voilà ce que j'ai éprouvé de Paris jusqu'ici ; motif de confiance. Après cela, traitez-moi de téméraire, d'insensé, si vous le voulez. Adieu, Aspasie. Je quitte Lyon.

LETTRE VI.

De Chambéry, le 22 Septembre 1763.

LE pont de Beauvoisin n'a-t-il jamais frappé vos oreilles ? prenez votre carte. C'est un village coupé par une riviere qui nous sépare de la Savoie. Je m'attendais en mettant le pied sur cette terre étrangere, à être fouillé jusques dans l'âme. Point du tout.... *Monsieur, n'avez-vous rien de prohibé, rien de sujet aux droits ?* Rien, Messieurs : *Passez, nous vous souhaitons un bon voyage.* Sont-ce là des commis ? nos fermiers-généraux devraient bien envoyer les leurs à cette école ; & sur-tout ceux qui vous arrêtent aux barrieres de Paris, n'arrivâ-t-on que d'une promenade au bois de Boulogne. Vous rappellez-vous, Madame, combien j'étais piqué, lorsqu'un jour arrivant de la Flandre, je fus arrêté pour du tabac ; c'était le reste d'une livre, petite provision de voyage, que j'avois acheté à Bruxelles. Tabac confisqué, procès-verbal, deux louis consignés sous peine de me séparer de ma voiture. Ces satellites du Fisc, qui excèdent sans doute les ordres de leurs commettans, déshonorent les fermes générales & l'administration publique. J'eus cependant obligation aux juges qui prononcerent sur cette grande affaire. Je ne fus condamné qu'à douze livres tournois.

Adieu le plat-pays. Quel chemin, juste Dieu ! pauvre Belge ! maudites Echelles ! est-ce pour escalader le ciel avec les Titans ? mais, en même tems, quels travaux ! revivez, Romains, & voyez une masse énorme de rochers, effrayante par sa hauteur, percée vers son milieu dans la longueur d'une demi-lieue. Imaginez les terrasses qu'il a fallu faire pour s'élever jusqu'à l'entrée de l'ouverture ; & quels murs pour les soutenir ! après avoir franchi ces Thermopyles, on tourne les rochers sur une espèce de galerie en l'air où l'on a besoin de sa tête. L'entreprise d'un tel chemin auroit effrayé le plus grand potentat de l'Europe. Un Duc de Savoie dans le dernier siècle osa la commencer, & l'achever. Tant il est vrai que la vertu économique dans un chef de nation, suffit aux plus grandes choses. Voici l'infcription : elle eft un peu fiere, mais la fierté s'allie affez avec la grandeur.

CAROL. EMANUEL II. SABAUDIÆ DUX.
PEDEM. PRINCEPS. CYPRI REX. PUBLICA.
FELICITATE. PARTA. SINGULORUM. COMMODIS.
INTENTUS. BREVIOREM. SECURIOREM. QUE.
VIAM. REGIAM. NATURA. OCCLUSAM.
ROMANIS. INTENTATAM. CÆTERIS. DESPERATAM.
DEJECTIS. SCOPULORUM. REPAGULIS. ÆQUATA.
MONTIUM. INIQUITATE. QUÆ. CERVICIBUS.
IMMINEBANT. PRÆCIPITIA. PEDIBUS.
SUBSTERNENS. ÆTERNIS. POPULORUM. COMMER-
CIIS.
PATEFECIT. AN. M. DCLXX.

Traduifez-la en faveur de ce beau chevalier qui a paffé dix ans dans un Collége pour ne pas entendre une langue que vous avez apprife en dix-huit mois.

Des Echelles jufqu'à Chambéry la route eft fupportable. Cette capitale de la Savoie, peuplée de fept à huit-mille âmes, décorée d'un Sénat, n'a rien de remarquable, ni dans fes rues, ni dans fes places, ni dans fes édifices. Mais elle a une chofe plus belle, que les plus beaux monumens. Les places de Séna-

Chambéry.

teurs se donnent au mérite : aussi les plus anciennes familles les ambitionnent-elles. On n'y achète pas non plus la permission de combattre pour sa patrie.

J'avois souvent entendu dire que les Etats du Roi de Sardaigne, en-deçà des Alpes, abondaient en familles nobles dont l'origine se perdait dans l'obscurité des siècles ; & que le Duc Charles-Emmanuel I, par son traité avec Henri IV fait à Lyon en 1601, avait cédé à ce Prince, plus de gentilshommes, par l'échange de la Bresse, du Bugey, & du pays de Gex, contre le Marquisat de Saluces, qu'il n'en avait reçu de sujets.

Curieux de vérifier cette anecdote, je me suis adressé à un homme très-instruit. Il m'a assuré, comme je l'avais lu dans les meilleurs Auteurs de l'histoire de Savoie, que ces provinces fourmillaient de familles nobles ; & que plusieurs de celles qui se sont perpetuées jusqu'à nos jours, existaient avant que Berold de Saxe, chef de la Royale Maison de Savoie, né selon Pingon ( ) en 980, chassât les brigands de cette partie des Alpes, & y établît sa famille qui y

---

(a) Ecrivain des antiquités de Savoie.

règne depuis huit siècles, par une filiation qui n'a été qu'une seule fois interrompue, lorsque la couronne passa de l'oncle au neveu.

Dans le nombre de ces familles illustres dont les titres se sont le mieux conservés, on trouve les *Menthons*, les *Compoix* & les *Viry*. Les gens du pays disent que les Menthons portaient le titre de Baron, avant l'Ere chrétienne, *Baro antè christum* ; que les Compoix remontent encore plus haut. Le fabuleux en généalogie se mêle toujours à une ancienneté qui se perd dans la nuit des siècles. Mais du moins les Viry remontent par des titres authentiques jusqu'à l'an 980 : époque où le chef de cette famille se trouva à la bataille navale que Béroid de Saxe donna contre les Génois pour la défense de Bozon, Roi d'Arles. L'Epitaphe d'Hugues de Viry son fils, & d'Antoinette, fille du Comte souverain de Genève son épouse, se lit encore dans l'Eglise de Bonlieu.

HIC JACET HUGO DOMINUS A VIRIACO MILES DEFUNCTUS DIE 18ª MARTIS, ANNO 1047. ET ANTONIA

DE GEBENNA, EJUS UXOR, QUORUM ANIMÆ REQUIESCANT IN PACE (*a*).

Le chef de cette famille, actuellement Ministre du Roi de Sardaigne en Angleterre, vient de travailler avec succès à ramener la paix entre les Cours de Versailles & de Londres, par le traité signé à Paris le 10 Février de la présente année 1763 (*b*). Parmi ses ancêtres il en compte plusieurs qui, comme lui, se sont illustrés par la guerre & les Ambassades.

Quoique j'aie mis dans mes projets de me détourner à droite, ou à gauche, pour des objets de curiosité, hors de ma route, je sacrifie pour cette fois, sans conséquence, l'Abbaye de Hautecombe, à quatre lieues de Chambéry, chemin de traverse, dans un pays où la grande route est déjà si scabreuse.

J'aurais vu dans cette Abbaye le tom-

(*a*) Cronica reale di Savoia. T. 2. p. 121.
Paradin, chap. 9. pag. 252.
Guichenon, dans plusieurs articles.

(*b*) Mort depuis à Turin, étant Ministre des Affaires Etrangeres.

beau d'Amé ou Amédée V Duc de Savoie, dit le grand, à cause de sa sagesse, de sa bonté & de ses hauts faits de guerre. Les chroniques rapportent qu'il fit trente-deux siéges, où il fut toujours vainqueur. Parmi ses actions mémorables, on vante beaucoup la victoire qu'il remporta en 1315 contre les Infideles, en allant au secours des Chevaliers de Saint-Jean de Jérusalem, qui s'étaient emparés de l'Isle de Rhodes, & menacés alors d'en être expulsés.

L'Abbé de Vertot, dans son histoire de Malte, soutient qu'Amédée n'eut aucune part à cette victoire ; parce qu'en la plaçant sous l'année 1310, sur la foi de Guichenon qui s'est trompé lui-même, il se trouve qu'Amédée ne pouvoit être devant Rhodes, étant alors en Italie, avec l'Empereur Henri VII qui allait se faire couronner à Rome. S'il eût consulté Nicéphore-Grégoras & Chalcondyle, tous deux historiens de l'Empire Grec, qui rapportent la victoire d'Amédée à l'année 1315, il eût évité cette erreur.

Un monument de cette victoire, c'est la Croix de l'Ordre dans l'Ecu de la

Maison de Savoye, avec cette devise F. E. R. T. qu'on explique par ces quatre mots latins :

Fortitudo ejus Rhodum tenuit.

Il y eut aussi une médaille frappée avec ces quatre autres lettres T. S. H. I. séparées par les branches de la Croix, & qui s'expliquent par ces quatre mots latins :

Terret signum hoc infideles.

D'ailleurs, avant le doute que l'historien de Malte a voulu élever sur cette victoire, pour en faire honneur à l'Ordre seul, aucun autre historien ne l'avait contestée, pas même le *Bosio* attaché à l'Ordre. Elle était si généralement reconnue, qu'on la voyait sur des tapisseries qui ornaient l'appartement du Grand-Maître d'Aubusson, & qui périrent dans l'incendie de son palais.

Au reste la Royale Maison de Savoie, si féconde en héros, n'a pas besoin de ce triomphe, pour assurer sa gloire : mais la justice qu'on doit à la vérité, reclame contre les nuages dont on voudroit l'envelopper.

Un point va vous étonner. Chambéry, capitale de la Savoie, est du Diocèse de Grenoble (a). Il est près de minuit. Je vais dormir, pour prendre la route du Mont-Cenis à la pointe du jour.

LETTRE VII.

De Lasnebourg, au pied du Mont-Cenis, le 25 Septembre 1763.

CE n'est pas sans peine, & sans quelques petits frissonnemens qu'on y arrive. Combien de fois n'ai-je pas dit : pauvre *Belge* ! il s'en est tiré. Une gorge, ou plutôt une profondeur infernale, fort serrée entre deux chaînes de montagnes, qui laissent les nuées au-dessous d'elles ; quelques-unes toujours couronnées de neige : un torrent grossi par mille autres, qui se précipitent des cîmes, & dont le mugissement répond à l'horreur du lieu : le voyageur obligé alternativement de monter aux nues, &

(a) Depuis peu il s'est fait un arrangement qui remédie à cette dissonnance.

de descendre dans les abîmes, forcé sans cesse à passer & repasser le torrent, sur des ponts tels quels, qui font peur aux voitures les plus légeres ; & qu'on passe pourtant sans accident ; tels sont les trois jours de route de Chambéry jusqu'au pied du Mont-Cenis. C'est-là qu'il faut voir la nature informe, brute & sévere. C'est-là qu'elle compose les fleuves qui vont enrichir & embellir les provinces ; que d'horreurs mêlées de beautés ! L'art s'épuise dans le luxe de nos villes pour former des cascades maigres, chétives, indigentes. Ici, la nature verse à grands flots du haut des rochers. Ce sont des rivieres en l'air.

Je ne finirais pas, si je voulais vous rendre tous les différens aspects que la nature présente, toutes les couches qu'elle expose, en laissant voir ses entrailles, tous les contrastes du chaud & du froid, du printems & de l'automne, de l'été & de l'hiver, toutes les saisons dans la même saison, effets de la hauteur du soleil, & de l'accumulation des montagnes. C'est ici que les Poëtes & les peintres doivent monter leur imagination, s'ils veulent être des *Milton* ou des *Michel-Ange*. Vos agréables plaines, vos jardins peignés autour de Paris, & ailleurs, ont une monotonie qui endort. Ici les sens sont toujours éveillés, toujours frappés, toujous étonnés. Je ne voudrais pourtant pas y fixer ma demeure. On voit sur les habitans l'empreinte de la dureté du climat : une pâleur livide, des goîtres, le décharnement & la langueur.

Montmélian s'est présenté à moi, sur la route ; cette place extrêmement forte, lorsque Louis XIII fut obligé d'en lever le siége, après treize mois d'attaque, ne put tenir contre Louis XIV, qui en fit raser les fortifications. Mais dans la guerre de 1740, les Espagnols s'étant emparés de la Savoie, les rétablirent en partie, & à la paix il a été stipulé, que ce qui était rétabli, resterait. *Montmélian.*

A quelques milles de Saint-Jean de Maurienne, on trouve le village de Briord où Charles le chauve tomba malade en revenant d'Italie, & fut empoisonné par son médecin. Vous m'avez souvent grondé sur mon peu de foi à la médecine. Ce n'est pas que je craigne le poison, n'ayant pas l'honneur d'être Prince : mais les Grecs n'avaient que la même expression pour signifier poison & remede ; *pharmacon*.

Mais il est question du Mont-Cenis qui a si mauvaise réputation dans toute l'Europe. Je le mesure des yeux, c'est tant que la vue peut porter ; & il faut grimper à sa cîme. Si ce n'était que ma personne : mais ma voiture ! Il faut aussi que vous ayez bien du pouvoir sur moi, pour m'engager à prendre la plume dans un moment si critique. J'entends de ma chambre, si c'en est une, les muletiers qui disputent sur le poids de mon cabriolet ; en combien de morceaux il faudra le mettre pour le porter à dos de mulets ; voilà un serrurier qui n'a nullement l'air de s'entendre en voiture, qui commence à dépecer ; & chaque coup de marteau me frappe au cœur.

Mais quel sera le prix d'un transport si laborieux pendant l'espace de six grandes lieues, à travers des précipices ? Vous savez qu'un Abbé qui voyage sans Abbaye, doit être économe. On m'annonce qu'il me faut six mulets pour mon équipage, & un septième pour moi, plus deux porteurs pour la descente ; car on ne ramasse que sur la neige ; il n'y en a pas encore. Eh bien ! Messieurs, combien tout cela coûtera-t-il ?... quinze francs. Je trouvai ces paroles bien douces. Le Roi de Sardaigne ne livre pas les étrangers à l'avidité de ses sujets. Il y a un Syndic qui pese, qui arrange, qui ordonne & qui taxe. Il y a aussi un prix réglé dans les auberges. Cette police bienfaisante, cette attention d'un Souverain dans les petites choses qui font tant de bien, le peignent en grand. Vous saurez par ma premiere Lettre, comment je me serai tiré de ce mauvais pas.

LETTRE VIII.

De Turin, le 30 Septembre 1763.

JE me suis tiré du Mont-Cenis bien au-delà de mes espérances. Approchons des objets, si nous voulons nous rassurer. La hauteur est prodigieuse, en comparaison de tout ce que vous connaissez : mais point de danger. Quand on est au sommet, on trouve une plaine de deux lieues : couverte d'excellens pâturages, semée de grueries, de bestiaux & de pasteurs sous un beau ciel, & un air pur. La vie y est longue, les mœurs innocentes. Les vapeurs nuisibles de la terre, & la corruption morale des villes, ne s'élèvent pas à cette hauteur. Au centre du plateau est un lac, dont les truites sont délicieuses. Plus loin un hôpital pour recevoir les Pélerins.

Virgile nous dit : *facilis descensus Averni*. Cela peut être pour l'enfer : mais la descente du Mont-Cenis est très-laborieuse. Pour en donner une idée, il suffit de dire qu'on descend en trois lieues environ, ce qu'on a monté pendant plus de vingt lieues. Le chemin est un zig-zag continuel à angles aigus, bordé de précipices. On a employé tout l'art possible, pour parer aux dangers. Je n'ai pas voulu me faire porter, afin d'observer plus à volonté. On enjambe d'une difficulté à l'autre. On saute plus qu'on ne marche. J'admirai les mulets de somme, qui mettent éternellement les pieds dans les mêmes pas. Au sommet de la descente, je prophétisais sur ma voiture, que je croyais voir en canelle ; ces animaux en savent plus que les hommes. C'est à ce sommet, dans la petite plaine de Saint-Nicolas, que la Savoie finit, & l'Italie commence. La petite Doire que l'on cotoye, roule en cascades perpétuelles, distribuée par paliers de quarante à cinquante pieds d'élévation perpendiculaire, toujours fouettée, toujours écumante & transparente. Je ne faisais point d'attention à la fatigue : je la sens vivement à présent. Voici le second jour que je garde ma chambre.

Ce chemin devait être tout autrement hérissé d'obstacles, lorsqu'Annibal y arriva avec son armée ; & il fallait qu'il eût une quantité prodigieuse d'excellent vinaigre, en y joignant la force du feu, pour amollir, calciner & dissoudre le rocher, afin de se frayer un passage, selon le rapport de Tite-live. Vous riez. Vous ne méritez pas qu'on vous le prouve.

Au bas de la descente, on trouve la Novalese, premier Bourg & premier Bureau du Piémont. De ce Bourg, en allant à Suze, on passe à cinq ou six lieues du Col de l'Assiete, poste que le Chevalier de Belle-Isle tenta de forcer en 1747. Ce nouveau Titan voulait escalader le ciel, croyant qu'il était beau, même d'en tomber. On s'attendrit sur tant de braves gens qui périrent avec lui. Boucherie sans apparence de succès.

Suze. Suze est la clé de la plaine du Piémont : elle occupe le centre du débouché qui ouvre cette plaine. Elle n'est plus que l'ombre de ce qu'elle fut autrefois ; ruinée, saccagée, brûlée par les Gaulois, les Carthaginois, les Goths, les Vandales, les Sarrazins, les Empereurs d'Allemagne, les Rois de France. Tant il est malheureux de jouer un rôle sur le chemin des conquérans !

A un mille de Suze, sur un Tertre, le Roi de Sardaigne vient de fortifier une citadelle appellée la *Brunette*. L'art y a épuisé tout ce qu'on peut opposer à l'ennemi, Toutes les pièces de fortification sont tirées du rocher. Tout est à l'épreuve de la bombe par le rocher même. Le maréchal de Catinat, objet de terreur & d'admiration pour la Savoie, avait fait sur cet emplacement une simple redoute, qui donna bien de la peine à l'ennemi. C'est ce qui a fait naître l'idée de la Brunette.

Encore quelques milles, Rivoli se présente. C'est le Château où fut enfermé Victor Amédée : exemple qui doit apprendre aux Souverains, combien il est dangereux d'abdiquer une couronne, sur-tout lorsqu'on est capable de la porter. *Rivoli.*

On arrive à Turin par une belle avenue de trois lieues. C'est une place très-bien fortifiée, peuplée d'environ quatre-vingt-mille âmes. Le vieux Turin ressemble à toutes les villes Gothiques ; le nouveau a toutes ses rues tirées au cordeau ; & à chaque extrémité on a le rempart, ou les portes de la Ville en perspective. Quantité d'hôtels, que vous prendriez pour des édifices publics. La principale rue qui mène au Palais du Roi, est singulierement frappante par sa longueur, par sa largeur, par la symmétrie des maisons, par ses portiques de la grande manière, qui forment une belle décoration, & mettent à couvert du soleil & de la pluie. Si toute la Ville était construite dans ce goût, elle serait la plus belle & la plus commode de l'Europe. Il n'en est pas de plus propre. On lâche une écluse toutes les nuits, qui lave *Turin.*

tous les endroits qui en ont besoin, & qui porte de l'eau où le feu prend.

Le Palais du Roi ne répond pas à la beauté de la Ville. Il est annoncé par une place qui est encore à faire, masquée à moitié par une espèce de vieux jubé de cathédrale. La Cour est médiocre. L'édifice n'a rien de Royal: mais les appartemens sont délicieux richement décorés & de bon goût. Il n'est aucun Souverain qui ne s'y trouvât agréablement logé. Il y a une profusion de marbres, de glaces, de statues antiques, & sur-tout de tableaux précieux. Si vous voulez une idée des tableaux, je vous renvoie au voyage de M. Cochin; & je vous y renverrai souvent; il vous instruira mieux que moi.

L'opéra tient à ce Palais. Point d'architecture extérieure : mais il n'y a rien à desirer pour l'intérieur. Le Théâtre est d'une grandeur dont les nôtres n'approchent pas. La salle est de la forme d'un œuf tronqué. Cette forme m'a paru très-favorable, en ce qu'elle rapproche tous les spectateurs du Théâtre. Le parterre est assis. Nous savons qu'aux spectacles de l'ancienne Rome, il y avait

avait des siéges pour cent-mille spectateurs. Il n'y a que des barbares avides d'argent, qui aient pu imaginer de torturer le public pendant trois heures en l'amusant. Le grand opéra ne joue que dans le carnaval; & on y voit le Souverain se réjouir avec ses sujets. Il a fallu me contenter de l'opéra-comique, de ses bouffons, ou leurs semblables, qui ont donné tant de plaisir & d'humeur à notre bonne Ville de Paris. On a bien crié des *fuora* à Mademoiselle *Guadagni*, charmante Actrice. *Pugnani*, que vous avez admiré à Paris, plaisait à son ordinaire. On ne voit point de gardes aux spectacles d'Italie. Ces gens-ci veulent approuver ou siffler, selon ce qu'ils sentent; veulent être libres pour leur argent.

Le Palais du Duc de Savoie, occupé aujourd'hui par le Prince de Piémont, se fait admirer par une façade dans le goût du péristile du Louvre. Les autres façades attendent la main de l'Architecte.

Turin a beaucoup de places: mais aucune n'est finie, aucune régulierement belle, pas même la plus belle, celle de Saint-Charles, qui est fort vaste, sans aucune décoration au milieu. Un objet y choque la vûe : c'est une vilaine église de Moines : mais les rues dédommagent des places, par la richesse des bâtimens, par les ornemens des fenêtres à chambranles saillans, couronnés de frontons. L'entrée des maisons est un vestibule avec des colonnes & des pilastres. Le fond de la cour, qui se voit de la rue, a toujours quelque décoration.

Ordinairement les portes des Villes fortifiées ne sont construites que pour la force : celles de Turin sont décorées au-dedans & au-dehors.

Le Roi de Sardaigne a des maisons de plaisance, toutes bâties sur un grand plan, dans des situations riantes ; *Moncallier, Rivoli, la Vénerie, le Valentin, Stupinigi*. Une autre qu'on appellait *Mille-Fiori*, à cause de la beauté de ses parterres, a été convertie en une plantation de tabac ; & une autre encore, *il parco*, a été sacrifiée pour le manufacturer. C'est ainsi que le Prince a préféré l'intérêt de l'État à son plaisir. Le tabac, qu'on y consomme à bon marché, n'enrichit plus l'étranger, & il occupe les sujets.

Il y a un beau monument sur une montagne extrêmement élevée, à deux milles de la Ville. C'est un vœu de Victor Amédée, lorsqu'en 1706 la France assiégeait Turin. On pourrait dire ce qui fut dit de Philippe II, Roi d'Espagne, à l'occasion de l'Escurial : il fallait qu'il eût grand'peur ; car la *Superga* (c'est le nom de cette belle Eglise) a dû coûter des sommes immenses, non-seulement pour sa beauté & sa richesse, mais encore à cause de la difficulté de porter des matériaux dans les nues. On voit, dans une chapelle, un autel de marbre de Cararre, où la déroute des Français est fortement exprimée en bas reliefs : je n'ai pas voulu l'admirer. On lit sur la porte du Temple :

VICTOR AMEDÆUS SARDINIÆ REX BELLO GALLICO VOVIT, ET PULSIS HOSTIBUS FECIT DEDICAVIT QUE.

Son corps est en dépôt dans une chapelle, en attendant qu'il descende dans l'église souterraine ; & ce monument sera désormais le tombeau de ses successeurs. Des mémoires ont dit que Louis XIV ne voulut pas bâtir à Saint-Germain, parce que de son château il aurait vu Saint-Denys. Le Roi de Sardaigne, de son Palais, & de toutes ses Maisons de plaisir, voit son tombeau, sans en être plus triste.

Dans le tems que le Roi Victor, le Prince Eugène, l'Électeur de Baviere, & le Prince de Bade, tous quatre du sang de Savoie, de père ou de mère, se défendaient contre Louis XIV, avec quatre corps d'armée, l'Abbé Tesauro fit ce quatrain, que Turin admire encore.

Mars tonat. Ad Rhodanum Bavarus, Bodenus
    ad Istrun,
  Ad Rhenum Eugenius, Victor ad Eridanum.
Hos genitos de patre, illos de matre sabauda
    Europæ heroas, sufficit illa domus.

Pour le rendre énergiquement en Français, il faudrait le traduire en vers; je n'en ai ni le tems, ni le talent. En voici du moins la chûte : *cette maison, pour se soutenir, n'a besoin que d'elle-même.*

La mémoire du Roi Victor se perpétuera d'âge en âge. C'est lui qui a rebâti près de la moitié de cette Capitale, sur un plan régulier. Ses portes, la meilleure partie des fortifications, l'Hopital, le Collége des Provinces, l'Université, sont des ouvrages de son règne.

L'Université, édifice d'un grand goût, possede un trésor de plus haute antiquité. C'est une table isiaque; on y voit la Déesse Isis & ses mystères, les saisons & le tems des semailles, quantité d'hieroglyphes Egyptiens, & cent autres choses que les yeux des Antiquaires y découvrent ou créent. La bibliothèque est de la plus grande publicité. Elle s'ouvre tous les jours, excepté les fêtes, depuis le soleil levant jusqu'au soleil couchant; ce qui donne une entière facilité à la Jeunesse studieuse.

Turin a des Juifs & une Synagogue. Ils sont renfermés dans un quartier peu étendu; & on y remarque une population abondante, quoiqu'ils se soient interdit la polygamie. A quoi attribuez-vous cette grande population qui leur est propre dans tous les pays? Serez-vous de mon avis? Ces circoncis, odieux par-tout, & craignant de fe méler avec les incirconcis, ne voient que leurs femmes. D'ailleurs, livrés tous au commerce, ils fouffrent peu ou point de la mifere; l'aifance peuple. Je trouverai des Juifs dans toutes les grandes Villes de l'Italie qui eft le centre de la Religion, & la France n'en a pas voulu pour féconder fes Landes.

La foie crûe eft le fond du commerce de Turin. Les étoffes qu'on y fabrique ne fe répandent guères que pour des meubles. Les bas qu'on y fait, font d'une qualité fupérieure à ceux de Paris & du Languedoc. le Roi règnant a établi des manufactures de laine, en mettant des droits exorbitans fur celles de France; ce qui·a fait beaucoup de tort aux fabriques du Dauphiné qui fourniffaient auparavant le Piémont.

Je me fuis informé des impôts: au moment que la dette publique contractée par deux guerres a été éteinte, les impôts extraordinaires ont difparu. Il n'y en a plus, ni fur les grains, ni fur la viande, ni fur le bois à brûler. C'eft fans doute contre le premier mouvement de fon cœur qu'il en a laiffé un sur le sel, ce don de la nature si précieux, si nécessaire aux hommes, au bétail, & même à certains terroirs pour les féconder. Mais enfin cet impôt passerait ailleurs pour modique, puisqu'il n'a pas porté le sel au-delà de quatre sols deux deniers la livre; & en général le peuple se loue beaucoup de la répartition des impôts. Le peuple se loue aussi de la résidence des Nobles dans leurs terres, effet d'une politique sage qui leur a fait entendre que c'était la meilleure manière de faire sa cour. Par la même raison d'intérêt public, les Intendans, les Commandans, les Gouverneurs, les Evêques ne viennent point dans la Capitale & à la Cour dépenser l'argent qu'ils tirent des Provinces. Il faut une permission expresse du Souverain, qui ne l'accorde qu'à la nécessité.

Je n'ai pas eu le tems de connaître les mœurs de cette Capitale. Je les crois fort saintes; car toutes les rues sont semées d'Eglises, & étiquetées de noms de Saints. Dans les auberges même vous êtes à la chambre *San-Pietro*, *San-Paolo*, & dans la cour on voit une *Madona* devant laquelle on chante des Litanies, pour sanctifier les voyageurs, qui paient bien cette sanctification, quand on vient à compter. Si du moins on vous faisait bonne chere ! C'est le cuisinier du repas de Boileau, qui apprête tout ; & Dieu vous garde du pain que l'on mange à l'aune.

Je ne laisserai pas de regretter Turin. J'ai trouvé des attentions flateuses. S'il est un Français qui ne se loue pas de notre Ambassadeur, M. de Chauvelin, qu'il s'en plaigne à lui-même. Il m'a fait l'honneur de me présenter au Roi & au Duc de Savoie, qui ont reçu mes hommages, sans me faire sentir la Majesté. Avec les Dieux de la terre, nous autres simples mortels, nous nous contentons de peu, & ce peu leur gagne les cœurs. Un Roi qui reçoit des adorations, sans parler, vous repousse. Les Piémontais se louent beaucoup du leur. Il connait, & manie tous les ressorts du Gouvernement. Aucun détail politique ou économique ne lui est étranger. Il regle lui-même la dépense de sa maison, & le Prince qui doit fuccéder à fa Couronne, élevé dans une telle école, fuccedera fans doute à fes vertus.

Les dehors de Turin font d'autant plus rians, qu'ils contraftent avec la févérité des Alpes. Le Pô, qui n'a déja plus cette rapidité qu'on remarque quelques milles plus haut, coule affez paifiblement. M'étant égaré un foir fur fes rives (je ne fais fi je veillais ou fi je dormais) j'ai cru voir errer l'Ombre de Phaéton, juftement à l'endroit où il fut précipité, tout brûlant dans le fleuve.

Quem procul à patriâ diverfo maximus orbe
Excipit Eridanus, fumantiaque abluit ora.

Le lendemain, en plein midi, j'ai été chercher fes fœurs; mais je n'ai point trouvé de *Peupliers*. Sans doute que la métamorphofe fe fera opérée plus bas, où cette efpece abonde. C'eft le Peuplier qui marie les filles dans les cantons où il fe plaît le plus. Un pere de famille, à la naiffance d'une fille, plante mille Peupliers, & quand elle atteint l'âge de feize ans, le Peuplier du même âge valant feize livres, fournit une dot de feize mille livres. Dans la difette & la cherté des mariages, en France, que de Peupliers ne faudrait-il pas ! Mais j'ai autre chofe à penfer, qu'à marier des filles. Prendrai-je ma route par Milan, que je ne comptais voir qu'au retour, ou par Alexandrie, qui abrégerait de plufieurs milles ? Mais s'il venait à pleuvoir, je m'enfoncerais dans des bourbiers où je périrais du fupplice des lâches. Vous m'entendez, vous qui avez lu Tacite. La nuit porte confeil.

LETTRE IX.

De Milan, le 11 Octobre.

DE Turin à Milan, il n'y a que trois journées; & j'ai vu trois Places fortes dont vous avez trouvé plus d'une fois les noms dans nos malheureuses guerres d'Italie: Civasco, Verceil & Novare, situées dans de vastes plaines. Ces plaines seraient belles à voir, si elles étaient visibles. La route est tracée entre deux haies fort épaisses, bordées de hameaux & de cassines, sans qu'on s'en doute; extrêmement couverte. Les voleurs, les assassins auraient beau jeu, un poteau me l'a dit. Ce poteau porte trois têtes dans une grille de fer avec cette inscription:

QUESTE SONO LE TESTE DI TRÈ MALFATTORI CHE ASSALIRONO I COMTI MARAZZANI IN QUESTO LOCO.

Ces monumens de scélératesse, qui se représentent plus d'une fois, noirciſſent l'imagination. J'en ai chaſſé l'idée : mais pour l'ennui, il m'a ſuivi plus que dans les plaines de Beauce : j'ai bien regretté nos grandes routes, où les arbres qui les décorent n'offuſquent point la vûe. J'ai même regretté les Alpes, où la Nature, toute rude qu'elle eſt, vous parle fortement. Ce qui a un peu ſoulagé mon ennui, c'eſt un grand nombre de Chapelles, où la peinture ſe joue; c'eſt ſur-tout un cimetiere qu'on trouve en ſortant de Bufalora. Il eſt de forme circulaire, relevé par l'Architecture, j'ai cru voir un beau manége découvert. Ce ſerait là où les Ombres des Héros devraient faire leurs courſes de chevaux, ſi l'Eliſée de Virgile exiſtait.

Je ſuis fort heureux d'avoir prévenu les pluies; j'ai paſſé plus de vingt rivières ou torrens qui coulent des Alpes, & qui m'auraient arrêté tout court. Le Téſin, que les Italiens appellent *Ticino*, & que nous devrions au moins nommer *Ticin* : mais nos Géographes, auſſi bien que nos Hiſtoriens, corrompent tous les noms; le Téſin s'eſt préſenté à moi, avec toute ſa célébrité. J'admire comment les grands-hommes aggrandiffent tout ce qu'ils touchent. Ce Téfin, où Annibal battit les Romains, pour la premiere fois, ne vaut pas la Marne. Je laiffe Annibal pour vous parler du Milanez & de Milan.

Le Milanez eft très-fertile en bled, en vin, en riz. Les rizieres font abreuvées par une multitude de canaux qu'on a tirés du Tefin, du Pô, de l'Adda & de la Secchia. Il n'y a que trop de rizieres, comme dans le Piémont. Mais du moins dans le Piémont, le Roi de Sardaigne ne permet d'en planter qu'à la diftance d'une demi-lieue des villages & des grands chemins. C'eft diminuer le mal. Cette plante ne croît que dans des champs abfolument inondés, où l'eau monte avec la plante. Ces eaux ftagnantes répandent dans les villages des maladies épidémiques, & les payfans, occupés à cette culture, meurent prefque tous hydropiques, avant leur quarantième année. Quelques Géorgiphiles Français ont propofé la culture du riz : fi c'eft le riz rouge qui croît à fec fur les montagnes de la Chine, à la bonne heure.

Je ne m'étonne pas qu'on fe foit tant battu pour s'affurer la poffeffion d'un fi bon pays, & d'une Ville telle que Milan. Cependant l'exemple de Charles VIII, de Louis XII, & de François I, doit nous faire fentir que les Alpes nous défendent d'y jamais penfer.

Milan.   Milan comptait encore dans le fiecle dernier, près de trois-cent-mille âmes, elle eft réduite à cent-vingt-mille. On eft étonné de ce petit nombre en voyant fon enceinte. Ce ne font pas ici les belles rues, ni les beaux édifices de Turin. On y admire fept à huit Palais, mais point de fuite. Ce qui décore la Ville, ce font les Églifes & les Couvens. Prefque pas une rue, quelque petite qu'elle foit, qui ne vous montre au moins une Chapelle. J'ai vu cette Métropole fi vantée, qu'on bâtit depuis quatre fiècles, & qui ne fera jamais qu'un monument gothique avec des dépenfes immenfes, fi on la finit. La cage eft de briques. Elle doit être revétue de marbre au-dehors & au-dedans, depuis les fondations jufqu'au comble. L'ouvrage eft à peine à moitié, & le Duc de Milan, qui laiffa un revenu de deux-cent-mille francs pour cette bonne œuvre, prit juftement le moyen d'en éternifer la construction : il est de l'intérêt des Chanoines de la faire durer le plus qu'on pourra. Ce que j'y ai le plus admiré, ce sont cinq à six-cents statues du plus beau marbre, & bonnes pour la plupart. Il y a, entr'autres, un Saint Barthélemi écorché, portant sa peau en écharpe : cela fait frémir, & pourrait servir de leçon dans une École d'Anatomie. On a gravé ces mots sur le piédestal :

Non me Praxiteles : sed Marcus finxit Agrati.

La Chapelle souterraine où repose le corps de Saint Charles Borromée, est toute revêtue de lames de vermeil. La Châsse de six pieds de longueur est encore plus riche. Les pierres précieuses y sont prodiguées. Ce Saint a bien mérité les honneurs qu'on lui rend. Il était Saint, & quelque chose encore ; c'était un grand-homme. Il a fondé le grand Hopital, le Séminaire, le Collége Helvétique, le Lazaret, bâtiment immense hors de la Ville, pour les pestiférés ; & dans tous ces monumens de bienfaisance, on voit l'empreinte d'une grande âme & d'un homme de goût.

N'attendez pas que je vous promène dans toutes les Églises, je n'ai visité que les plus belles. Il y en a d'une excellente Architecture, beaucoup d'une décoration théâtrale, & la plupart sont des galeries de tableaux: mais en vérité il y a une profusion de Madones, qui va jusqu'à la satiété. Dans une Religion austère, une Vierge jeune & belle, son enfant qui lui sourit; ce sujet a séduit tous les Peintres.

J'ai vu le Temple dont Saint Ambroise refusa l'entrée à l'Empereur Théodose, à cause du massacre de Thessalonique, peine bien légère pour un Prince qui avait trempé ses mains dans le sang de ses sujets : mais il fut assez chrétien & assez grand, pour en faire une pénitence publique.

Une inscription d'Eglise m'a paru assez singulière. Nous croyons en France avec toute la Catholicité, que les prières peuvent tirer des âmes du purgatoire. Mais le livre de vie étant fermé pour nous, nous ignorons le tems. Les Italiens le fixent. Voici ce qu'on lit sur un beau cartouche de marbre à Saint-Bernardino.

ALTARE PRIVILEGIATO
IN PERPETUO,
OVE SI LIBERA
UN' ANIMA DEL PURGATORIO
AD OGNI MESSA.

Et en général dans les Églises d'Italie on voit fréquemment cette annonce :

OGGI SI CAVA UN' ANIMA DEL PURGATORIO.

Je vous ai parlé du joyeux cimetière de Bufalora, il eſt effacé : celui du grand Hopital de Milan, à quelques cent pas de la Ville, eſt un immenſe tétragone en portiques, autour d'un beau gazon ; & au centre une Égliſe en Croix Grecque. Ne croyez pas qu'on gâte ce gazon d'un beau verd, en y mettant les morts ; on les place dans des caveaux, ſous les portiques mêmes qui donnent une promenade fort riante ; & à chaque entrecolonnement répondent des fenêtres qui offrent des points de vûe richement variés ſur la campagne. Vous ne ſauriez croire combien cela donne envie de mourir.

On va voir la Bibliothèque Ambrosienne, plus encore pour les tableaux & des plâtres d'antiques, que pour les livres. Il y en a pourtant un, que l'on n'oublie jamais de montrer aux voyageurs, non tous les volumes de l'ouvrage, mais un seul, le reste étant bien fermé. Ce livre est de *Leonard de Vinci*, rival de Michel-Ange, qui vint mourir en France dans les bras de François I: c'est un manuscrit qui traite des Antiquités, des Arts & de l'Histoire naturelle. On lit au-dessus du coffre qui renferme ce trésor que Jacques I, Roi d'Angleterre, en offrit en vain trois-mille pistoles d'Espagne. Quoi qu'il en soit, ce trésor est bien enfoui, puisqu'il n'existe pas pour le public.

On a pris une bonne précaution pour conserver toutes les raretés qui sont dans la Bibliothèque. Il y a une excommunication *ipso facto*, lancée & affichée contre quiconque oserait distraire quelque chose, & on a grand soin de vous la faire lire. Je dis au Bibliothécaire de prendre garde à des Anglais qui voyaient avec moi.

A propos de livres, il faut se réconcilier avec l'Inquisition. Un livre qui serait prohibé dans des pays où elle est en horreur, entrerait dans Milan, & s'y vendrait publiquement avec la permission de l'Inquisiteur, dont le public qui aime à lire, se loue beaucoup.

A mesure que j'avance, les Théâtres s'aggrandissent. Celui de Milan est plus grand que celui de Turin : mais la forme de la salle en quarré long, est peu favorable aux spectateurs. Les loges appartiennent en propre à tel, ou tel. Chacun éclaire la sienne, la tapisse à son gré, y met des glaces, en fait un cabinet d'assemblée : mais en l'absence du propriétaire, elle reste fermée du côté des spectateurs. Cela est-il mieux que de voir l'intérieur d'une loge vuide ? C'est un problême que je vous donne à résoudre.

J'ai entendu la célèbre *Paganina* que Londres & Berlin ont admirée. On a bien crié des *fuora*. Ces fréquens *bis* pour des Ariettes assez longues, allongent beaucoup les spectacles. Les Italiens animent les Acteurs, plus vivement que nous ne le faisons. Ils ne se contentent pas de battre des mains. Ils crient en nommant, *brava Paganina*, *bravo Grazioli*, che viva *Cespi*. Les Auteurs partagent les acclamations. Parmi les spectateurs on voit autant d'Ecclésiastiques que de Laïques. L'Italie n'y apperçoit aucun sujet de scandale.

La Citadelle de Milan a grand besoin de réparations, & au dire des connaisseurs, elle tiendrait long-tems. Le Maréchal de Villars la prit à bon marché dans la guerre de 1733, d'autant plus qu'elle n'était pas défendue. On lit sur la porte:

Philippus II, Catholicus, Maximus,

Defensor fidei, potens, justus et clemens.

Que dites-vous, Aspasie, du *justus & clemens*? vous vous rappellez la banqueroute qu'il fit à ses sujets, son invasion dans le Portugal, l'effroyable ligue qu'il suscita en France, tout le sang qu'il fit couler dans les Pays-Bas, la mort de son fils & de sa femme; *juste & clément*! Rome asservie éleva plus d'une fois des statues aux tyrans. Mais elle abbatit les statues, dès qu'ils ne furent plus. On doit ce respect à la vérité & à la postérité.

Je finis par une singularité. Les grandes Villes se sont formées ordinairement sur de grands fleuves. Milan, au milieu d'une plaine, n'a ni fleuve, ni rivière qui puisse servir à la nourrir, & à son commerce. Ce n'est que bien tard qu'on s'est avisé de tirer deux canaux navigables, l'un de l'Adda, l'autre du Tésin, qui la lient à ces deux rivières. Celui de l'Adda a été imaginé & exécuté par Léonard de Vinci.

Dans votre première lettre que j'ai reçue à Lyon, vous me plaignez de voyager seul. Vous croyez voir l'ennui voltiger autour de moi ; je le craignais comme vous : mais l'expérience m'a tellement désabusé, que je refuserais des compagnons de voyage, s'il s'en présentait. Je me mets en chemin à l'heure que je veux. Je m'arrête quand il me plaît. Y a-t-il quelque objet de curiosité à droite ou à gauche de ma route : je compte pour des gains les détours, je me fais un cabinet de ma voiture. J'y suis environné des livres nécessaires à un voyage utile. J'ai toujours le crayon à la main, pour tenir compte de tout ce qui me frappe. Arrivé dans une Ville, j'y reste tant que l'instruction & le plaisir durent. Je n'ai ni volonté contraire à combattre, ni complaisance forcée à exercer, ni humeur à ménager. Je suis libre comme l'air. Mais si on tombait malade, dites-vous, des compagnons de voyage ne seraient-ils pas d'une grande ressource ? En ce cas, je n'en voudrais qu'un, mais bien choisi. Rassurez-vous sur ma santé, elle ne fut jamais plus ferme. La vie sédentaire du cabinet use plus l'homme que le mouvement. Portez-vous aussi bien que moi.

LETTRE X.

De Plaisance, le 14 Octobre, 1763.

A dix milles de Milan, je me suis trouvé sur le champ de bataille où François I défit les Suisses, & donna la loi à l'Italie. Puisqu'il est décidé chez les Souverains que le genre humain doit s'entr'égorger pour eux, c'est un plaisir touchant pour un voyageur, de voir briller la gloire de sa Nation sur une terre ennemie. C'est ce que j'ai éprouvé à Marignan. De-là aux limites du Milanèz, il n'y a pas loin, & on n'y arrive que trop tôt pour y essuyer des avanies fiscales.

J'ai laissé la *Trébie* à ma droite, petite rivière près de laquelle Annibal battit le Consul Sempronius & les Romains pour la seconde fois. Mettons-nous en leur place. Que devaient-ils penser d'un jeune barbare qui venait de si loin, qui franchissait les Pyrénées & les Alpes, pour donner des leçons si terribles à de vieux Capitaines?

J'ai retrouvé le Pô à Plaisance, *flu-*

viorum rex Eridanus. Ce n'est qu'un roitelet à Turin, où je l'ai salué familièrement. Mais ici il impose par sa Majesté. *Plaisance* ; si ce nom lui vient de l'agrément de sa situation, on a eu raison. Les étymologies de noms de Villes, ne se sont conservées que chez les Peuples éclairés. Le nom de la plupart des Villes Grecques marque quelque qualité physique, ou morale, ou quelqu'évènement. On compte à peine vingt-mille âmes à Plaisance. Son étendue montre assez qu'elle a beaucoup perdu. Je trouve presque par-tout des traces de dépopulation. Je prophétise, sans être Saint Bernard, que le monde va finir. Donnez-moi vos biens, & partez pour Jérusalem.

Plaisance.

En m'avançant vers Rome, je commence à rencontrer des pélerins : en voilà un beau couple mâle & femelle, de bonne mine, un air d'éducation qui sent son bien, un uniforme moitié pénitent, moitié galant. Sont-ils mari & femme ? on ne peut me le dire : mais qu'importe ? c'est la dévotion qui les aura associés. Il est deux façons d'aller aux pieds des Saints Apôtres, ou de son propre mouvement, ou par

-dre d'un Confeſſeur, pour racheter ſes péchés. Ces pélerinages ſe font à pied. Il y a encore loin d'ici à la Cité Sainte. Les pluies peuvent gâter les chemins. Je ne ſais ce que peut avoir fait cette jeune & jolie femme, pour une pénitence ſi laborieuſe.

J'aime à me promener ſur le rempart de cette Ville. C'eſt un Cours délicieux planté de beaux arbres, qui en forme l'enceinte. L'intérieur plaît auſſi par l'alignement & la largeur des rues, par l'architecture des édifices publics & par la beauté des places. La principale eſt décorée de deux ſtatues équeſtres.

Le goût, l'expreſſion, le mouvement, le feu ont animé le bronze. L'une repréſente le fameux Alexandre Farnèſe. On lit ſur la bâſe ſon expédition en France, pour le ſervice de la ligue. Il était aſſez grand Capitaine pour réuſſir : mais il avait en tète Henri IV. L'autre ſtatue eſt celle de Ranucio, ſon fils.

De cette Place j'ai tourné mes pas vers les Rochettini, connus ſous le nom de Chanoines de Saint-Jean-de-Latran. C'eſt ici qu'ils ont leur princi-

Tome I.   D

pale Maison. Je ne me doutais pas que leur Ordre remontât jusqu'aux Apôtres. La généalogie en est tracée dans la Sacristie, & on lit au bas : *Apostoli erant primi canonici regulares Lateranenses sub Abbate Christo.*

Dans une autre partie de la Ville, un vaste édifice a fixé mes regards ; c'est un Collége que le célèbre *Albéroni* a fondé pour sa patrie, fils d'un jardinier, clerc-sonneur à la Cathédrale de Plaisance, attaché par un hazard à Monsieur de Vendôme, qui commandait en Italie, employé dans la suite à négocier le mariage de la Princesse de Parme avec le Roi d'Espagne. Devenu enfin Cardinal & premier Ministre, il donna, comme Richelieu, des secousses à l'Europe, & se rendit assez redoutable pour inquiéter la France & l'Angleterre, qui ne voulurent signer la paix avec l'Espagne, qu'à condition du renvoi d'Albéroni. Il vint finir ses jours à Plaisance.

Avez-vous du respect pour les anciennes Villes ? prosternez-vous devant celle-ci, fondée par les anciens Gaulois nos ayeux : elle était colonie Romaine au tems qu'Amilcar, amenant du secours à son frère Annibal, la prit &

la brûla. Sortie de ses cendres, elle a passé de siecle en siecle sous différentes dominations, jusqu'à ce qu'elle tomba dans le Patrimoine de Saint-Pierre : mais le Pape Paul III crut pouvoir l'en tirer, pour en faire présent à Pierre-Louis Farnèse, son fils, en y joignant la Ville de Parme, Souveraineté qui a fait l'ambition de plus d'un Potentat. Avouez que le Saint-Pere était un bon Pere. Il s'en repentit amèrement, lorsqu'il s'apperçut qu'il avait donné un tyran à ce nouvel État, & qu'on lui annonça le jour de la vengeance.

Ce n'est pas à Plaisance que les amateurs de la Peinture trouvent l'abondance qui étonne ailleurs. On admire dans la Cathédrale la coupole à fresque du Guercino (du Guerchin); mais on regrette un tableau de Raphaël du premier mérite; il pourrissait dans un dortoir de Moines qui étaient fort endettés, sans penser à la ressource qu'ils pouvaient trouver dans ce chef-d'œuvre. Le Cardinal Valentin Gonzaga, leur protecteur, en procura la vente qui fut faite au Roi de Pologne, Auguste II, pour la somme de soixanteix-mille livres. C'eſt une Vierge tenant l'enfant Jéſus, une Sainte & un Pape à genoux. On en conſerve une aſſez belle copie dans l'Egliſe de Saint-Sixte.

A-propos de peinture, êtes-vous toujours de mauvaiſe humeur contre notre ſallon ? Il s'ouvrait, lorſque je vous ai quittée. L'affluence des portraits vous donne la migraine. Vous n'y voudriez que de l'hiſtoire. Vous êtes d'un goût trop ſévère. Paſſez-lui les portraits des perſonnages qui peuvent intéreſſer le public par de grandes vertus, ou de grands talens. Si les vertus qui ne font point de bruit, avaient droit au ſallon, votre portrait, bonne Aſpaſie, devrait y figurer,

LETTRE XI.

De Parme, le 19 Octobre 1763.

En allant de Plaisance à Parme, on passe la rivière du Taro; c'est sur ses bords, sous Fornovo, que Charles VIII, Roi de France, remporta la victoire mémorable qui le tira, lui & son armée, des mains des Italiens. Le Taro descend de l'Apennin, roulant des pierres & des quartiers de rochers, dont il couvre une vaste plaine, en divaguant tantôt d'un côté, tantôt de l'autre. Des peuples industrieux & laborieux, tels que les Hollandais, l'auraient bientôt réduit dans un lit certain.

Il faut que la Maison Farnèse, qui s'est illustrée dans la guerre, se soit d'ailleurs peu souciée de faire la fortune de ses sujets. Si j'écrivais à cette jolie femme qui vous ennuie quelquefois, parce qu'elle ne sait qu'être jolie, je supprimerais une partie de ce que je vais vous dire : mais vous avez voulu penser & plaire. Écoutez donc.

Parme.
Lorsque l'Infant Dom Philippe est venu règner à Parme, si on avait besoin d'une assiète, d'une paire de gants, de bas, d'étoffe de soie, ou d'une aune de toile ; si le paysan voulait se donner un habit, il fallait tout tirer de l'étranger, sans lui rien vendre.

C'était un mal, sur-tout pour un petit État, où il n'y a guères d'argent. Des fabriques s'élèvent de toute part. Ici on passe les peaux à l'huile, pour les employer à tous les besoins. Là, on imite les toiles de Dantzic, de Silésie & de Moravie, après avoir perfectionné la culture du chanvre. La laine a trouvé des mains pour en faire de gros draps à l'usage du peuple ; commerce plus utile que celui des choses de luxe, qu'on n'a pourtant pas négligées. J'ai vu de la fayence qui peut disputer avec celle de Strasbourg. Un bâtiment s'achève, où l'on formera des cryftaux à l'imitation de ceux de Bohême. Les toiles peintes commencent à se naturaliser dans le pays. Bologne a eu beau défendre à ses ouvriers, sous les peines les plus sévères, de porter ailleurs sa fabrique de gaze, on a eu le secret d'attirer l'ouvrier & l'ouvrage. Vous imaginez bien qu'on n'aura pas oublié la soie. Les plantations de mûriers sont au moins triplées. Des Experts enseignent aux Paysans à les mieux cultiver. La filature à la Piémontaise est établie. Les étoffes, damas, taffetas, velours, se perfectionnent de jour en jour.

On s'occupe, en même tems, des embellissemens de la Ville. Déja un jardin public, & un cours, offrent des promenades riantes. On a construit un casin, dont l'objet est d'assembler la Noblesse, ainsi que les étrangers, qui sentiraient le poids du tems, lorsqu'il n'y a pas de spectacles.

Les lettres & les beaux Arts ne sont pas oubliés. Ce savant Théatin que vous avez pu voir à Paris, appellé par le Souverain, forme une bibliothèque publique, qui, avec le tems, fera naître le savoir & le goût. Une Académie de peinture, de sculpture & d'Architecture, distribue des prix pour développer les talens. Ces trois Arts concourent aussi à embellir la Ville.

Je me suis un peu étendu sur ces différens objets, parce que j'aime à voir l'homme se remuer, s'agiter dans le néant, pour créer. Il était difficile que l'Infant, avec tant & de si bons projets, jetât les yeux sur un ministre plus habile & plus actif. Réjouissez-vous avec moi, c'est un Français, *M. du Tillot*, (a) qui regarde de tout côté avec les yeux de l'intelligence & de l'économie, pour ne rien laisser à faire. Il va soutenir la respectable vieillesse de ce grand théâtre, qui fait encore tant de bruit dans l'Europe, quoique sa grandeur trop vaste, pour les spectacles ordinaires, l'ait fait abandonner. Quand il sera restauré, on s'en servira dans les grands évènemens. On a bien raison de le vanter, comme le plus grand & le plus beau monument

---

(a) Connu depuis sous le nom du Marquis de Félino, Marquisat dont il n'avait pas besoin, pour avoir de la considération. Il est mort à Paris en 1774, bien digne d'un rang distingué dans l'histoire des Ministres.

en ce genre. La falle eft un demi-ovale diftribué en quatorze rangs de gradins à l'antique, au-deffus defquels font affifes les loges. Je dirai, un jour, à M. Cochin, qu'il était diftrait, lorfqu'il n'a vu qu'un rang de loges. Il y en a deux bien comptés, qui forment deux galeries, ornées de colonnes, & couronnées d'une corniche. Le paradis eft au-deffus. Cette diftribution en gradins gagne beaucoup de places; & les fpectateurs fe fervent plus avantageufement de fpectacle les uns aux autres. Quinze-mille fpectateurs peuvent s'y affeoir, voir & entendre. J'ai fait déclamer une fcène de Racine, en me portant dans les différens points les plus éloignés. Je n'ai rien perdu; & le déclamateur ne forçait point de voix: effet admirable de l'architecture. Ce monument eft de Jean-Baptifte *Aleati*, fous le pontificat de Clément VII.

On voit à côté un petit théâtre de très-bon goût, conftruit par le Cavalier Bernin, cet homme célébre qui fut appellé à Paris pour la colonade du Louvre; & qui fut affez courageux pour avouer qu'il ne pouvait pas furpaffer le plan du Médecin Perrault.

De toutes les Villes que j'ai vues en-deçà des Alpes, Parme est presque la seule où le nombre des habitans se soit accrû sensiblement. On compte plusieurs mille âmes d'augmentation, depuis que l'Infant a appelé le commerce qui vivifie l'agriculture. Ici l'on regarde la vie des hommes, comme très-précieuse. Il est rare que l'on condamne un malfaiteur à mort. J'ai vu des galères de terre. Ces forçats chassés de la société, enchaînés deux à deux, & ne s'y montrant plus que pour servir d'exemple, servent encore l'État dans des travaux publics.

Vous me gronderiez, si je ne vous citais pas quelque tableau de distinction dans la patrie du *Corrégio*, qu'il nous plaît de nommer Corrège, selon notre bonne coutume, de défigurer tous les noms propres. On voyait ci-devant dans une Église de Religieuses, sa *Sainte Famille*, avec laquelle il a groupé une Magdelene, baisant les pieds de l'Enfant Jésus, & un Saint Jérôme. L'Enfant Jésus joue avec les cheveux de la Magdelene, dont le sourire contraste merveilleusement avec l'austérité du Saint. Que fait là Saint Jérôme, me direz-vous, qui n'était nullement contemporain ? Eh! ne savez-vous pas que les Peintres & les Poëtes se donnent de grandes licences? Le Roi de Pologne avait marchandé ce tableau, qu'il voulait payer en Roi. L'Infant, pour le conserver à la Ville, l'a fait transporter dans une galerie de son Palais, abandonnée aux Arts.

La Vierge *alla scudella* réunit tous les suffrages des connaisseurs chez les *Rochettini* : mais on ne se lasse point d'admirer la fameuse coupole de la Cathédrale, ouvrage immortel, qui lui coûta la vie. Les Chanoines n'eûrent pas assez de goût pour sentir tout le mérite de ce chef-d'œuvre. Ils rabbatirent du prix convenu, quoique modique. Ils payerent en monnoye de cuivre, que le malheureux Corregio porta sur son dos à quelques lieues de Parme, où était son attelier. La fatigue, & encore plus le dépit, lui occasionnèrent une maladie dont il mourut quelques jours après.

M. Cochin a oublié de voir aux Capucins un excellent morceau d'Annibal Caraccio (*Carache*) : c'est un Christ en croix.

Pour finir joyeufement cette lettre, je vais vous parler tombeaux. Je viens de confidérer, à la Cathédrale, ceux d'Auguftin Carracio & de .puia, deux Peintres de réputation. Celui de *Pétrarque* fe fait encore plus remarquer. Le Poëte Lauréat y eft couronné de lauriers. Chanoine de cette Églife, s'il n'avait été que cela, on l'eût oublié le lendemain de fes obféques. Vous avez lu fes poéfies, qui triomphent du tems, fes foupirs brûlans pour la belle Laure, ce qui eft un peu contre le *Coftume* des Chanoines. Sa mémoire n'en eft pas moins honorée. Dès ce tems-là les Italiens pardonnaient les faibleffes du cœur, & les erreurs de l'efprit, aux grands talens. C'eft ici, c'eft en Angleterre, qu'ils devraient choifir leur fépulture, & peut-être bientôt en France, puifqu'on y projette un tombeau pour le tragique Crébillon.

Je quitterais cette Cour avec bien du regret, fi je ne devais pas y revenir. Deux Philofophes occupés à former un jeune Prince qui promet beaucoup, m'y ont comblé d'attentions. Un Miniftre qui fait auffi bien les honneurs, que les affaires de fon maître, me laisse un souvenir qui m'est cher. Je reviendrai avec d'autant plus de plaisir, que le Souverain lui-même a daigné me le faire promettre. Je n'ai eu que le moment de lui être présenté. Il partait pour une maison de chasse, où il devait rester plusieurs semaines. Il a voulu me dédommager, en exigeant mes hommages une seconde fois.

Je reprendrai demain la *Via Æmilia*, sur laquelle j'ai l'honneur de marcher depuis Plaisance. Je ne sais comment elle était du tems d'*Æmilius*; car il n'en reste plus de vestiges. Mais, avec son air moderne, je la trouve fort bonne. D'ailleurs, je ne suis plus étouffé, offusqué entre deux hayes. La campagne s'ouvre; les objets paraissent dans le lointain; tout s'éclaircit.

LETTRE XII.

De Bologne, le 27 Octobre 1763.

J'AI apperçu, à quelques milles de Reggio Canoffa, le château où se sauva Grégoire VII, poursuivi par l'Empereur Éric VI, & où mourut sa fameuse pénitente, la Comtesse *Malthide*. Je crois, Aspasie, que, si vous abandonniez votre conscience à un Pape, vous voudriez qu'il ressemblât à Léon X ou à Benoît XIV.

Reggio. Reggio est une jolie petite Ville de dix-huit-mille âmes, régulièrement fortifiée, dans l'État de Modène. Le *Guerchin* s'est signalé à la *Madona della giara* dans un grand tableau d'autel. C'est un Christ en croix, au pied duquel est la Vierge, accablée de douleur, & soutenue par deux Saintes Femmes. Le Peintre y a mis toute sa force.

Une chapelle de la même Église expose un autre tableau, qui, san être de la même force, est très-piquan

C'est une Madone sur des nuages, qui a remis l'Enfant Jésus à un Moine pour le caresser. Mais, comme le Moine le garde trop long-temps, la Madone en montre de l'impatience & presque de l'humeur.

Modène avait bien d'autres richesses en tableaux : mais tout, ou presque tout à été vendu à l'étranger. C'est comme une annonce de la fin prochaine de la maison d'Est. Le Duc régnant, comme vous le savez, gouverne Milan. Le Prince héréditaire, son fils, n'a qu'une fille, qui portera la Souveraineté dans la maison d'Autriche, maison qui s'est aggrandie par les mariages, autant que par les conquêtes. *Tu, felix Austria, nube.*

Le territoire de Modène, ainsi que celui de Reggio, arrosé par le Pô, le Panaro, la Secchia, est une plaine fertile, toute plantée en quinconce. De grands ormes qui se marient avec de grosses guirlandes de vignes, en bordent les chemins. C'est du haut de ces trétaux bachiques, que les vendangeurs sont en possession de vomir aux passans les injures & les ordures des lieux de débauche. Toute l'Italie vante beaucoup les stances de *Luigi Transillo*, intitulées, *Il Vindemiatore*. Le Poëte y a rassemblé (quel abus du talent!) toutes ces obscénités, qui ne sont que dégoûtantes dans la bouche des vendangeurs. Nos vendangeurs en France ne ressemblent pas à ces rieurs impudens : mais aussi ne deviennent-ils point trop sérieux & trop tristes, aussi bien que le moissonneur en liant ses gerbes? C'est au Gouvernement à peser cette réflexion.

Modène. Je ne croyais pas Modène aussi beau que je l'ai trouvé. Des fortifications bien conservées, des rues larges presque alignées, décorées de portiques & de belles maisons : en tout, un air de propreté & d'agrément.

Le Palais du Duc est noble & grand. Architecture Grecque, l'escalier magnifique, les appartemens meublés avec goût. On y voit encore le célèbre Saint-Roch d'Annibal Caraccio; mais on n'y voit plus qu'une copie de la fameuse nuit du Corrégio. La Bibliothèque est encore telle qu'elle était, belle pour le vaisseau, riche en livres.

Cette Ville, qui joua un si grand rôle dans les troubles du Triumvirat,

& qui vit périr les reftes de la liberté Romaine, a donné naiffance à plufieurs perfonnages diftingués dans les Sciences, les Lettres & les Arts : Sigonius, le Cardinal Sadolet, Muratori, Caftelvétro, qui s'écria, lorfque fa maifon brûlait : *fauvez ma poëtique* ; & le *Taffoni*, qui s'eft immortalifé par un Poëme burlefque, dont le fujet fut un fceau de puits, qui alluma une longue guerre entre Modène & Bologne, vers le milieu du dixième fiècle. Modène vainquit. On voit ce fameux trophée fufpendu dans la Cathédrale au bas du clocher. Le Poëme a pour titre, *La Secchia rapita*.

Après Modène, j'ai paffé le Panaro, qui fépare le Modènois du Bolonois, terre papale. Dès l'entrée, le Pape s'y montre avec des baftions, du canon, des foldats, & des ouvrages avancés jufqu'au bord de la route : c'eft le fort Urbain. Des ennemis de la papauté diront que les premiers Papes n'avaient que la patience évangélique pour toute défenfe. Mais enfin, puifque ceux qui ont la force, font affez fouvent fi hauts, fi durs, fi infolens pour les faibles, quiconque peut fe mettre en état de défenses, a-t-il tort ? Et s'il était vrai que le Gouvernement ecclésiastique est un des plus doux, l'Humanité aurait-elle à se plaindre ?

Vous voyez, Madame que ma route de Parme à Bologne a été assez amusée. Ne me parlez plus de l'ennui qu'on doit éprouver en voyageant seul ; je ne le connais pas ; sur-tout dans un pays où le physique est si agréable, & où chaque Ville éveille le goût par quelques productions des Sciences & des Arts.

Bologne.

Bologne, qui existait déja au tems des Tarquins, après avoir triomphé de tant de siècles, pensa périr par les guerres civiles, sous le pontificat de Jules II, à qui elle se soumit, pour se conserver. Mais son Sénat respectable par son antiquité, ses mœurs, & ses lumières, ne laissait au Saint-Siège que l'ombre de la Souveraineté. Sixte V, qui aimait le pouvoir arbitraire, résolut d'affaiblir ce Sénat. Il en vint à bout, en rendant les places héréditaires. On n'a plus besoin, ni de vertus, ni de courage, ni d'instruction, pour être Sénateur, & aujourd'hui u

Légat *à latere*, taille, tranche, intimide le Sénat, si l'occasion le demande. Cependant la Ville se dit libre, parce qu'elle a un Auditeur & un Ambassadeur ordinaire à Rome. Ce fut dans cette Ville que Léon X & François I se partagèrent la disposition des richesses de l'Eglise, par le fameux concordat. Peu d'années après, Clément VII y couronna Charles-Quint.

Je suis charmé de me trouver dans la patrie de Benoît XIV. L'histoire des Papes nous en montre qui ont déshonoré l'Eglise par leurs mœurs; d'autres qui l'ont déchirée par leur ambition; d'autres encore qui l'ont effrayée par leur sévérité. Les siècles béniront la mémoire de Benoît XIV. Bologne l'a vu longtems sur son Siège Archiépiscopal; & les monumens de bienfaisance qu'il y a laissés, parleront à la postérité.

Ce n'est pas par la beauté que cette Ville intéresse. Les rues sont, pour la plupart, fort étroites, & sans alignement; les portiques dont elles sont flanquées, loin de les embellir, les étranglent. Les places sont peu de chose. Mais on s'arrête devant une fontaine, où un Neptune de bronze paraît commander aux eaux. Il a bien la majesté d'un Dieu. Vous dirai-je qu'en même tems il est prodigieusement homme? Vous vous couvririez de votre éventail; ce que ne font pas les Dames Bolonaises. Quatre Tritons sur le piédestal tiennent des conques qui forment autant de jets-d'eau. Plus bas quatre Nayades, assises sur des Dauphins, jettent l'eau par les mammelles, qu'elles pressent de leurs mains. Elles sont belles, & dans des attitudes plus que gracieuses. Ce monument est de Jean de Bologne, excellent Sculpteur.

Une Tour singulière, sur une autre place, ferait peur aux passans qui ne seraient pas prévenus : elle penche de neuf pieds. La fameuse Méridienne, entreprise & finie en 1655 par l'immortel *Cassini*, est bien au-dessus de cette singularité. Ce merveilleux Gnomon, le plus grand, & par conséquent le plus avantageux que l'Astronomie eût jamais eu, est tracé dans l'Eglise de Saint-Petrone, sur une longueur de 122 pieds.

De tous les Théâtres que j'ai vus jusqu'ici, si l'on en excepte le grand

Théâtre de Parme, qui n'a pas son pareil, c'est celui de Bologne qui gagne le prix. La salle est en demi-cercle; plusieurs rangs de gradins, & au-dessus trois rangs de loges saillantes, avec une architecture variée; l'avant-scène noblement décorée; un escalier commode; des corridors larges & bien éclairés; des débouchés en grand nombre; de la propreté, de la commodité par tout. Parisiens, qui, avec tant de fureur pour le plaisir, & des richesses immenses, voulez des Théâtres, venez apprendre de l'Architecte *Bibiéna* comment il faut les construire.

C'est Bologne qui a inventé la fabrique des gazes, portée ensuite dans le Piémont par deux Bolonais, dont on voit encore les effigies, attachées à une potence, sur la façade de l'Hôtel de Ville.

Je sors d'un labyrinthe de sciences: Physique expérimentale, Géométrie, Astronomie, Méchanique, Chymie, Anatomie, Histoire Naturelle, les Arts encore, Architecture, Peinture, Sculpture; chaque faculté a son siège dans un vaste édifice, avec tous les instrumens qui lui son propres, & un

Professeur de réputation. C'est ce qu'on appelle *l'Institut* de Bologne. On croiroit voir l'Atlantide du Chancelier Bacon exécutée. Le Fondateur de cet établissement digne d'un Roi, fut le célèbre Comte de *Marsigli*, également propre aux Académies & à la guerre, qui fut cependant flétri pour avoir rendu Brisac aux Français, place qui ne pouvait plus se défendre, comme on le reconnut après le jugement; mais il eut le malheur de la rendre dans un de ces moments où les Souverains, pour venger leur gloire, veulent absolument un exemple. La France le justifia; & toutes les Académies célèbres voulurent s'honorer de son nom.

En fait de peinture, vous savez quelle réputation a eu l'Ecole de Bologne. Elle fut ouverte par les *Caraches*. Le Guide, le Dominiquin, & l'Albane, en sont sortis. Chaque Eglise, chaque Palais offrent des trésors en ce genre. Les Madones même qui sont semées çà & là sur les portiques qui bordent les rues, sont, en grande partie, des meilleurs maîtres.

Le *Guerchin* s'est surpassé à Saint-Michel *in bosco*, Monastere Olivétan, où une Noblesse fort nombreuse passe sa vie à psalmodier sous le froc. Il est placé hors de la Ville sur une montagne. On y va à couvert sous une chaîne de fort beaux portiques, qui a trois milles de longueur. Si ce grand travail eût été nécessaire pour amener des eaux salubres à la Ville, la dépense eût peut-être effrayé. Ce que le bien public n'aurait pas fait, la dévotion l'a fait. Tous les murs du cloître ont été peints par le Guercino ou ses pareils. Mais, qu'est-il arrivé ? Les Espagnols & les Français, dans la guerre de 1733, entrerent dans Bologne comme amis. Ces amis se sont amusés à dégrader, à détruire cet amas de chef-d'œuvres. L'Abbé m'en parlait avec amertume. Dans ces sortes de barbarie qui rendent les Nations odieuses, sans aucun profit, ce n'est pas l'ignorant soldat qu'il faut punir, c'est l'Officier qui laisse faire : c'est le Général plus que tout autre, puisqu'il est le premier ressort de la discipline. Je ne saurais quitter les Olivétans, sans vous parler du morceau le plus ancien, peut-être, & le plus respectable qui existe : c'est le portrait de la Vierge par Saint Luc. On n'en voit que la tête : mais c'en est assez pour juger que le Saint s'entendait mieux en évangile qu'en peinture.

Si vous viviez à Bologne, vous vous corrigeriez de cette modestie qui vous fait cacher votre savoir. Mais, est-ce effectivement modestie ? N'est-ce pas plutôt la crainte du ridicule au milieu d'une Ville où l'on en jette tant sur de bonnes choses? J'ai vu la Signora Laura *Bassi*, qui sait la langue d'Homère, qui parle Latin comme Cicéron, qui argumente à toutes les thèses d'éclat, qui donne tous les ans un cours de Physique expérimentale à l'Institut ; & qui, avec tout cela, a fait quatre enfans, dont elle n'a pas négligé l'éducation. Que dites-vous de cette *Mascula Sapho*? Son mari serait peut-être humilié d'avoir une femme si savante, s'il ne l'était pas lui-même.

Vous êtes trop jeune pour avoir entendu le Chevalier *Broschi*, lorsqu'il enchanta Versailles & Paris, sous le nom de *Farinelli*. Sur la foi de la renommé renommée, j'avais toujours regretté cette bonne fortune. Bologne, où il s'est retiré, a fini mes regrets. Je l'ai entendu : mes oreilles en sont encore pleines. Vous savez le rôle qu'il a joué en Espagne, où il donnait de la jalousie aux Grands & aux Ministres. S'il ne vit plus dans les honneurs, il a gagné de la tranquillité, & il est très-bon à connaître.

La situation de cette Ville est très-heureuse : on la nomme *Boogna la grassa*, à cause de la bonté de son terroir. Elle n'est pourtant pas riche. Le peu d'argent qui lui vient, par un commerce peu étendu, s'en va à Rome. Les habitans se plaignent d'une loterie qui ruine le peuple : c'est celle qu'on a introduite dans Paris depuis peu d'années. Si cette loterie se jouait à Bologne, le mal ne serait pas si grand : mais c'est à Rome que Bologne joue. Le Roi de Sardaigne, Victor Amédée, en avait interdit l'entrée dans ses Etats : mais apprenant que des Gènois y distribuaient des billets sous le manteau, il attacha la peine de mort à cette contravention.

Lorsqu'une Ville réunit l'agrément du site à la bonté du terroir, c'est un avantage de plus. L'Apennin, couronné de maisons de campagne, qu'on appelle *vignes*, fait spectacle. Il faut passer cette chaîne de montagnes, pour gagner Florence; j'en essaierai demain.

LETTRE XIII.

De Florence, le 7 Novembre 1763.

A une petite distance de Bologne, j'ai apperçu une grande inondation qui gâte vingt-cinq milles de pays. C'est l'effet permanent d'un torrent, le Rhéno, qui s'y perd, & qu'il faudrait porter dans le Pô : mais Ferrare s'y oppose à cause du dommage qu'elle en souffrirait. Elle se croirait menacée d'être emportée.

Les Apennins n'offrent ni les mêmes horreurs, ni les mêmes beautés que les Alpes. Ce ne sont pas des rochers arides, affreux, couverts de neige & de glacières éternelles : mais je n'y ai trouvé ni les cascades prodigieuses, ni les points de vûe si variés des Alpes. Imaginez des montagnes couvertes de bois qui enseveliffent les voyageurs : montagnes entassées les unes sur les autres, qui donnent sans cesse l'espoir d'avoir vaincu la difficulté, & le regret de s'être trompé. L'Auteur qui a décrit la marche d'Annibal les connaissait bien.

*Quóque magis subière jugo, atque evadere nisi
Eréxere gradum, crescit labor; ardua suprà
Sese aperit fessis, & nascitur altera moles.*

Annibal ! quel homme ! les Alpes ne l'avaient pas arrêté : il se jouait des Apennins. Et quel chemin y avait-il alors ? Il n'y a pas dix ans qu'une route praticable est faite. Les restes de l'ancienne, qui sans doute fut tracée long-tems après Annibal, sont effrayans. Voulez-vous une description plus détaillée, lisez-la dans Lucain. Faut-il vous épargner la peine de la chercher ?

*Umbrosis mediam quâ collibus Apenninus
Erigit Italiam; nullo quâ vertice tellus
Altiùs intumuit, propiùsque accessit Olympo;
Mons inter geminas medius se porrigit undas
Inferni superique maris, collesque coercent
Hinc Tyrrhena vado frangentes æquora Pisæ;
Illinc Dalmaticis obnoxia fluctibus Ancon.
Fontibus hic vastis immensos concipit amnes,
Fluminaque in gemini spargit divortia ponti.*

Ces Apennins partagent effectivement l'Italie dans sa longueur en deux parties à-peu-près égales, versant de leurs flancs des fleuves, dont les uns vont se rendre dans la mer Adriatique, les autres dans celle de Toscane, ou Tyrrhénienne. Voilà ce qui fait de l'Italie, sous un climat heureux, un des plus beaux & des meilleurs pays du monde.

Vers le village de Pietramala, à un quart de lieue hors de la route, on voit un phénomène constant. C'est une flâme pure sans odeur, qui s'élève continuellement au milieu d'un chemin fort dur & pierreux, sans qu'il y paraisse aucune ouverture.

On est fort aise, après la traversée assez ennuyeuse de l'Apennin, de trouver, en approchant de Florence, le contraste d'un paysage délicieux. On voit errer çà & là de jeunes villageoises, bien lestes, couvertes de petits chapeaux de paille, ornés de fleurs ; colliers, bracelets ; enfin mises dans le goût de nos paysannes d'Opéra. Ce spectacle réjouit les yeux & le cœur. Il annonce l'aisance, fruit d'un gouvernement doux.

E iij

Florence. Florence est dans un vaste bassin bordé de côteaux qui sont couronnés de vignes & de maisons de campagne. On y entre par une très-belle porte. C'est un Arc de triomphe dédié à l'Empereur, lorsqu'il prit possession de la Toscane. Elle est plus ornée que la Porte Saint-Denys, mais elle n'a pas autant d'élévation & de majesté. Les rues s'étendent sous un pavé singulier. Il est composé de grandes tables de cinq à six pieds de longueur, très-uni par conséquent, & toujours propre. A pied, on ne se fatigue point; en voiture, on roule aisément sur ce parquet de pierre, dont la qualité se prête à la ferrure des chevaux.

Les Palais sont en grand nombre. Toutes les façades, bâties sur la rue, sont chargées de bossages aux portes & aux fenêtres, avec de belles proportions. On n'y voit pas cette belle élégance, que des siècles postérieurs ont amenée. Ce sont de grandes masses d'un ton mâle & savant. Telle est cette Architecture Toscane, qui cherchait à devenir Grecque. Des places, des carrefours, des ponts sur l'Arno, rivière qui partage la Ville, sont décorés de colonnes, de pyramides & de statues, au nombre de 160.

La place du vieux Palais offre plusieurs colonnes de marbre : l'un est un Neptune sur une fontaine ; l'autre est un Hercule qui tue Cacus ; le troisième est un David sorti du ciseau de Michel-Ange. Les Florentins prétendent que Monsieur Cochin était distrait, lorsqu'il a regardé ces grands morceaux, & sur-tout le David. Ils lui savent mauvais gré aussi d'avoir oublié l'enlèvement d'une Sabine par un soldat Romain, ouvrage excellent de Jean de Bologne. On remarque sur la même place la statue équestre de Ferdinand I, grand Duc de Toscane.

Plusieurs carrefours sont ornés de groupes de marbre, entre lesquels le Centaure terrassé par Hercule, ouvrage de Jean de Bologne, est comparable aux restes précieux de l'antiquité.

Quand vous vous promenez dans un grand jardin, vous aimez les grottes. Vous n'avez vu que des colifichets. Il y en a une dans les jardins du grand Duc, que la Nature semble avoir formée en grand. Les Dieux qui y prennent le frais sont de la main des meilleurs Sculpteurs. Les Géans qui soutiennent la voûte, sont de la façon de Michel-Ange. On s'apperçoit bien que cet ouvrage a été conçu au tems des grandes idées.

Les Baptistères, relégués en France & à peine apperçus dans le coin d'une Église, font grande figure en Italie. Celui de Florence est une rotonde octogone, jadis consacrée au Dieu Mars, grand vaisseau vis-à-vis de la Cathédrale; & c'est-là que l'on baptise les enfans de toutes les Paroisses, & de la banlieue.

L'Eglise Laurenziana s'annonce par trois grandes portes de bronze, chargées de bas-reliefs que Michel-Ange ne se lassait pas d'admirer. Si Homère les eût connues, il en eût fait les portes de l'Olympe. Une Chapelle, ou plutôt une magnifique rotonde, revêtue des marbres les plus rares, & des cailloux les plus précieux, avec un pavé de marbre en marqueterie, renferme six Mausolées de porphyre destinés à des grands Ducs de la Maison de Médicis, qui sont déposés dans une autre Chapelle, en attendant que tout soit fini. On y a déja dépensé quatre-vingt-dix millions. J'ai cherché parmi ces Mau-

foulées, celui du Chef de la Maison, ce fameux *Cosme*, qui, avec des richesses immenses qu'il savait répandre à propos, une politique profonde, & des mœurs populaires, sut fonder une Souveraineté sur la fortune du commerce. Ce monument ne s'y trouve pas. Cette omission est une tache pour ses successeurs. Les Florentins, plus reconnaissans que sa Maison, lui ont élevé un monument dans leurs cœurs. Ils ne le nomment jamais que *le Pere de la Patrie*; titre que l'Histoire lui a conservé. Ne pensez-vous pas avec moi, que, parmi les Maisons Souveraines, la maison de Médicis est une de celles qui ont le plus mérité du genre-humain ? Oublions les femmes. Elle a ressuscité les Arts, les Lettres, les Mathématiques, la bonne Philosophie. Elle a donné des leçons aux autres Souverains. Mais en même tems, on s'attriste sur la courte durée d'une dynastie qui, en si peu de tems, a fait de si grandes choses : mais ces grandes choses dureront.

Il est vraisemblable que Florence conservera long-tems le goût des Arts & des Sciences. Tous les Palais, toutes les Maisons riches sont tapissées de tableaux, ornées de statues antiques ou modernes, avec des plafonds peints. Êtes-vous de mon goût ? J'aime mieux cela que nos boiseries élégantes, nos Damas, nos vernis, nos dorures & nos fades plafonds tout blancs. Qu'est-ce que disent à l'âme toutes ces jolies choses ? Rien. Dans les Maisons de Florence, je lis l'Histoire des tems & des hommes.

Dans les Églises, c'est Michel-Ange, c'est Raphaël, c'est le Corrège qui fixent vos regards : c'est encore Andrea *del Sarte*. Il y a un morceau à fresque de ce dernier dans le cloître de la Nunziata, qui mérite la réputation qu'il a. C'est une Madone appellée *del Sacco*, parce que Saint-Joseph y est appuyé sur un sac. Voici bien autre chose dans la même Église : une Madone qu'un Peintre avait commencée au treizième siècle. Tout était fait, excepté la tête qui suspendait son pinceau, parce qu'il désespérait de rendre avec assez d'énergie les traits sublimes qu'il imaginait. Fatigué d'y penser, il s'endormit, & à son réveil il trouva l'ouvrage fait. Je ne l'ai pas vu, parce qu'il faut un ordre du Sénat & du Gouverneur, pour voir cette peinture miraculeuſe. Je n'en ai vu qu'une copie dans la chambre d'un Religieux de la maiſon, qui me parut tout-à-fait perſuadé du miracle; tâchez de l'être auſſi.

La Madone de Cimabué à Santa-Maria Novella, toute célèbre qu'elle eſt, eſt bien peu de choſe : mais il faut ſe tranſporter au tems. La peinture n'exiſtait pas; & les premiers pas, dans la carrière des Arts, méritent les hommages de la poſtérité. Au reſte, les tableaux des grands Peintres qui ont illuſtré Florence, donnent l'hiſtoire de toutes les belles femmes qui vivaient alors. Elles revivent dans les Madones & dans les ſaintes Femmes de l'ancien & du nouveau Teſtament. La femme que Raphaël a copiée pour rendre la célèbre *Madone della Seggiola*, devant laquelle on s'extaſie, au Palais Pitti, devait être charmante.

Je gagerais, curieuſe Aſpaſie, que vous m'attendez à la galerie, cette galerie par excellence, ſi connue dans toute l'Europe. C'eſt juſtement parce qu'elle eſt ſi connue, que je ne vous en dirai que deux mots. Cette galerie, ou plutôt, ces trois galeries qui bor-

E vj

dent une assez grande place, rendent la figure de la lettre Grecque π ; on dirait que la Grèce & l'ancienne Rome s'y sont donné rendez-vous, pour y étaler les anciennes richesses des Arts ; on s'y promène au milieu des bustes & des statues antiques. Les plus beaux bustes sont ceux de Cicéron, de Senèque, de Lucius Verus, & d'Alexandre. Dans la foule on en voit un moderne, qui, ébauché seulement par Michel-Ange, semble disputer avec les anciens. On lit ce dystique sur le piédestal.

Dùm Bruti effigiem Michaël de marmore fingit,
In mentem sceleris venit, & abstinuit.

On voudrait que la réflexion qui aurait dû se présenter au premier coup de ciseau, ne fût venue qu'après le dernier. Une chose unique, c'est la suite des Empereurs Romains & de leurs familles, depuis Jules-César jusqu'à Caracalla. Dans cette suite il y a trois Marc-Aurele. On ne saurait trop multiplier l'image des bienfaiteurs du genre humain. Les connaisseurs remarquent qu'à commencer à Marc-Aurele, on s'apperçoit de la décadence de l'Art.

Les ouvrages sont plus finis, plus léchés; mais la manière en est moins grande.

La galerie distribue dans des sallons qui offrent des richesses aussi variées, qu'elles sont rares. Dans l'un c'est un amas de porcelaines de la Chine & du Japon; dans l'autre des tableaux choisis des Écoles Ultramontaines, & sur-tout de l'École Flamande; dans le troisième brill: l'École Florentine; dans le quatrième, une collection de portraits des plus fameux Peintres de toutes les Écoles, tous faits par eux-mêmes. J'ai eu le plaisir d'y voir des Peintres François, *le Brun*, *Rigaud*, & plusieurs autres. Quand ceux que la renommée célèbre aujourd'hui voudront y envoyer les leurs, ils y trouveront place. *Le Scalken* s'est peint dans une nuit. Quelle nuit! Celui qui a fait cette collection, un Cardinal de la Maison de Médicis, s'est immortalisé lui-même: sa statue préside au sallon. Dans le cinquième, c'est une profusion de camées & de médailles, bons matériaux d'Histoire. Le sixième offre des bronzes antiques de toute espèce; le septième, des antiques Étrusques: que n'ai-je les yeux du Comte de Caylus? Le huitième, d'une figure octogone, éclairé par la seule lanterne d'une coupole revêtue de nacre, est un chef-d'œuvre de magnificence. Les murs sont tapissés d'armoires de glace, à travers lesquels brillent les pierres précieuses jetées à pleines mains ; une Turquoise, entr'autres, de la grosseur d'un œuf, tête de Jules-César. Parmi les meubles, on admire un globe céleste dont les astres sont des rubis, une grande table de pierres fines incrustées les unes dans les autres. Un Poëte la ferait servir aux festins des Dieux. Autour de cette table figurent six statues antiques de marbre. Le Luteur, le Rotator, le Faune jouant des cymbales; deux Vénus, l'une sortant du bain, plus grande que nature ; l'autre de la taille ordinaire. Je n'ai encore rien dit ; la véritable Vénus, la *Vénus de Médicis*, placée entre les deux autres, qui, toutes belles qu'elles sont, s'attirent à peine quelques regards. Telle devait être Vénus, quand elle reçut la pomme. Comme vous n'êtes pas sur le trône, ne vous fâchez pas, Aspasie, si je vous dis que vous n'êtes pas si belle ; & certainement c'est une providence que les femmes de la Nature ne valent pas celles de l'Art. Il en est peut-être dans le Ciel, où elles cessent d'être dangereuses. L'Artiste qui conçut cette forme, devrait être cité aussi souvent que Praxitèle. L'inscription dit que ce fut Cléomènes.

ΚΛΕΟΜΕΝΗΣ ΑΠΟΛΛΟΔΟΡΟΥ
ΑΘΕΝΑΙΟΣ ΕΠΟΙΗΣΕΝ.

Gardez-vous bien de vous vanter que vous entendez ces quatre mots Grecs. Que diraient ces jolies poupées que vous voyez, parce qu'il faut les voir?

Ne croyez pas que j'aie épuisé ce sallon. On y a rassemblé des morceaux supérieurs de tous les Héros de la Peinture, une Vénus du *Tiziano* (le Titien) qu'on admirerait davantage, si le Peintre ne s'était pas surpassé lui-même dans un autre tableau qui est précisément au-dessous: c'est une femme nue, couchée sur un lit, portrait de grandeur naturelle. Plusieurs tableaux de Raphaël; une Vierge du Corrége: elle admire l'Enfant Jésus couché devant elle. Ciel! qu'elle est belle, & qu'il est beau! voilà tous les détails que vous aurez. Je suis las. Je ne vous parle pas d'un cabinet de Mathématiques, ni d'une salle d'Armes anciennes & modernes.

A l'aspect de tout ce luxe des Arts, on est étonné qu'une seule maison ait été assez riche, pour faire tant d'acquisitions. Mais en réfléchissant qu'elle s'y est prise dans le bon tems, dans un tems où l'ignorance des hommes foulait aux pieds ces trésors, l'étonnement cesse. Le Monarque le plus riche de l'Europe ne l'est pas assez pour acheter cette galerie. Quel dommage, si un incendie venait à consumer tout cela! On en fut menacé l'année dernière. Heureusement que le feu, promptement secouru, n'a détruit qu'une petite partie. Les amateurs pleurent sur les restes calcinés d'une Vénus, d'un Bacchus, d'un Sanglier, tous ouvrages Grecs, sur une femme encore ébauchée par Michel-Ange, & sur un Laocoon de Bandinelli. Ce qui a péri de plus, n'était pas de la même bonté.

Pour aller à cette galerie, qui est éloignée du Palais des grands Ducs de plus d'un demi-mille, Côme I voulut un corridor, dont l'entreprise devait paraître chimérique : il perce, de rue en rue, à travers les maisons des particuliers, il traverse l'Arno & arrive.

On compte plus de Bibliothèques publiques à Florence, qu'il n'y en a dans les Capitales des plus grands États. Il en est une fort singulière. C'est la *Laurenziana* construite sur les dessins de Michel-Ange. Vous entrez, vous ne voyez point de livres. Il faut les aller chercher sous des tapis qui couvrent de longs pupîtres, en forme de bancs de Paroisse, & les lire en place; car ils sont enchaînés. Ce ne sont pas même des livres imprimés, mais des manuscrits de tous les siècles. La précaution qu'on a prise de les enchaîner donne plus de sûreté que l'excommunication *ipso facto* qu'on lit à la porte, contre quiconque oserait enlever une page. Il s'est pourtant trouvé un scélérat assez hardi pour soustraire le premier cahier des Bucoliques de Virgile : si ce qu'on dit est vrai, que c'était par l'ordre même de la Cour de Rome, d'où était partie l'excommunication, il ne l'encourait pas : ce manuscrit en lettres majuscules, comme sont tous ceux des tems les plus reculés, est du quatrième siècle, & il peut disputer avec celui du Vatican. La Laurenziana ne se vante que de quatre-mille volumes; & c'est bien assez. Je ne dirai pas comme le Calife : qu'on brûle tous les livres, un seul suffit. Mais quand nous en brûlerions la bonne moitié, nous n'aurions rien perdu.

Outre ces Bibliothèques publiques, beaucoup de particuliers en ont, qui feraient honneur à des Princes, avec des collections en tableaux, en statues, en bronzes, en médailles; & ils se déferaient plutôt de leur patrimoine, que de ces monumens des Arts & des tems. On remarque que les lumières qui ont commencé en Europe par éclairer Florence, en s'y perpétuant, n'y ont pas laissé autant de superstitions que dans le reste de l'Italie.

Qui est ce qui ne connaît pas de réputation l'Académie della Crusca, pour la pureté de la langue Italienne ? Ne l'ayant apprise que dans les bons Auteurs, j'ai eu beaucoup de peine dans les Villes où j'ai passé, d'entendre le langage du peuple. Ici rien ne m'embarrasse, sauf une prononciation gutturale qui change tous les C en H, fortement aspirée. Mais c'est un embarras de deux jours.

Faut-il vous parler d'un spectacle qui avait de la célébrité sous les Médicis ? Un combat de bêtes, à l'imitation de l'ancienne Rome. Aujourd'hui il ne vaut guères plus que la polissonnerie qu'on vous donne à Paris, si ce n'est que les animaux sont en liberté, corps à corps ; &, pour les empêcher de s'égorger, des hommes cachés dans une machine roulante, tirent de l'artifice qui effraye & sépare les combattans, en bien petit nombre : deux Lions, deux Tigres & un Loup. Tout ce qui reste de beau, c'est l'amphithéâtre.

J'ai demandé la raison de cette décadence ; on m'a répondu qu'il y avait trop de dépenses à faire d'ailleurs. Les revenus du grand Duché montent à quinze millions. Florence, sous sa forme républicaine, avant qu'elle fût soumise à des Princes, & qu'elle eût conquis Sienne, Pise & Livourne, n'en avait pas la moitié, & tout se faisait. C'est presque par-tout que les Chefs des Peuples sont prodigues pour leurs maisons & leurs plaisirs, avares pour le public.

Florence, en pliant fous des Maîtres, fe flattait encore d'une forte de liberté, & de conferver quelqu'influence dans les affaires publiques. Elle gardait fon Sénat & fes Loix municipales. Elle a encore des Officiers qu'on appelle Sénateurs ; mais ce font des noms. C'eft la volonté du Prince qui eft la chofe.

Pour vous inftruire des mœurs Florentines, il faudrait que je fiffe une plus longue connaiffance avec elles. Elles ont été fort décriées, du moins fur un article ; & en voici l'occafion. Un Archevêque de Florence avait fait chaffer les courtifanes. Cette difette des plaifirs de la nature, dans un climat où elle eft fi exigeante, apprit à l'outrager ? Saint-Antonin, autre Evêque fur le même fiége, mais connaiffant le monde & les hommes, rappela les courtifanes, & l'horreur ceffa ; mais la mauvaife réputation furvit toujours au crime. Ce ne font pas des Florentins qui m'ont donné cette anecdote. Ce font des étrangers dignes de foi qui ont pris des lettres de citoyens parmi eux ; & qui favent leur rendre juftice en bien comme en mal. Au refte ces courtifabes rappelées ne peuvent habiter que dans certaines rues sous les loix d'une exacte police. On les oblige même, une fois par an, d'assister toutes au sermon de la Magdelène. Vous imaginez bien qu'aucune femme qui veut passer pour honnête, ne va entendre cette parole de Dieu. Mais les hommes y accourent.

Lorsqu'une fille d'honnête Maison se marie, la mere demande au fiancé: la voulez-vous comme elle est venue au monde, ou avec ce que la Nature a ajouté depuis ? S'il choisit le premier parti, on retranche le superflu.

Je ne sais quand je pourrai quitter cette Ville. Tous les jours je pars, & tous les jours je reste. Sans cesse quelque nouvelle chaîne de curiosité; j'ai vu hier au vieux Palais, (c'était celui de la République) j'y ai vu un tréfor laissé par les Médicis, qui soulagerait beaucoup une calamité publique : c'est de la vaisselle d'argent & de vermeil, avec des bas-reliefs des meilleurs Artistes. Ce sont des cuvettes d'un poids & d'une grandeur !... des vases & cent autres choses qui feraient croire que les Médicis puisaient dans les mines du Potofi. J'ai fixé mes regards fur un devant d'Autel d'or maffif, excellemment cifelé. Ce n'eft rien. Des pierres fines de toute efpèce & de toute groffeur; Saint-Charles Borromée avec une draperie la plus riche, eft au milieu. c'était un vœu de Côme II, malade, pour recouvrer la fanté. Tandis que ce précieux *ex-voto* voyageait du côté de Milan, le malade mourut. Son fils Ferdinand rapppella l'*ex-voto*. En euffiez-vous fait autant ? Il crut qu'on pouvait traiter avec les Saints, félon les règles de la juftice humaine, dont les premières idées nous viennent du Ciel : mon pere, difait-il, avait promis, à condition que vous le gueririez. Point de guérifon, point d'*ex-voto*. Vous direz peut-être : pourquoi ne pas employer ce tréfor à quelqu'établiffement utile ? Qui fait ce qui arrivera?

Le Palais des Offices réunit les différens Tribunaux élevés par Côme I. Il voulait qu'on y plaçât les illuftres Magiftrats. La mort le furprit dans ce projet. On ne voit que les niches.

Deux dépôts publics font confacrés aux actes qui affurent la fortune & l'état des citoyens; les Notaires font tenus de verser dans ces dépôts une expédition de tous les actes. C'est ainsi que souvent de petits Etats font la leçon aux grands.

Florence s'est fort humanisée avec les Juifs. Point de marque flétrissante qui les distingue des Chrétiens. Ceux qui ont de la fortune jouissent de tous les droits de citoyen, & partagent les charges publiques avec les autres commerçans.

Je viens encore de fermer ma malle pour partir demain. Partirai-je en effet? Je n'en jurerais pas. Comment s'arracher à une Ville où, en ne voyant même que des yeux de l'esprit, on est si agréablement occupé? Cimabué, Michel-Ange, Bronzini, Americ Vespuce, Pic de la Mirande, Machiavel, le Dante, Pétrarque, Bocace, Galilée, Viviani; tous ces morts qui ont illustré Florence, & à qui on a consacré des monumens, vous parlent, vous retiennent. Le vin même qu'on y boit réjouit le voyageur qu'on empoisonne assez généralement dans toutes les auberges d'Italie.

Le Duc Albert de Saxe était si charmé de Florence, qu'il disait qu'on ne devrait en ouvrir les portes aux étrangers, que les Fêtes & Dimanches. Ne faudrait-il point aussi en interdire absolument l'entrée à tant de voyageurs qui y portent des yeux, pour ne rien voir ?

Au reste, parmi les obligations que nous avons à Florence, pour avoir ressuscité les Arts & les Sciences, qu'elle nous permette de lui faire un reproche. Ce fut Catherine de Médicis qui apporta en France l'empirisme de la Finance. Les premiers partisans qui travaillèrent la Nation, étaient Florentins. Ce furent aussi deux Florentins qui portèrent en Pologne l'art de battre une monnoie peu loyale, nommée *Tympho*.

LETTRE XIV.

De Lucques, le 14 Novembre 1763.

JE faisois fort bien, sans le savoir, de me laisser retenir par les curiosités de Florence. Une pluie obstinée s'est écoulée pendant mon séjour; & j'ai trouvé le beau tems à mon départ. Je ne sais, Aspasie, si vous l'éprouvez comme moi ; la sérénité du Ciel en donne à l'âme ; & d'ailleurs n'imaginez pas que la terre soit déja dépouillée, triste, morte comme elle l'est dans le pays que vous habitez ; l'herbe est encore fraîche. Les champs sont couverts de légumes qui ont succédé au blé. Les haies entrelacées de lauriers, sont encore vertes. Les arbres conservent assez de feuilles, pour donner de l'ombrage, qui plaît à certaines heures du jour ; car le soleil est encore chaud.

Je n'ai rien à vous dire de *Prato*, petite Ville où j'ai couché, de ces Villes qu'on ne voit, que parce qu'il

Prato.

Piſtoïa. faut y paſſer. Le lendemain j'ai dîné à *Piſtoïa*, Ville Epiſcopale ; & j'y ai appris qu'il faut bien ſe défier des Mémoires de certains Voyageurs, qui louent emphatiquement des choſes fort communes. Je devais y trouver des ſtatues, des tombeaux admirables. J'ai fait tout ce que j'ai pu pour admirer. J'y aurais paſſé ſans doute des momens agréables, ſi j'y avais trouvé le Prélat *Fortiguerra*, l'Auteur du *Ricciardeto*, Poëme Héroïco-Burleſque, dans le goût de l'Arioſte. Enfant de cette Ville, il était mort en 1735, après avoir étonné les Littérateurs de Rome par l'étendue de ſes connaiſſances, & les avoir amuſés par les charmes de ſa converſation. Je vous ai parlé du pavé de Florence, comme d'une ſingularité bien commode : toutes les Villes dans la Toſcane ſont pavées de même.

Paſſons à la petite République d'où je vous écris : je dis petite, relativement à ſon territoire ; de ſes remparts elle voit preſque la totalité : petite encore par rapport au rôle qu'elle joue parmi les Souverainetés. Mais elle eſt grande ſous plus d'un aſpect, par culture, par la ſageſſe de ſon Goument, par son économie, par sa vigilence sur la sûreté publique. On apperçoit sur le territoire, une culture poussée peut-être au dernier période: phénomène moins surprenant dans un petit État où les terres sont partagées en autant de petites portions qu'il y a de citoyens : *laudato ingentia rura ; exiguum colito ;* où il n'y a point de grandes fortunes pour écraser les petites, où le peuple enfin est ménagé, comme on ménage les pieds qui portent tout le corps.

Lucques.

Sur les portes de la Ville & des édifices publics, on lit un beau mot *libertas*. La forme du Gouvernement indique assez combien les Lucquois tiennent à la liberté. Le Sénat composé de cent Nobles, dans qui réside la puissance législative, change tous les ans ; en sorte que ceux qui ont gouverné une année, sont exclus pour l'année suivante. Il confie la puissance exécutrice à dix *Anziani* tirés du Corps. A leur tête est le Gonfalonier, qui est le premier personnage, le Prince de la République. Mais son pouvoir ne dure que deux mois, pendant lesquels il loge dans le Palais avec les Anziani, qui partagent ses travaux, & l'observent sans cesse. Ce pouvoir de deux mois paraît trop court pour exécuter quelque chose de grand : mais la République aime mieux manquer quelqu'avantage, que de risquer sa liberté. Un ambitieux ôsa pourtant former le projet de subjuguer ses concitoyens. Il lui en coûta cher. Il fut brûlé lui & sa famille dans sa propre maison, dont le sol est environné de barrières. On y lit un décret du Sénat, qui défend d'y jamais rebâtir.

La vigilance sur la sûreté publique ne saurait être plus grande. Un étranger arrive-t-il : on lui fait laisser ses armes à l'entrée de la Ville, pour les lui rendre à la porte du départ. Aucun citoyen n'y porte l'épée. Trois rues souterraines vont de la grande place dans la campagne, afin de pouvoir se porter avec plus de facilité, où les attaques de l'ennemi seraient les plus vives. Une quatrième va au Palais : celle-ci paraît faite contre les troubles intestins qui se manifesteraient sur la place, s'il en naissait. Le Prince, les Anziani & des Soldats sortiraient de dessous terre, pour tranquiliser la surface.

Le Gouvernement, tout Aristocratique qu'il est, s'est cru obligé de respecter le peuple, jusques dans ses plaisirs. Les remparts de la Ville forment une très-belle promenade : les gens à équipage en ont une moitié. Le peuple, qui ne veut point être incommodé de la poussière des équipages, jouit de l'autre ; de manière pourtant que, si le peuple ne craint pas cet inconvénient, il peut se mêler avec ses maîtres.

La République a exclu de son sein deux espèces d'hommes diamétralement opposés de Religion & de caractère, les Juifs & les Jésuites. Vous sentez bien qu'il n'a jamais fallu parler d'inquisition à des hommes libres.

Lucques n'a que 700 Soldats sous les armes. Il est vrai qu'en cas d'attaque, vingt-mille hommes de milice, qui manient également l'épée & la charrue viendraient à son secours en peu d'heures. Mais enfin que feraient ces forces, si la politique ne les multipliait pas, en engageant à propos dans ses querelles quelque Potentat? Les Grands-Ducs ont englouti toutes les Villes de la Toscane, les unes après les autres; & celle-ci leur dit : je suis moins importante que vous ; & je suis encore libre.

L'économie de ses finances est la bâse solide qui la soutient. Dans la plupart des Gouvernemens, le trésor public enflamme la cupidité des Gouvernans; & ensuite on s'en sert pour attaquer la liberté. Aussi, non-seulement les Despotes, mais les Monarques même veulent dépenser arbitrairement. Ce ne sont pas les besoins qui ruinent les États. C'est souvent la Maison du Souverain qui ruine toutes les Maisons. Devinez ce que Lucques donne à ses Décemvirs, au Prince, comme aux autres, pour leur dépense journaliere? Cinq sequins à chacun; & à juger en gros, combien lui donneriez-vous de revenu, tant pour cet article, que pour l'entretien de 700 soldats, de 60 suisses, de l'artillerie, des fortifications, des fêtes publiques, d'un théâtre, & de tous les autres besoins de l'Etat?

J'ai voulu le savoir. Je n'ai aucune lettre pour Lucques. Le tems ne me permet pas d'y lier des connaissances.

J'ai employé mon valet de place, qui a pour parrein un des Anziani. Ce pauvre garçon est revenu tout effrayé, pâle, tremblant... Ah! Monsieur, quelle commission vous m'avez donnée là! Savez-vous ce que m'a répondu mon parrein? Tu es bien heureux d'être mon filleul; sans cela tu ne verrais pas le soleil sitôt : mais où loge l'étranger qui t'envoie?... Cette question m'a fait délibérer sur mon départ au moment même. Je me suis pourtant rassuré, parce qu'il n'y a que le crime qui doive ôter le courage.

Quant à l'objet de ma curiosité, si on s'en rapporte au *Scoto*, Ecrivain judicieux, la République a douze-cents-mille livres de revenu, argent de France. Poussons à deux milions : quels petits moyens, pour de si grands effets? Il y a tel particulier dans les grands Etats, Princes du sang ou Financiers, qui sont plus riches : feraient-ils la même figure?

S'il y a quelque chose à reprocher à la sagesse de la République, c'est le nombre excessif de 66 maisons Religieuses qui la sucent sans rien produire. Un abus encore plus grand, c'est que ces maisons, déja très-riches, peuvent toujours acquérir, & acquierent effectivement. On voit passer dans leurs mains les fonds des citoyens. C'est ainsi qu'il n'y a rien de parfait sous le soleil : mais ce mal n'est pas incurable.

Je finis par un trait d'histoire qui ne vous touchera guères, parce que les vrais héros pour vous, sont ceux qui ont fait du bien aux hommes. C'est à Lucques que se forma le premier triumvirat entre Pompée, César & Crassus; trois ambitieux d'un grand nom, qui pensaient bien moins au bonheur du monde, qu'à en partager les dépouilles.

LETTRE XV.

De Livourne, le 17 Novembre 1763.

SI vous n'étiez qu'une femme anoblie par un homme de qualité, je ne vous parlerais pas d'une Ville dont la fortune n'est fondée que sur le commerce. Ces sortes de Bourgeoises travesties en Marquises ou Comtesses, ne font cas dans leurs terres, que de l'encens du Curé, du banc Seigneurial, des Prières nominales, de la Haute-Justice, & des grades militaires. Mais votre noblesse personnelle, & un grain d'esprit philosophique, vous laissent le jugement plus sain ; & vous aimez qu'on vous entretienne de ce qui donne de la vie & de la puissance aux États.

Gênes s'est bien repentie d'avoir échangé Livourne, qui n'était rien alors, contre Sarzanne, qui faisait une sorte de figure. Le commerce de Livourne, Port franc, où l'on voit constamment aborder des vaisseaux de toutes les Nations, fait un tort infini à celui de

Gênes; ce qui prouve que Côme I, Souverain de Toscane, qui fit l'échange, voyait mieux que les Génois. Un marais qui ne montrait que quelques cabanes de Pêcheurs, est devenu, en moins de deux siècles, un bon Port de mer, une Ville florissante, peuplée de trente à quarante-mille âmes. Une politique qui tend à devenir générale, contribue infiniment à la fortune de cette Ville. Toutes les Religions, Chrétiens Réformés, ou non Réformés; Grecs Orthodoxes, ou Schismatiques; Juifs : toutes y ont la liberté du culte; & toutes y vivent en paix, en suivant le second précepte du Décalogue : *vous aimerez votre prochain comme vous-même*. Les Turcs même y ont une Mosquée qui existe encore; & le Palais où loge le Grand-Duc, lorsqu'il vient à Livourne, a été bâti par un Seigneur Turc.

Dans ce concours de différentes manières de servir Dieu, ce sont les Juifs qui ont le plus de considération, parce qu'ils sont les plus riches. Préservés à Livourne, comme à Florence, de l'anathême presque général, ils peuvent acquérir. La moitié des maisons de la Ville, & les meilleures terres leur appartiennent. On a cru devoir de la reconnaissance aux fondateurs de cette Colonie. C'est un proverbe en Toscane, qu'il vaudrait mieux battre le Duc qu'un Juif. Mais on leur rend cette Justice que leur fortune n'écrâse, n'insulte personne. On m'assûre que le Souverain tire plus de cette Ville que de toute la Toscane.

Elle a dans son centre une place très-belle & très-grande, où aboutissent plusieurs rues fort larges & alignées, à l'extrémité desquelles on apperçoit les deux portes de la Ville, l'une pour la terre, l'autre pour la mer : tout un grand quartier est percé de canaux dans chaque rue, avec de beaux quais, & des ponts de marbre de distance en distance. Ces canaux apportent les marchandises jusqu'aux portes des magazins.

Le Port bien défendu, fameux par sa bonté & par son môle, & décoré d'une statue en marbre, de Ferdinand I. quatre esclaves en bronze, bien supérieurs à la figure du Prince, y sont enchaînés en regardant leur Vainqueur. Ceux qui, dans mille ans, verront ce monument, croiront que ce héros avait subjugué quatre Nations barbares. Oh! les belles differtations qui fe feront! Nous favons à préfent qu'il n'était queftion que de quelques petits brigands d'Alger ou de Tunis que les Galères du Grand-Duc avaient pris. Il ne faut pas chercher dans une Ville de commerce le luxe des arts, en peinture, fculpture, architecture, mufique: mais on y voit du travail & de l'aifance pour tout le monde. La franchife de fon Port y attire une foule de Navigateurs qui font fa fortune & la leur; mais il eft rare que le mal ne marche à côté du bien. Tout banqueroutier y trouve un afyle trop fûr.

Non loin du Port eft un vafte lazaret, défendu par des foffés d'eau vive & des fortifications. C'eft-là où l'on confine les équipages des bâtimens qui viennent du Levant ou de l'Afrique, pays où la pefte eft domiciliée; c'eft-là où ils font une quarantaine rigoureufe. Livourne a donc continuellement la pefte à fes portes. Mais l'homme peu content du néceffaire, brave tout pour s'enrichir.

Demain je retournerai fur mes pas pour aller à Pife, où j'ai déja paffé, fans rien voir.

LETTRE XVI.

De Pise, le 19 Novembre 1763.

Pise, située sur l'Arno, à quelques milles de son embouchure, dispute d'antiquité avec tout ce qu'il y a de plus ancien. Elle fut d'abord une des douze Cités de la Toscane, & long-tems après, Colonie Romaine, puis République, & enfin soumise aux Grands-Ducs. Elle est deux fois trop grande pour sa population, qui était fort nombreuse, lorsque, sous les étendards de la liberté, elle envoyait des Flottes au levant, pour s'enrichir par le commerce & les conquêtes. Elle a de belles rues & de beaux Palais, trois ponts sur l'Arno, dont le principal est de marbre blanc. C'est sur celui-ci que se donne tous les ans le célèbre combat entre les habitans des deux rives du Fleuve. Les combattans sont armés de cuirasse, brassard, cuissard, casque & massue. Ce combat d'amusement devient trop souvent sérieux & sanglant.

Pise.

Les vaincus sont enfin obligés de capituler avec les vainqueurs, pour avoir la liberté de passer sur ce pont.

La Cathédrale, monument du douzième siècle, est toute de marbre. Que ce marbre prodigué dans toute l'Italie, ne vous étonne point : il y est si commun ! Voici le singulier : c'est que, construite dans un siècle d'ignorance, elle prétend à la beauté Grecque, sur-tout dans son intérieur. Soixante & dix colonnes, les unes de granite, les autres de porphyre, quelques-unes de verd antique, les moindres d'un marbre rare, font un effet admirable. Cette construction se doit probablement aux lumières que les Pisans rapporterent de la Grèce. Il faut bien que les croisades nous aient fait quelque peu de bien pour tant de mal.

Proche de la Cathédrale, est un vaste cimetiere, édifice immense ; portiques superbes, fresques des meilleurs Peintres. Les Fideles qui y sont inhumés, sont très-assurément en terre sainte ; car c'est de la terre que les Pisans rapporterent de Jérusalem sur 50 Galères. Les Chevaliers de Malte n'ont pas pensé aussi dévotement, lorsqu'ils ont lesté leurs vaisseaux de la terre prophane de Sicile, pour féconder leur rocher.

Vis-à-vis le cimetiere est un Baptistére en rotonde, où la décoration n'a rien négligé. A l'opposite est cette Tour si renommée, qui menace toujours ruine, & ne tombe jamais. Des Savans, en ma présence, ont raisonné sur ce problème, que je croyais tout résolu. Les uns l'ont expliqué par un tour d'adresse géométrique, les autres par un affaissement partiel qui a produit cette divergence, sans rompre l'àplomb. Quoi qu'il en soit, il faut avouer que cette Tour, admirable d'ailleurs, a joué de bonheur pour sa célébrité. Celle de Bologne, dont je vous ai parlé, est encore plus divergente, & à peine en parle-t-on, tandis que toute l'Europe connaît les saucissons de Bologne.

Il y a des bains à un mille de la Ville, qui se sentent de la magnificence que les anciens Romains mettaient dans les leurs, avec toutes les commodités qu'on peut desirer. Des baigneurs qui auraient usé de tels bains, trouveraient Barège & Plombieres bien maussades.

Il y a ici des Savans qui sont très-bons à connaître. Je n'en nommerai qu'un, *l'Illustrissimo Abbate Cérati*, que nos illustres ont beaucoup fêté à Paris, il y a vingt ans, & qui n'a encore rien perdu de tout ce qui le distinguait alors. La Société de ces gens de mérite demanderait un plus long séjour. Mais j'entends souffler une tramontane qui traîne après elle la rigueur de l'hiver. Je vois les sommets des montagnes de la Toscane qui commencent à se blanchir de neige. Les chemins pourraient devenir très-difficultueux. Il faut se hâter de gagner Rome, où le climat s'adoucira. J'en voudrais un qui vous ressemblât, chère Aspasie, dont la douceur fût inaltérable.

LETTRE XVII.

D'Aquapendente, le 25 Novembre 1763.

J'AVAIS dit à ma plume de se reposer, & à ma mémoire de vous oublier, jusqu'à Rome. Mais que ferais-je à Aquapendente, Ville sans nom, où je suis arrêté par les neiges, avec une quantité de voyageurs qui, depuis trois ou quatre jours se morfondent, en maudissant l'Apennin. Dans cette position, & pour ne pas jurer avec les autres, je cherche à m'entretenir avec vous. Ce que je vais écrire se ressentira peut-être de mon état présent. Ma santé s'altère par un gros rhume, mêlé de fièvre, qui m'ôte l'appétit & le sommeil. N'importe; m'entretenir avec vous, c'est adoucir mes maux. Qu'eussiez-vous dit, si quelque lettre vous eût appris que j'avais fini mon voyage & ma vie dans l'Appennin, à quelques lieues de Sienne? Voici mon aventure. Ce maudit rhume, qui m'accompagnait depuis Livourne, s'augmentait avec la

Aquapendente.

fièvre & la tramontane, d'un jour à l'autre. J'allais pourtant; mais ce n'était pas, *vires acquirit eundo*; j'étais fans forces. La faiblesse ne me permet pas d'aller gîter à Sienne. Je me jette dans une auberge folitaire, au milieu d'un bois. Je n'avais certainement pas dit l'oraifon de Saint-Julien. Mon premier foin, c'eft de me rôtir. La lumière qui m'éclaire, me femble s'éteindre. Ce font mes yeux qui s'éteignent. Dès ce moment, je ne fais plus ce que je deviens. J'étais feul dans une chambre ifolée. Un heureux hazard m'amène du fecours. Revenu à moi, je me vois couvert de fang, une large bleffure au deffous de l'œil, & plufieurs autres moins confidérables. Je n'avais pas figure humaine. Je penfe mes plaies avec le remède du Samaritain. En réfléchiffant fur mon aventure, je l'explique par des chûtes réitérées. La machine, fans connaiffance, tombait & fe relevait alternativement, pour chercher du fecours. Un bonheur marqué, fut de ne pas tomber dans le feu. M'auriez-vous pleuré longtemps, fenfible Afpafie? Vous ne l'auriez pas dû, inftruite comme vous l'êtes, qu'on ne se quitte que pour se retrouver dans une meilleure patrie, où l'on ne se perdra plus.

La nuit me parut plus longue que celle qui donna naissance à Hercule. Le jour arrive pour me jeter dans une nouvelle inquiétude. Je veux payer l'auberge, & partir. Deux rouleaux de louis me manquent. Je renverse mes poches & mon lit ; je fouille ma voiture, & sur-tout le coussin, où j'avais fait une ouverture, pour y déposer mon trésor pendant le jour ; précaution qui peut réussir contre les voleurs ; recherche inutile. Alors les noirs soupçons s'emparent de moi. J'éclate, j'accuse, je menace. L'Aubergiste jure par la Madone, qu'il est le plus honnête de tous les Cabaretiers. Mon Laquais, plus de sang-froid que moi, retâte ce coussin, & mon or reparaît. Une bonne étrenne console l'Hôte ; & je monte en voiture. A peine je perdais l'auberge de vue ; mon Laquais, que je n'avais point mis dans le secret du coussin, me dit : ah ! quel malheur ! ces gens qui savent que vous avez cet or, peuvent s'embusquer où ils voudront, dans ce coupe-gorge continuel où nous marchons. J'avais la même peur : mais je la diffimulais, en affectant d'en rire, pour le raffurer, & en lui montrant les armes dont nous étions munis. Je me rappellais le vers d'Horace...

Cantabit vacuus coram latrone viator.

Je me trouvais trop riche pour le moment. Je ne pouvais pourtant me réfoudre à jeter mon or dans le premier buiffon pour me mettre à chanter. Au bout de deux heures de marche, le chemin fe retréciffant de plus en plus, dans un fouré très-épais, j'apperçois un foldat déguenillé & armé, fortant d'un hallier, puis un fecond, tous deux s'arrêtant, tournés de mon coté. Que faire? Il n'était pas poffible de reculer. J'avance, je m'arrête à deux longueurs de fufil. Je les interpelle dans leur langue... Amis, que faites-vous-là? *Nous vous attendons.* A ces mots, je me crus au moment de la cataftrophe... Et pourquoi m'attendez-vous? *Pour vous empêcher d'être affaffiné.* Et d'où favez-vous qu'on doit m'affaffiner. *Voyez;* (en me montrant un arbre à quelques pas:) *là, là même, deux voyageurs ont été affaffinés, il y a deux jours. C'eft pourquoi* vous nous voyez ici, par ordre du Gouvernement. Le bruit des voitures nous avertit ; & nous paraiſſons. Ces deux anges gardiens m'ont eſcorté pendant quelques milles, juſqu'à l'endroit où le pays ſe découvre.

Enfin, je ſuis arrivé à Sienne. C'eſt la dernière République de la Toſcane qui ait ſubi le joug des Grands-Ducs. Vous allez dire que je ne vois que des Cathédrales, comme un Curé ne voit que ſon clocher. Celle de Sienne eſt un prodige de travail, par la multitude de ſes colonnes, autour deſquelles s'entortillent à l'envi des fruits & des feuillages ; par le pavé où ſont gravées des hiſtoires de l'Ancien Teſtament ; par la façade toute en ſculpture ; par tout le corps de ce vaſte édifice, revêtu & marqueté de marbre noir & blanc ; par un monde de fauſſes beautés, enfans du génie gothique. Si dans ces tems, où les richeſſes des peuples étaient à la diſpoſition des Prêtres, quelques-uns d'eux, dans chaque Ville conſidérable, eût eu les idées du vrai beau, & l'envie d'être hommes d'État, comme d'Égliſe, que de monumens plus ſimples, plus beaux, & infiniment moins

Sienne.

coûteux, n'auraient-ils pas laissés dans toute l'Europe? Les grandes Villes ressembleraient à Athènes & à l'ancienne Rome.

Je n'ai pas eu la force de me traîner dans l'Eglise où Sainte Catherine de Sienne repose. On me dit qu'il y a quelques bons tableaux, & quantité d'ex-voto. Les *ex-voto* dans ce pays sont presque tous en argent & en or. Toutes les richesses sont dans les Eglises. La pauvreté est dans les maisons. Par la connaissance que j'ai de votre caractère, si jamais vous vous ruinez, ce sera en répandant dans le sein de ces pauvres Citoyens, qui cherchent du travail & qui n'en trouvent pas : mais devrait-il manquer dans un Etat bien organisé? La grande place est singulière par sa forme. Les maisons & les rues qui la bordent, rendent la figure d'une coquille.

Sienne ferme la Toscane, & Aquapendente, d'où je vous écris, ouvre le patrimoine de Saint-Pierre. C'est tout ce qu'on en peut dire. J'entends des cris dans la rue, qui annoncent qu'à force d'hommes, les chemins s'ouvrent; qu'il ne reste plus que deux milles à rendre praticables. Grand merci, Messieurs les

D'ITALIE. 149

Couriers de Rome & d'ailleurs. Sans vous je prenais des lettres de bourgeoisie à Aquapendente. Je vais tâcher de dormir, s'il plaît à la fievre, & à la tramontane, qui, par sa violence & ses longs mugissemens, semble vouloir ensevelir la Nature.

LETTRE XVIII.

De Viterbe, le 27 Novembre 1763.

IL est des Villes où il ne faut que passer. Bolséna n'est connue que par un grand miracle, qui donna naissance à une grande solemnité chrétienne. Un Prêtre de Bolséna, en célébrant la messe, avait quelques doutes sur la transsubstantiation. Le sang coula au moment qu'il rompit l'hostie; &, comme Saint-Thomas, il crut, parce qu'il vit. De-là l'institution de la Fête-Dieu par le Pape Urbain IV, au treizième siècle. Radicofani est une forteresse, comme beaucoup d'autres, au sommet d'une montagne très-élevée. Montefiascone, qui fut la Capitale des anciens

Bolséna.

Radicofani.

Montefiascone.

Falisques, serait presque nulle aujourd'hui dans les observations des Voyageurs, sans la bonté de ses vins, & l'épitaphe d'un Prélat Allemand, qui les trouva trop bons. Son Valet-de-Chambre, dans le voyage, avait ordre de prendre les devants, & de marquer à la craie, du mot latin *est* la bonne qualité du vin. Le Prélat arrivant à Montefiascone lut trois *est*, ce qui poussait la bonté au superlatif. Il en but tant, qu'il en mourut. Le Valet-de-Chambre, franc Allemand, comme son Maître, honora son tombeau de cette épitaphe.

Est, est, est. Propter nimium est dominus meus mortuus est.

Il fit aussi une fondation annuelle de deux barils de *moscatello*, pour être répandus sur la tombe du défunt.

J'ai dit adieu aux belles routes, aux chemins faits, dès que j'ai mis le pied sur l'Etat Ecclésiastique. Il est vrai que le terrein est hérissé de difficultés : mais c'est justement là où le Gouvernement doit porter son attention, & si cette omission ne blesse point la gloire du

Pape

Pape, elle accuse le Prince. Il ne faut pas regarder la confection des chemins, comme une œuvre de surérogation pour le Souverain; c'est un devoir indispensable qui lui est imposé par le bien public & par les deniers qu'il reçoit du peuple.

L'affreuse montagne de Viterbe m'a donné beaucoup d'embarras; je dis affreuse, parce qu'il a fallu la grimper sur la neige & les glaces, à travers une forêt, au milieu des chevaux qui s'abattaient, & des Chrétiens impolis qui maudissaient le pape. Souffrez, Madame, que je vous rappelle ici le *Belge*; & pourquoi se taire? Il a franchi en héros tous ces mauvais pas, sans secours. Je comptais bien lui en donner. Mais regardant Viterbe du bas en haut, à l'heure du dîner, qui le pressait sans doute, & essayant ses forces en attendant le secours, il s'en est passé. Des spectateurs qui le voyaient faire de la porte de la Ville, s'écriaient: *non è un cavallo, è un diavolo*. Je doute que le plus vaillant des chevaux d'Hector en eût fait autant, même avec les belles harangues du maître.

Viterbe ne m'a pas assez dédommagé de tant de peine, quoiqu'elle passerait

Viterbe.

pour assez jolie dans d'autres pays, par son Hôtel-de-Ville, sa place, ses fontaines, & quelques palais, avec une population d'environ dix-mille ames. On découvre, de la hauteur où elle est située, quantité de châteaux & maisons de plaisance, qui appartiennent aux Seigneurs Romains.

Voulez-vous une anecdote dont vous ferez ce que vous pourrez. C'était la patrie de Jean Nani, Dominicain, & maître du sacré Palais, sous Alexandre VI; ce fameux faussaire qui fabriquait tant d'écrits, & les attribuait sans pudeur aux Historiens de l'antiquité; à Bérose, à Manéthon, à Caton, à Xénophon, à Platon; le digne émule de celui qui fabriqua long-tems avant les fausses décrétales qui ont abusé le monde chrétien pendant plusieurs siècles, en faveur de la Cour de Rome. Des faussaires de cette trempe n'auraient pas beau jeu dans ce siècle, où la Philosophie a les yeux ouverts sur tout ce qui s'écrit. Vous ne voulez pas, Aspasie, qu'on s'apperçoive que vous avez une bonne teinture de la philosophie de l'esprit : mais vous ne pouvez pas également cacher celle du cœur ; c'est la meilleure.

LETTRE XIX.

De Monteroſi, le 28 Novembre 1763.

Rassurez-vous ſur ma ſanté. Je viens d'éprouver de quoi l'on eſt capable, quand on n'a pas le tems d'être malade, ni d'ouvrir ſa bourſe aux Médecins. L'activité de l'âme en communique au corps; & le rhume gourmandé, & la fièvre fatiguée, ont lâché priſe. Je ſens bien que cela n'eſt pas tout-à-fait dans les règles de la Faculté : mais je dis ſimplement ce qui m'eſt arrivé.

Les montagnes m'ont quitté à Viterbe. Me voilà dans la plaine. Le Bourg d'où je vous écris n'eſt qu'à une petite journée de Rome. Demain je finirai cette épitre dans ma voiture. En attendant, je me livre à une réflexion un peu chagrine. Que diraient de moi, s'ils liſaient mon voyage, ces voyageurs magnifiques & rapides qui voient tout en poſte, qui traitent tous les objets d'inſtruction, comme ils traitent l'amour & l'amitié, c'eſt-à-dire, avec une merveilleuſe légèreté?.. Trois mois pour arriver de Paris à Rome !... Que de bons mots, que de délicieux perſifflages! on en ferait peut-être un proverbe... Oui, Meſſieurs, trois mois ; & encore a-t-il fallu mettre un frein à ma curioſité, dans certaines Villes, dont une ſeule demanderait peut-être les trois mois.

De ma voiture, le crayon à la main.

Ce ne ſont point ici les plaines vivantes de la Lombardie, du Milanès, du Parmeſan, & de la Toſcane, dont je vous ai parlé. Le patrimoine de Saint-Pierre a l'air d'une terre en décret que les uſufruitiers, de l'un à l'autre, ont laiſſé tomber en friche. Bonne terre, mais peu de villages, peu de hameaux, peu de troupeaux, peu d'hommes. Quand il faut que les hommes viennent des Villes pour cultiver la terre, malheur à un pays! C'eſt l'homme qui vit habituellement avec la terre, qui la féconde.

Je roule ſur la *Via Flaminia*, route conſtruite, il y a deux-mille ans par le Conſul Flaminius, celui qu'Annibal défit près du Lac de Traſimène. Elle traverſait la Toſcane, l'Ombrie, & s'étendait juſqu'à Rimini. Il en reſte peu de vestiges. N'imaginez pas que la Capitale du monde s'annonce par ces belles avenues plantées, qui amènent agréablement le voyageur de trente à quarante lieues, aux portes de Paris. On trouve simplement un chemin assez bon, grâce à la nature, plus qu'à l'art.

Aavant que d'entrer dans Rome, je salue le Champ de Mars que Romulus consacra au Dieu de la Guerre: n'aimez-vous pas mieux son successeur Numa qui sacrifiait au Dieu de la paix?

J'arrive enfin, j'entre par la *porta del Popolo*, la plus belle de Rome, ouvrage de Michel-Ange & du Bernin. Toute belle qu'elle est, la porte Saint-Denys que vous admirez à Paris, l'efface. Mais cette entrée a quelque chose de majestueux par une grande place décorée de deux beaux portails d'Eglise, d'une fontaine, & d'un obélisque Égyptien. Le bassin de la fontaine fut autrefois la base d'une colonne des Thermes Néroniens. L'obélisque, dédié très-anciennement au Soleil en Egypte, a été consacré au créateur du Soleil par Sixte V. La place débouche dans trois rues. Je vais chercher un gîte, & du repos, dont j'ai grand besoin.

LETTRE XX.

De Rome, le 8 Décembre.

Rome. Rome a une chose au-dessus de toutes les Villes du monde; c'est la réunion des beautés en tout genre & de tous les siècles : sujet d'études éternelles. Voici le plan que je me suis proposé, pour ne point confondre les objets; & pour me mettre dans la nécessité d'y revenir à plusieurs fois, & de les voir sous toutes les faces. Je commence par l'Architecture moderne. L'antique viendra après. La Sculpture & la Peinture auront leur tour; & je prends avec moi des yeux, pour aider les miens.

Vous savez que la Nation Française a ici une Académie qui réunit tous ces Arts; établissement digne du siècle de Louis XIV. C'est-là où je cherche du secours. Cette Jeunesse, qu'on n'envoie pas ici, sans avoir fait ses preuves, & qui se perfectionne sous un maître éclairé, veut bien se prêter à mes études. On ne voit que moi dans les rues de Rome.

N'y cherchez pas, si vous y venez jamais, des places régulièrement belles, comme celle de Vendôme à Paris: vous ne trouverez pas même cette symmétrie dans la place Navone, qui a tant de célébrité. Mais elle a une fontaine qui vaut peut-être mieux qu'une place. Le Bernin, ce génie qui réunissait tant de talens, a joint dans ce monument l'antique au moderne. Un rocher percé à jour, verse un torrent par quatre bouches. Quatre statues colossales, qui représentent les quatre principaux fleuves du monde, sont appuyées contre le rocher qui sert de piédestal à un obélisque tiré du cirque de Caracalla. Je ne parle pas de deux autres fontaines qui accompagnent celle-là.

L'ancienne Rome qui se signalait par des aqueducs dans tout l'Empire, ne s'oubliait pas elle même. Rome moderne l'imite en ce point. La fontaine de Trévi arrive de huit milles. Le bassin de marbre qui la reçoit, forme une espèce de lac. La décoration, appuyée contre un Palais, flatte agréablement les yeux : mais ceux qui aiment le grand & le beau, préferent l'idée simple & sublime du Bernin.

Un autre aqueduc amène une rivière sur le sommet de l'ancien Janicule, aujourd'hui San-Pietro in Montorio. Le premier effet est de mettre en action plusieurs moulins ; le second, d'abreuver une partie de la Ville. Cet aqueduc parcourt une étendue de trente-six milles. Où en est, Madame, le beau projet de M. Parcieux, qui voudrait abreuver & nétoyer Paris en y amenant la rivière d'Ivette ? On ne la prendrait qu'à la distance de dix-huit milles ; & Paris est si riche, en comparaison de Rome ! Ce projet n'est-il point trop bon pour être agréé (*a*) ?

N'attendez pas que je vous décrive toutes les fontaines de Rome. Qu'il vous suffise de savoir qu'elles se font admirer par le goût, la variété des formes, & une abondance toujours soutenue, sans la moindre interruption. La Reine Christine de Suède, admirant

---

(*a*) Ce savant, dont la science tournait toujours à l'utilité, a fini ses jours sans en voir l'exécution. Peut-être nos neveux, plus sages que nous, le reprendront-ils.

pour la premiere fois ces belles eaux, crut que ce n'était, comme ailleurs, que le jeu de quelques heures, pour lui faire honneur; & par économie elle pria de cesser. On lui fit remarquer l'inscription, *Aquæ perennes*, qui convient à toutes.

Voici une autre magnificence de pure utilité. Des eaux souterraines entraînent toutes les immondices hors de la Ville. Ces égoûts multipliés sous toutes les rues, & rafraîchis sans cesse par des sources abondantes ont résisté aux injures des siècles. Le plus considérable par sa largeur & sa hauteur, nommé *Cloaca Maxima*, débouche dans le Tibre. Ils furent construits en grande partie sous le règne de Tarquin l'Ancien, qui y employa tout le peuple de Rome. Un peuple naissant qui débute ainsi, paraît fait pour être le modèle des autres peuples. Le beau siècle de Louis XIV ne s'avisa pas d'une telle entreprise.

J'allais vous promener sur d'autres objets d'Architecture. Mais l'heure des *conversazioni* qui s'approche, m'oblige de vous renvoyer à une autre lettre; car il ne suffit pas à un voyageur de connaître les choses, il faut encore plus connaître les hommes. Ces conversations de tous les jours se tiennent dans des maisons ouvertes. Toute personne honnête, présentée par une main connue, y trouve un accès facile. Dans les unes tout est homme. C'est chez des Cardinaux, des Monsignori, des Princes. Point de jeu, point de concert, pure conversation. Dans les autres, les femmes représentent; & on y mêle le jeu & la musique. Dans une soirée vous pouvez varier vos amusemens en cinq à six Palais; si bien qu'en huit ou quinze jours vous avez fait connaissance avec toute la haute sphère d'une Ville.

Que pensez-vous de cet usage? Il me semble qu'il est plus favorable aux nationaux & aux étrangers, que nos petites cotteries françaises, où l'on ne rencontre, ni la même affluence de monde, ni la même liberté, ni un accès aussi facile.

Je vais vous étonner; on arrive pour ces conversations dans un vaste Palais. Point de Suisse à la porte, pas même un polisson pour vous montrer l'escalier. Cet escalier n'est point éclairé. Tant pis pour vous, si vous n'avez pas un flambeau. Ordinairement il faut monter fort haut. Le premier, le second même ne semblent destinés qu'à des fêtes. Enfin vous arrivez; & autant que vous avez trouvé de dénuement à la porte & sur l'escalier, autant vous trouvez de cortège & de foule domestique dans les antichambres. Votre nom se répète d'une pièce à l'autre, avec toutes les marques de considération. On observe pourtant des gradations, selon les rangs, pour reconduire. Quatre flambeaux pour un Cardinal, deux pour un Evêque, un pour ceux qui n'ont d'autre dignité que leur mérite. La livrée est parfaitement au fait de l'étiquette.

Ces assemblées quotidiennes sont d'autant mieux imaginées, qu'il n'y a de spectacles à Rome, que dans le tems du Carnaval. Il faut par-tout aux désœuvrés opulens, des moyens pour éviter l'ennui. On ne s'ennuie pas, Aspasie, en vous écrivant. On se laisse même aller au-delà des bornes qu'on s'était prescrites. Mais l'heure me presse.

LETTRE XXI.

De Rome, le 14 Décembre.

Après avoir jeté un premier coup-d'œil sur l'Architecture moderne dans les places publiques, je la cherche dans les Eglises. Les Temples antiques qui nous restent, se présentent, pour la plupart, en Rotondes. L'Italie a pris du goût pour cette forme. La différence qu'elle y a mise, c'est qu'elle a élevé les Rotondes en l'air, en les portant sur les voûtes des Temples, & cela s'appelle dôme ou coupole. Michel-Ange conçut un projet bien hardi, de porter le *Panthéon*, Temple ancien, vulgairement appellé *Rotonde*, au-dessus de l'Eglise de Saint Pierre; & ceux qui l'exécutèrent, sous Sixte V, Jacomo della Porta, avec le célèbre Fontana, eurent-ils moins de courage?

Ces coupoles en l'air ou à terre, paraissent être une des plus grandes beautés de l'Architecture. En l'air sur un croix Grecque, elles font un effet admirable. A terre, elles présentent toutes les parties d'un Temple à une distance bien éclairée, & qui charme les regards. Le dôme des Invalides à Paris, est un chef-d'œuvre. C'est dommage qu'il faille demander, en entrant dans la nef, où il est. On ne voit pas ce défaut en Italie.

Aimez-vous la magnificence dans la maison du Seigneur ? Vous seriez étonnée, plus à Rome que dans le reste de l'Italie, de la profusion & du choix des marbres, de la quantité & de la beauté des colonnes. On a dépouillé les Temples de l'ancienne Rome, pour orner ceux de la nouvelle ; comme l'ancienne Rome avait dépouillé la Grèce & l'Egypte, pour se parer. Les quatre plus anciennes Basiliques du Monde Chrétien, dont l'Empereur Constantin posa les premières pierres, *Saint-Jean de Latran, Sainte-Marie Majeure, Saint-Pierre & Saint-Paul*, montrent des ordres de colonnes, tels que vous n'en vîtes jamais. On en compte dans la seule Basilique de Saint-Paul, cent-quarante, les unes de marbre, les autres de granit. Elles furent tirées du tombeau de l'Empereur Adrien, aujourd'hui le Château-Saint-Ange.

Vous m'attendez fans doute à Saint-Pierre : cent Ecrivains en ont fait la defcription, en fe copiant les uns les autres. Vous vous contenterez d'un raccourci. Tout y eft coloffal, & rien n'en a l'air ; effet admirable des proportions. La grande nef eft longue de 570 pieds. Au premier pas on ne s'en doute point. A mefure qu'on avance, tout grandit, tout s'enfle. Sous la coupole eft le Maître-Autel, ifolé & couronné d'un baldaquin fuperbe, qui eft foutenu par quatre colonnes torfes. On a employé à cette décoration quatre-cent-cinquante milliers de bronze, pris des ornemens du Panthéon. Voulez-vous une idée de la hauteur du vaiffeau ? Au-deffus du baldaquin eft une croix. Eh bien ! cette croix, qui fe trouve encore à un grande diftance de la coupole, eft auffi élevée que la pointe du fronton du Louvre. Mais à prendre la hauteur en totalité, du pavé jufqu'à la lanterne, on compte cinq-cents pieds ; au-deffus de la lanterne eft une boule creufe de métal doré, de douze pieds de diamettre. Une trentaine d'hommes peuvent s'y affeoir à l'aife, tandis qu'à la regarder d'en bas, elle ne paraît que comme un de ces globes célestes qui ornent les cabinets des savans.

J'ai remarqué deux coups de Maître : ils sont du Bernin. De l'Autel au fond de la nef, il y a loin. Il fallait décorer ce rond-point, en y plaçant la chaire de Saint-Pierre, objet d'un petit volume pour un si grand espace. Il a enchâssé cette relique dans du bronze doré qui en rend la forme. Deux Anges la vénèrent, & quatre Docteurs gigantesques, deux de l'Eglise Latine & deux de la Grecque la soutiennent. Le tout se termine en pyramide, avec une Gloire dont les rayons ne laissent rien à desirer. L'autre prodige de l'Art, le voici : Il était question du tombeau d'Alexandre VII. Une porte intérieure, nécessaire à conserver, semblait faire un obstacle insurmontable. Le Bernin a tourné cette porte en décoration terrible. La mort en sort pour trancher les jours du Pontife. Vous avez vu dans *Sémiramis* le spectre qui vient effrayer cettre Reine. Prenez cela pour une petite copie.

On y voit encore les tombeaux de la Comtesse Matilde, de la Reine d'Angleterre & de la Reine Christine. Toutes trois ont mérité cet honneur. Mathilde pour avoir donné au Saint-Siége tout ce qu'on appelle aujourd'hui le patrimoine de Saint Pierre, depuis Viterbe jufqu'à Orviète, avec une partie de la Marche d'Ancône ; la Reine d'Angleterre, femme d'un Roi détrôné, pour avoir édifié Rome qu'elle ne pouvait enrichir ; Chriftine, pour avoir préféré le féjour des Sciences & des Arts au trône de Suède, & la religion de Rome à la fienne. Un manufcrit qui mettait en doute la fincérité de fa converfion lui tomba entre les mains. Elle y écrivit : *chi lo fcrive, non lo fà ; chi lo fà, non lo fcrive* (a).

En admirant tant de belles chofes, on eft furpris d'une épargne, dont fans doute on ne fe plaindra pas toujours. Les pilaftres immenfes qui foutiennent la coupole dans la partie la plus apparente du Temple, ne font que de ftuc, tandis que le plus beau marbre eft prodigué par-tout.

Ceci eft bien pis. Dans le plan de

―――――――

(a) La perfonne qui écrit, ne le fait pas. Celle qui le fait, ne l'écrit pas.

Michel-Ange que l'on conserve à la Bibliothèque du Vatican, l'Eglise isolée devait avoir la forme d'une croix Grecque : c'est-à-dire quatre nefs d'une égale longueur, qui auraient eu l'Autel pour centre commun. Dans cette construction, de quelque côté que l'on entrât, on eût apperçu dès le premier pas la moitié de la coupole. C'était-là le point de perfection. Qu'est-il arrivé? Un Pape a gâté le plan en prolongeant la nef qui fait face à la place.

Le frontispice n'a qu'un ordre. Je vous laisse à juger de sa hauteur & de sa majesté. Les Romains prétendent que cette unité d'ordre est dans le vrai de la chose. Parce qu'un Temple n'ayant qu'un étage, le dehors doit représenter le dedans; & d'ailleurs ils ont pour eux tous les temples de l'antiquité, qui n'avaient qu'un ordre.

Le portique ou vestibule serait seul une magnifique Eglise dans une grande Capitale. On y voit deux Empereurs qui sont bien saints pour Rome, Constantin & Charlemagne. Ils semblent montrer les donations qu'ils ont faites à l'Eglise.

Je vous ai dit dans ma dernière lettre,

en parlant des places publiques, qu'aucune n'égalait pour la symmétrie & la beauté, celle de Louis-le-Grand à Paris. Je devais excepter la place de Saint-Pierre. On n'en cite point d'aussi belle.

Le Bernin, par ce seul ouvrage, marchait à l'immortalité. Quatre rangs de colonnes sagement espacées, couronnées d'une balustrade & d'un grand nombre de statues, forment le contour de la place. Au centre s'éleve, à la hauteur de cent-cinquante pieds au moins, un obélisque d'un seul morceau de granit oriental. Ce fameux obélisque dédié au soleil par Sésostris, amené de l'Egypte à Rome sous Caligula, abattu par les siècles, sans être endommagé, & relevé par le célèbre Fontana, sous le Pontificat de Sixte Quint, figure entre deux fontaines, dont les eaux jaillissantes retombent dans de grands bassins à double rang. Qu'on ouvre une rue, comme on le projette, qui du pont Saint-Ange fasse voir, dans une longue perspective, le Temple & la colonnade, rien d'aussi beau, d'aussi grand ne sera sorti de la main des hommes.

Je ne m'arracherai pourtant pas les

yeux, comme font les dévots Musulmans, après avoir vu la Mecque, croyant qu'ils n'ont plus rien à voir.

Si le grand nombre des Eglises doit donner à une Ville le nom de *sainte*, aucune ne le mérite plus que Rome. On y en compte trois-cent-trente ; & il en est peu où l'Architecture ne s'attire des éloges. Je ne vous vanterai pourtant pas un genre de beauté qui me paraît déplacé dans des édifices où tout doit être auguste. Les Italiens dorent quelquefois leurs Eglises, ainsi que nous dorons nos appartemens ; & comme la musique est ici sur le trône, on voit deux ou trois tribunes pour la recevoir. Ces tribunes, fort saillantes, sont plus enjolivées que la plus belle loge de notre Opéra. Si on éleve les yeux à la voûte du Temple, on est ébloui par un plafond qu'on n'admire pas. S'il y a quelque solemnité dans les grandes Basiliques, c'est bien pis. Les belles colonnes, les vrais ornemens de l'Architecture disparaissent sous des tapisseries. Mais en fermant les yeux sur l'Architecture, qui est-ce qui pourrait calculer toutes les richesses accumulées dans les Eglises ? La seule Chapelle de

Saint-Ignace dans l'Eglife du Jéfus, dont le célèbre Vignole fut l'Architecte, acheterait une Province. Je ne parle ni de fes pilaftres de verd antique, ni de fes niches d'Albâtre oriental, ni de fes colonnes de Lapis-Lazzuli, dont la hauteur eft de vingt-huit palmes, le diamettre de quatre; ni encore du bronze doré qui brille de toutes parts. Je ne confidere que l'argent, l'or & les pierreries employés avec un goût exquis.

Je vous parlerai des Palais, quand j'aurai parcouru les plus beaux, afin de vous donner une idée de toute l'Architecture moderne qu'on voit à Rome.

Je finis par la nouvelle du jour. C'eft l'arrivée prochaine de notre Ambaffadeur (a). Je ne voudrais pas être en fa place. La renommée en dit trop de bien. Le foutiendra-t-il? Il vient par mer. La Chambre du Pape eft, depuis dix à douze jours, à Civita-Vecchia, pour le recevoir; & tous les jours cette Chambre voyant ou croyant voir fa frégate au bout d'une lunette, fait fer-

---

(a) Monfieur le Marquis d'Aubeterre.

vir le souper de son Excellence ; & puisqu'il est servi, il faut bien le manger. Je regrette vos soupers, chère Aspasie, où une petite compagnie de gens qui pensent & qui savent rire, font oublier l'heure de se coucher. Bon soir.

LETTRE XXII.

De Rome, le 24 Décembre 1763.

IL ne faut pas faire beaucoup de pas dans les rues de Rome pour trouver un Palais. Le Vatican, commencé au douzième siècle, continué sous un grand nombre de Pontificats, ne fut jamais bâti sur un plan général. Additions sur additions, nulle symmétrie : beaucoup de belles parties incohérentes, point de tout. Cependant par son immensité & par la magnificence de certains corps, on voit bien que c'est le Palais d'un grand Prince.

Outre les pièces principales, telles que les grands appartemens du Pape, & du Cardinal Neveu ; les Chapelles Sixtine & Pauline, aussi grandes que des Eglises ; la salle Royale & Ducale ;

la fameuse Bibliothèque, la première du monde; une salle d'armes pour armer quarante-mille hommes (*a*); & plusieurs galeries; on y compte plus de dix-mille chambres, & deux-cents cours, grandes ou petites. Vous concevez par là que le Conclave, pour l'élection des Papes, quelque nombreux qu'il soit, s'y trouve au large.

Mais y a-t-il rien d'assez grand, d'assez magnifique pour fixer l'inconstance humaine? Paul III, au seizième siècle, eut quelqu'inquiétude sur la santé des Papes; & il transporta leur demeure dans une situation plus élevée qu'il jugeait plus salubre; ce fut sur le Mont Quirinal, nommé depuis *Monte-Cavallo*, à cause de deux chevaux de marbre que leur antiquité fait beaucoup valoir: ils figurent sur la place qui annonce le Pa-

---

(*a*) On y montre avec complaisance l'armure d'un Héros Français, ce fameux Connétable de Bourbon, qui fut tué à l'escalade de Rome, sans doute par punition du Ciel: mais la Ville n'en fut pas moins prise & saccagée.

lais. Deux jeunes hommes de la même matière ont l'air de les assouplir. On prétend que ces deux groupes représentent le même Héros, c'est-à-dire, Alexandre domptant Bucéphale; que le premier est l'ouvrage de Phidias, l'autre celui de Praxitele par émulation. Et qui est-ce qui ne s'y serait pas trompé, en lisant sur les bases les anciennes inscriptions qui l'attestaient? Cependant le Nardini, en calculant le tems qui s'est écoulé entre ces fameux Artistes & Alexandre, a démontré la supposition. Malgré cela, après avoir supprimé les premières inscriptions, on lit encore

Opus Phidiæ et Praxitelis;

Tant les hommes ont de peine à se détacher de leurs erreurs. Après cela fiez-vous sans examen aux inscriptions.

Revenons au Palais Papal. C'est une espèce de Couvent qui n'est pas, à beaucoup près, si beau que le Royal édifice où les Moines de Saint-Denys prient Dieu pour la prospérité de la France, sans jamais se ressentir des calamités qui peuvent lui arriver. La Secretairerie des brefs sur la même place se présente plus noblement. Les Papes ne viennent occuper le Vatican que dans les grandes solemnités, à cause du voisinage de Saint-Pierre, où elles se célèbrent. Les jardins de Monte-Cavallo, assez grands & agréables, sans approcher de ceux de Versailles, plaisent, sur-tout, par la beauté des eaux. Vous qui aimez les méchaniques, quand ferez-vous sonner de la trompette, jouer de l'orgue, imiter le chant du rossignol, à vos jets-d'eau?

Parmi la multitude des Palais dont Rome est semée, on en distingue plus de soixante, qui paraissent plutôt faits pour loger des Princes que des particuliers: tous avec des portiques intérieurs, tous avec plusieurs cours, tous avec de l'architecture, quelquefois de mauvais goût: mais avec ce défaut, ces grand édifices ont encore l'air Palais; tandis que nos beaux Hôtels de Paris ne sont que des maisons. Ajoutez que la facade de ces Palais bâtis sur la rue, décore bien mieux une Ville, que celle de nos Hôtels entre cour & jardin. Sans avoir été à Rome, on connait les noms des Palais *Altieri*, *Orsini*, *Barberin*, *Borghèse*, *Colonne*, *Farnèse*, &c. ouvrages

vrages des Bramante, des Michel-Ange, des Bernin & autres grands Architectes. Celui de l'Ambassadeur de Venise, production gothique & crènelée, a l'air d'une citadelle. Un Pape en fit présent à la République; parce qu'après de vives contestations, elle eut la complaisance d'accepter le Concile de Trente. La France n'a pas jugé à propos de faire la dépense d'un Palais pour son Ambassadeur, comme elle l'a faite, & grandement, pour son Académie: elle en loue un qui ne s'annonce que par les armes de France au-dessus de la porte.

Le *Campidoglio*, ou le Capitole moderne mérite une attention particulière. On y monte par une rampe douce entre deux balustrades qui offrent à leur naissance deux Sphinx de marbre Egyptien; ces Sphinx, plus anciens que la conquête de l'Egypte par Cambyse, ont vu la chûte de l'Empire des Perses, de celui d'Alexandre, de celui des Ptolomées, de celui des Romains, & le règne de tous les Papes. Il ne leur manque que la parole, pour nous dire de belles choses, & plus sûres que les histoires. Au sommet de la rampe, deux colosses qui représentent Castor & Pollux, tenant leurs chevaux par la bride. Tels ils se montrèrent, disait l'ancienne Rome, lorsqu'ils vinrent au secours des Romains, dans une bataille contre les Volsques. On y voit aussi deux trophées érigés à Marius, pour la victoire qu'il remporta sur les Cimbres, & deux colonnes, dont l'une porte un globe d'airain, où sont renfermées les cendres de Trajan ; l'autre est la fameuse Milliaire élevée par Auguste, pour marquer le centre de Rome, le commencement & la fin de toutes les voies Romaines.

Ce nouveau Capitole consiste en trois grands édifices séparés, quoique symmétriques, dont Michel-Ange fut le principal Architecte. Dans celui du milieu, réside le Sénateur de Rome, personnage unique, reste informe d'un Sénat auguste qui gouvernait le monde. Les conservateurs de la Cité, faibles images des anciens Ediles, occupent les deux autres.

Le Pape, peu de jours après son exaltation, va prendre possession de Saint-Jean-de-Latran, la premiere Basilique de Rome, & la mere de toutes les Eglises Chrétiennes. Dans cette marche à travers le Capitole, dont on lui présente les clés, il se montre dans toute sa grandeur. Il est précédé & suivi de deux-mille hommes à cheval, distribués en différens Corps : spectacle singulier & piquant. Grande variété dans les uniformes militaires : armures brillantes à l'antique & de toutes pièces, casques ombragés d'aigrettes & de plumes dans l'escadron des Cuirassiers. Les Barons Romains, en cheveux naissans, en habit noir, en manteau, en bas blancs, le chapeau sous le bras; grand nombre de Pages, avec des habits brodés en or & en argent. Les Cardinaux, la haute & basse Prélature en habit de cérémonie, & en long manteau qui couvre le corps du cheval. Le Pape monte une mule blanche très-fine, que des estafiers mènent par la bride. Les chevaux, par leur finesse & par leur beauté, répondent à la splendeur de la fête. Cette cavalcade est magnifique sans doute : mais, pour l'admirer, il faut oublier ces marches à jamais mémorables qui se faisaient à ce même Capitole dans les triomphes des Scipions & des Césars.

En vous parlant de cette multitude de Palais dont Rome est décorée, si je voulais vous décrire les richesses d'un seul en tableaux, en statues, en bas-reliefs, en bustes, en marbres, en albâtre & en vases précieux dans l'antique ou le moderne, au lieu d'une lettre, je vous ferais un gros livre. J'en toucherai quelque chose, selon l'occasion.

Ce que vous me marquez dans votre lettre du 23 Novembre, est bien autrement intéressant. Le Roi, dites-vous, vient de donner une déclaration par laquelle il demande à ses Cours des mémoires sur les moyens de rendre la perception & le recouvrement des impositions plus utiles à l'État, & moins onéreux au peuple. Il est bien plus beau, bien plus grand de répandre l'aisance dans une Nation, que de l'embellir par des monumens.

Notre Ambassadeur est enfin arrivé. Il s'est déja montré aux Grands de Rome, & il les reçoit chaque jour. Si l'on en croit le bruit public, il saura plaire & persuader. Il faut que je vous communique une idée singulière qui me passe par la tête. Lorsqu'il arrive à votre sexe de s'asseoir sur le trône, pourquoi ces Reines, ces Impératrices, au lieu d'Ambassadeurs, n'envoient-elles pas des Ambassadrices ? Si vous viviez dans leur pays, je vous dirais : dépêchez-vous de vous mettre au fait des intérêts des Couronnes, & prenez-moi pour le Secrétaire d'Ambassade.

LETTRE XXIII.

De Rome, le 28 Décembre 1763.

J'AI vu votre pere, le mien & celui de tous les Fidèles, officier le jour de Noël à Sainte-Marie Majeure, dans le grand cérémonial. Sa marche, mêlée de grandeurs spirituelles & temporelles, dénote les deux puissances. Le cortège est pompeux. Une garde nombreuse à pied & à cheval, troupes mieux entretenues que celles qui se battent ; les Princes Eminentissimes de l'Eglise, & les Grands du siècle : toute la Prélature : des carrosses de représentation qui ne finissent point ; le sien surpasse tous les autres en magnificence. Il arrive. Des

Cardinaux (a) le déshabillent dans la sacristie, pour le révétir des ornemens pontificaux. Douze hommes le portent processionnellement sur leurs épaules le long de la grande nef, sur une espèce de palanquin, flanqué de deux grandes plumes, & le déposent sur un thrône en face de l'Autel. Sa tiare, comme vous le savez, est ornée de trois couronnes, tandis que les Empereurs n'en ont que deux, & les Rois une seule ; ces Rois & ces Empereurs lui ont baisé les pieds. Il est difficile d'élever l'Humanité plus haut. Ses stations à l'Autel sont fort courtes. Il n'y paraît qu'à l'*introït* & au moment de la consécration ; car on lui porte la Communion sur son thrône ; & lorsqu'on lui présente le calice, il en aspire quelques gouttes à travers un chalumeau d'or. Le Cardinal assistant consomme ce qui reste.

―――――――――――

(a) Le Doyen du Sacré Collége Cavalchini, à qui la France avait donné l'exclusion dans le dernier Conclave, en était un. Il servait celui qui aurait dû le servir.

Il faut un Temple aussi vaste que Sainte-Marie Majeure, pour ces grandes cérémonies. Il y a dans Rome plus de trente Eglises dédiées à la Vierge. Cette ancienne Basilique tient le premier rang à plus d'un titre. On est persuadé, avec Baronius, que l'an 353, un Patrice très-opulent, & le Pape Libere qui ne l'était guères, eurent une vision commune pour la bâtir, vision confirmée par une neige miraculeuse qui tomba le 5 du mois d'Août, & s'accumula en se moulant en Eglise. On n'eut plus qu'à suivre le plan sur le terrein même avec les trésors du Patrice. On y expose à la vénération des Fidèles la crèche, le foin, les langes qui reçurent l'Enfant Jésus à sa naissance.

Au sortir de cette solemnité, j'ai suivi une foule de curieux au Palais *Sora*, que le Prince Piombino a prêté aux Jésuites Portugais. Sera-ce le cas du proverbe, qui prête, donne? Ces Peres s'occupent dans ce moment à faire des crèches. On y voit non-seulement tous les attributs de la Nativité, mais encore des optiques, le cours de Marseille, les Tuileries & autres belles perspectives: mélange où il faut louer l'intention.

J'allais vous parler de quelques autres crêches ; car il s'en fait beaucoup dans ce tems de Noël : mais vous n'avez pas encore assez de dévotion pour lire une longue lettre, sur le ton de celle-ci. Viendra peut-être un jour, où ce ton sera le plus agréable pour vous. Mais souvenez-vous alors de conserver vos vertus. Adieu.

LETTRE XXIV.

De Rome, le 4 Janvier 1764.

Dans mes dernieres Lettres je vous ai entretenue, curieuse Aspasie, de l'Architecture moderne. Regardez derriere vous. Remontez aux siécles créateurs, pour trouver les modèles. La barbarie du Bas-Empire, cette nuit des Arts, s'épaississant de plus en plus, avait fait disparaître jusqu'au nom des ordres de l'Architecture antique. C'est ce qui reste en Italie, & principalement à Rome, qui a ressuscité les grandes idées au tems de Léon.

Sans les débris précieux du Temple de Jupiter tonnant, du Temple de la Paix, de celui d'Antonin & de Faustine; sans cette multitude de colonnes dont les Basiliques Romaines se sont enrichies, & tant d'autres monumens que le Bramante, que Michel-Ange, que Raphaël, que le Bernin ont étudiés; & que tant d'Artistes viennent étudier encore, l'Europe n'aurait pas ces beaux édifices qui étonnent le monde. Paris n'aurait point de Louvre; Londres point de Saint-Paul; Rome point de Saint-Pierre.

Il y eut dans l'ancienne Rome deux Théâtres fameux. Celui que Pompée fit construire, après avoir terminé la guerre contre Mithridate. Auguste créa l'autre, & il l'appella le Théâtre de Marcellus, fils de sa sœur Octavie, pour faire passer à la postérité ce nom chéri. Il paraît que ce jeune homme, si le destin l'eût permis, se serait bien chargé de s'immortaliser lui-même.

Si quà fata aspera rumpas,
Tu Marcellus eris.

Revenons à ces deux Théâtres dont le premier a été dévoré par le tems. Les grands morceaux du second, qui sont encore de bout, font l'admiration de tous les connaisseurs. L'un & l'autre contenait trente, quarante-mille spectateurs. Si, dans ces tems de magnificence, on avait proposé au peuple Romain de payer pour assister aux spectacles, tous les Ordres se seraient moqués & de Pompée & d'Auguste. On ne voit aucuns vestiges du Théâtre ou Térence recevait tant d'applaudissemens, ni de la maison de Scipion qui l'avoisinait : mais lorsqu'on est sur le terrein, on se rappelle avec émotion la belle amitié qui liait le vainqueur de Carthage & le Poëte.

L'ancienne Rome se vantait avec raison de ses bains publics appellés *Thermes*, d'un mot grec qui signifie chaleur... Ils étaient ouverts tous les jours aux deux sèxes. Une infinité de petites chambres voûtées les rendaient fort commodes. Il y avait tels bains où trois, quatre-mille personnes pouvaient se baigner sans se voir. Les Empereurs n'épargnaient rien pour leur construction & leur décoration. L'architecture s'y déployait en grand, comme dans tous les édifices publics. Les vastes ruines des Thermes de Titus & de Caracalla ont encore un air de grandeur. Une salle des Thermes de Dioclétien subsiste en son entier. Les mêmes murs, les mêmes colonnes portent jusqu'aux nues une voûte qui semble vouloir braver tous les siécles. C'est à présent l'Eglise des Chartreux.

Ce n'est pas le seul monument que le tems n'ait pas rongé. Le *forum Romanum* renfermait dans sa vaste enceinte, entre le Capitole & le Mont Palatin, des Écoles pour la Jeuneſſe, des Baſiliques, des Cours de juſtice, des Temples, des Palais, des Trophées. Titus, Septime-Sévere, Conſtantin y reſpirent encore ſous des arcs de triomphe bien conſervés. On eſt fâché d'y voir d'autres monumens à demi enterrés, tels que le fameux Temple de la Paix, élevé par Veſpaſien, le plus grand de tous les Temples connus alors. Il n'en coûterait pas beaucoup pour découvrir ces thréſors d'architecture ; mais tous les Papes ne ſont pas des Léon X, & des Sixte-Quint.

Le Panthéon, dans un autre quartier de Rome, fixe encore plus les regards. Cette Rotonde fut bâtie par le Conſul Agrippa, ſous le règne d'Auguſte, & dédiée à tous les Dieux. Vénus y était parée d'une perle, qui valait, diſent les Hiſtoriens, deux-cent-cinquante-mille écus d'or. C'était le pendant de celle que Cléopâtre fit boire à Antoine. Ce Temple, couvert dans l'origine, de lames d'argent, n'a qu'une porte de bronze doré, point de fenêtres ; le jour entre par une ſeule ouverture au-deſſus de la coupole ; & tout eſt éclairé. Quarante-huit colonnes de marbre décorent l'interieur. Seize autres à l'extérieur, d'une feule pièce de granit, forment, par leur hauteur & leurs proportions, un portique majeftueux. On a dépouillé ce Temple de tous fes ornemens en bronze, de tous les fimulacres des Dieux, pour en faire une Eglife chrétienne. Mais heureufement le corps de l'édifice fe montre tel qu'il était. Raphael y a trouvé un tombeau digne de lui. On lit fur fa tête, qui en a été tirée plufieurs années après fa mort, ce diftique du Cardinal Bembo :

Hic ille eft Raphael, timuit, quo fofpite, vinci
Rerum magna parens ; quo moriente, mori.

De tous les édifices de l'ancienne Rome, le plus étonnant par la grandeur des maffes, par l'emploi de tous les ordres d'architecture, par la nobleffe des portiques, par la multitude des gradins, par l'enfemble, la vafte capacité & la hauteur du tout, fut l'amphithéâtre de Vefpafien, qu'on appelle le colifée. Ce Prince, qui par fon économie, fon avarice, fi l'on veut, fe mettait en état de faire de grandes dépenfes, fans fouler le peuple, employa trente-mille esclaves Juifs, après la conquête de la Judée, à cette construction. On y faisait combattre des bêtes féroces par milliers. L'eau y entrait à volonté pour des Naumachies. Cent-mille spectateurs y étaient assis à couvert du soleil & de la pluie, au moyen des voiles de soie, qu'on tendoit au faîte de l'édifice. On y entrait, on en sortait, sans courir aucun risque. Des avenues de tous côtés, des dégagemens, des vomitoires sagemens distribués prévenaient tous les accidens. Jusques-là tout était bien ; car il est juste d'amuser le peuple qui soutient tout par ses travaux & ses contributions : mais des gladiateurs, des esclaves, des hommes enfin s'y égorgeaient, pour divertir une capitale qui se vantait de donner des mœurs, aussi-bien que des loix au monde. Est-il donc de la destinée de l'homme de mêler toujours le mal au bien?

Que reste-t-il de cet immense édifice ? environ une moitié. Ce n'est pas le tems qui a détruit l'autre. C'est l'ignorance meurtriere des barbares qui ont tant de fois saccagé Rome. C'est encore plus l'épargne sordide de certains Seigneurs de Rome moderne, qui en ont arraché les pierres pour se bâtir des palais. Mais la moitié qui subsiste dans son antique majesté, fait des reproches aux destructeurs.

En parcourant ces augustes ruines, on reçoit des impressions de toutes les sortes. Au colisée on voit, ou l'on croit voir ce monde de spectateurs, qui par lui-même formait un si grand spectacle; le souverain de Rome & de la terre, la Famille Impériale, le Sénat, l'Ordre Equestre, les Préteurs, les Tribuns, les Ediles, tous les Magistrats & le peuple. On applaudit avec eux à ce qui se passe dans l'arène.

Au *forum Romanum*, on s'arrête au figuier ruminal qui couvrit la naissance de Romulus & Rémus. Non loin de-là on marche sur le terrein où furent enlevées les Sabines. On entend dans la voie sacrée les sermens qui cimenterent l'alliance entre Romulus & Tatius. Sur le pont Sublicius on admire Horatius Coclès, qui seul arrête une armée : le rustique arc de triomphe encore subsistant, qui fut sa récompense, enfanta plus d'un héros.

Revient-on au Capitole : Manlius qui le défendit, Manlius qui en fut précipité;

les Gracques, Caton, les deux Brutus, Cicéron, Pompée, Céfar, Antoine, tous vous parlent; vous êtes fur le théâtre où ils agiſſaient. Va-t-on reconnaître les jardins de Mécéne : on y entend Virgile, Ovide, Horace s'entretenant avec Auguſte & Julie. L'ame s'épanouit avec cette bonne compagnie; ſoit dit, ſans encenſer tous les crimes qui ont porté ſur le thrône le plus heureux des tyrans. Près de ces jardins on voit les reſtes d'une tour fameuſe : puiſſent-ils s'anéantir ! c'eſt du haut de cette tour que l'incendiaire Néron, en habit de théâtre, chantait l'embrâſement de Troye, & celui de Rome qu'il venait d'ordonner.

On cherche en vain ſur le Mont-Palatin quelques veſtiges du Palais des Céſars, ce Palais qu'Auguſte avait commencé, que Tibére continua, que Caligula, Néron, Domitien & d'autres Empereurs embellirent de toutes les richeſſes de la nature & des arts. Il eſt abſolument enſeveli ſous les jardins Farnéſe. Si quelqu'un nous diſait qu'un jour on cherchera les ruines du Louvre & de Verſailles, lui croirait-on la tête bien ſaine ?

Un chrétien, peu touché de toute cette antiquité payenne, préfere-t-il les monumens de sa Religion : il s'arrête au berceau de l'Enfant Jésus, à tous les instrumens de sa passion, à la *Scala Santa*, escalier de marbre blanc, qu'il monta & descendit plusieurs fois dans le palais de Pilate ; & qu'aujourd'hui les Fideles, à l'exclusion du sexe, montent à genoux. Il s'arrête à la Chaire de S. Pierre, aux chaînes dont il fut lié à Jérusalem & à Rome, & qui se sont tellement incorporées, qu'on ne peut plus les désunir ; & à tant d'autres reliques du plus grand prix, qu'on vénère en différentes Eglises. Il nourrit sa foi sur la place où Simon le Magicien, luttant de miracles avec S. Pierre, & ne pouvant soutenir son vol impie, se cassa la tête en présence de Néron & de toute sa Cour. Il mêle ses larmes au sang de tant de martyrs, qui coula dans la *Via Scelerata*. Enfin il s'édifie des Temples payens changés en Eglises, & purifiés de l'idolâtrie. Ainsi vous voyez que, quelqu'esprit qu'on apporte à Rome, on a de quoi se satisfaire.

Mais je ne voudrais pas qu'en voulant purifier certains monumens, on eût fait un mélange bizarre du sacré & du profane. Dans la premiere Eglise de Rome, j'apperçois une statue de bronze. J'approche : c'est Jupiter Olympien métamorphosé en Saint Pierre ; & quoiqu'on lui ait mis une main en bénédiction, l'antique idolâtrie saute aux yeux.

Sur ce fameux obélisque dont je vous ai parlé, au centre de la belle colonnade du Bernin, on lit, d'un côté, qu'il est dédié à Auguste, & de l'autre, qu'il est consacré à Jesus-Christ.

Quel rapport peut avoir la figure de S. Paul à la cîme de la colonne Antonine avec Antonin, & les victoires de Marc-Aurele que le monument & l'inscription présentent.

De même, quand je lis sur la bâse de la colonne Trajane le triomphe de Trajan dans la guerre Dacique; quand tous les bas-reliefs dont elle est chargée, me peignent cette expédition, certainement je ne m'attends pas à voir S. Pierre au-dessus. J'y cherche Trajan qui tenait dans ses mains un sceptre & le globe du monde où étaient enfermées ses cendres. Sixte V, qui releva ces trois monumens, avait certainement du goût : mais en ceci, il était trop Pape.

Benoit XIV, d'immortelle mémoire, a mieux pensé. Après avoir déterré la colonne qui fut destinée à éterniser l'apothéose d'Antonin le pieux, c'était son projet de la relever telle qu'elle était. On lit, sur le piédestal déjà en place, au Monte-Citorio, les mêmes inscriptions que l'ancienne Rome y grava, sans aucun mélange. Le tems ne lui permit pas d'achever. La colonne, encore couchée, attend la main d'un successeur.

Le même Pontife, en arrêtant ses regards sur le colisée, craignait de nouvelles destructions. Pour les prévenir, il plaça des Oratoires à la circonférence de l'Arène. Ces Oratoires, où des Pénitens vont se flageller à certains jours, ont pris tant de faveur, que, pour ne pas les laisser écraser, on soutiendra vraisemblablement la masse antique.

S'il est vrai que l'Empereur Auguste, effrayé des coups de foudre redoublés sur le Temple de Jupiter Capitolin, envoya consulter l'Oracle de Delphes, pour en savoir la cause; s'il est vrai que l'Oracle répondit qu'un enfant Hébreu, fils de Dieu, qui venait de naître, le forçait au silence, & le renvoyait dans les enfers; s'il est vrai qu'en conséquence Auguste éleva dans ce Temple même un Autel avec cette dédicace :

Ara primogeniti Dei.
Autel du premier né de Dieu.

pourquoi n'avoir pas conservé & l'Autel & le Temple, comme un monument bien précieux pour la religion chrétienne ? Les Cordeliers de l'Observance, qui en ont fait une Église, sous le nom d'*Ara cæli*, pouvaient fort bien s'établir ailleurs.

Le mausolée d'Auguste, dont on ne conserve que la mémoire, était d'une grande magnificence ; mais celui d'Adrien, qui lui faisait face sur le bord du Tibre, le surpassait. Sur une bâse carrée d'une vaste surface, s'élevaient en pyramide arrondie trois ordres d'architecture, le tout de marbre de Paros, chaque ordre orné de statues d'hommes & de chevaux. Ce monument qu'on appelle encore *Mole Adriana*, à cause de sa masse prodigieuse, est à présent une citadelle ; c'est le Château Saint-Ange. Si vous êtes envieuse de savoir l'origine de ce nouveau nom, tout Rome vous dira que, sous le Pontificat de Grégoire le Grand, la Ville étant affligée de la peste, de la guerre & de la famine, ce Saint Pape, dans une procession générale, vit, au-dessus du mausolée, un Ange qui remettait le glaive de la vengeance dans le fourreau. Vision qui fut constatée au public, par la cessation des calamités. Pour conserver la mémoire de ce prodige, on ôta l'urne qui renfermait les cendres d'Adrien pour faire place au bon Ange. Cette urne de bronze, qui a la forme d'une pomme de pin, se voit dans les jardins du Vatican.

Du Vatican, au Château Saint-Ange, distance considérable, Alexandre VI pratiqua une galerie couverte, pour s'y réfugier, sans être vu, en cas d'accident. C'est ce que fit Clément VII; mais Charles-Quint l'y retint prisonnier. Le Pontife assurément ne s'attendait pas à gémir dans une prison, où lui-même, par le despotisme de la Tiare, avait enfermé tant de personnages qui lui étaient suspects. Ce Château a une garnison de cinq-cents hommes avec du canon.

Le Pont qui y mène a aussi changé de nom. Du Pont *Elien*, prénom d'Adrien, il est devenu le Pont Saint-Ange.

L'architecture en est belle : on y reconnaît le génie du Bernin. Point de Pont plus orné ; ni plus faint : outre les Statues de St. Pierre & de St. Paul qui préfident à l'entrée, dix Anges d'un beau marbre blanc, qui fe font face, y tiennent les inftrumens de la Paſſion.

Je comptois, Aſpaſie, ne vous faire qu'une lettre, & vous avez un cours d'Architecture : il y a du tems que je n'ai rien reçu de vous : fecouez votre pareſſe. Adieu.

LETTRE XXV.

De Rome, le 12 Janvier 1764.

JE me plaignais à tort de votre paresse, je viens de vous lire. Oui, je me souviens fort bien de vous avoir promis à la suite des monumens d'Architecture, les chef-d'œuvres de Sculpture & de Peinture dont la renommée parle tant. Je connais votre esprit de suite si rare dans votre sexe : détachez-vous-en pour le moment. Suivez-moi dans mes écarts, sur les mœurs & les usages, sans y chercher de l'ordre, mais selon que mes courses journalieres me les présentent.

Le carnaval commence. Les Spectacles viennent de s'ouvrir ; car ici, hors le tems du carnaval, il n'est pas permis de s'amuser du Théâtre ; c'est ce qui fait qu'on s'y jette à corps perdu ; le peuple, comme la bonne compagnie. L'Italien est fort sobre de son naturel. Le Cocher, le Crocheteur, aiment mieux porter leur argent au Théâtre, qu'au cabaret. Il y a trois Spectacles toujours pleins, quelque vastes que soient les salles.

Vous sentiriez-vous assez de courage pour essuyer cinq heures d'Opéra? En France, nous y allons pour entendre & suivre la Pièce ; ici, c'est pour la conversation, ou pour se visiter de loge en loge : on n'écoute, on ne s'extasie qu'à l'Ariette. Il est vrai qu'on ne perd guères à la Psalmodie du Récitatif; mais les beaux vers de Métastase sont aussi perdus. Quand laisserons-nous, à son exemple, les amours si usés des Dieux & des Déesses, pour prendre nos sujets dans l'Histoire ? Je vous ai dit qu'on n'écoutait que l'Ariette. Je me trompe; on prête aussi toute son attention aux Récitatifs obligés, plus touchans que les Ariettes qui vont rarement au cœurs.

L'Opéra *Buffa*, ou Comique, est au moins aussi couru & mieux écouté que l'autre. On dirait que l'homme, en général, aime mieux rire que de se livrer à des sentimens profonds. Les Italiens bâilleraient, si dans leurs Opéra-comiques on leur donnait des traités de Morale.

Il y a un troisième Théâtre abandonné aux farceurs. Il fut construit en dix-sept jours ; en voici l'occasion. L'Ambassadeur de Vienne avait deux loges

loges dans les spectacles ; celui de France en prétendit autant : grande querelle qui aurait pu armer, ensanglanter l'Europe, & qui intrigua beaucoup la Cour de Rome. Elle se tira de ce mauvais pas avec les *Mezzotermini*. Tous les spectacles cessèrent ; le deuil fut général : mais le nouveau Théâtre qui parut tout-à-coup comme un amusement sans conséquence, ramena le plaisir, en attendant que les deux Puissances vinssent à se concilier.

Ce n'est pas cette fois seulement que les spectacles ont causé ici des embarras fort sérieux. Le cas vient encore d'arriver : notre Ambassadeur a une loge très-distinguée au grand Opéra, il a voulu la voir avant que d'y figurer ; il demande la clé, on lui dit qu'elle est chez le Gouverneur de Rome ; il envoie la chercher ; le Gouverneur répond qu'il faut s'adresser au Général des armes, & le Général renvoie à son tour au Gouverneur : ce balotage ne finit point. Au fond, cela tenait à la morgue du Gouverneur qui prétendait que l'Ambassadeur devait aller la lui demander en personne. Dans le tems que la Cour de Rome disposait des couronnes, armait ou pacifiait le monde chrétien, elle ne voyait que de grands intérêts ; à présent elle se fait valoir comme elle peut. L'Ambassadeur n'aurait point attaché d'importance à ce petit objet, sans la réflexion que les petites entreprises de la Cour de Rome, ont souvent frayé le chemin aux grandes. Voulez-vous savoir comment a fini le débat ? Encore par un *Mezzo-termine*. Ce n'est pas le Gouverneur qui a livré la clé, c'est le Cardinal Ministre, par un coup d'autorité, sans faire règle. Pendant qu'on était aux prises, nous étions sur les épines, nous autres Voyageurs français. L'Ambassadeur menaçait de quitter Rome, en nous entraînant avec lui. Qu'avions-nous à faire dans les querelles des Grands ?

C'est à Rome, comme dans le reste de l'Italie, qu'on se laisse enchanter par ces hommes qui ne sont plus hommes. La sévérité papale ne permet pas au sexe d'amuser le public au Théâtre, par les talens & les graces que la nature lui a données : mais elle laisse outrager la nature, en la mutilant, pour créer des voix qui sont contre nature. L'exclusion des femmes, dans l'action théâtrale, produit un autre inconvénient pour la Comédie : on y voit des Lucindes, des Dorines, avec un pied d'une aune, des bras nerveux & les traces de la barbe.

Avec cette févérité, Rome n'a pourtant pas excommunié ceux qui lui donnent du plaifir : ce qui eſt fûrement blâmable au Théâtre, c'eſt l'indécence & l'impiété. Les Comédies de Rome ne ſont pas toujours à couvert de ce double reproche. J'en ai vu une où Polichinelle ſe fait Juif ; le chant, les prieres, les cérémonies de cette religion émanée de Dieu, ſont tournées en ridicule. Un Rabin, le couteau de fa circoncifion à la main, donne de grandes frayeurs à Polichinelle, & fait demander aux jeunes filles : que va lui faire ce Rabin ? Rire d'une religion dont la nôtre eſt la fille, n'eſt-ce pas ſe moquer de fa mere ?

Que direz-vous de l'heure des fpectacles ? Ils commencent à dix heures du ſoir, lorſque toute occupation ceffe ; cela favoriſe le peuple, & jette un grand mouvement dans les rues ; mais il y règne une obſcurité profonde ; car la Ville n'eſt point éclairée : on a quelqu'obligation aux Ames dévotes qui font brûler des cierges devant des Madones. La lanterne sourde est assez d'usage : mais comme il y a des gens à bonne fortune, qui ne veulent pas être connus, on vous crie souvent, *volti la lanterna*, que la lumiere se cache : complaisance qu'on vous rendra dans l'occasion.

Celui qui voudrait juger de l'opulence de Rome, par le nombre des équipages, prendrait une fausse mesure : tel qui ne peut pas donner un poulet à son ami, à un carrosse & des domestiques qui le rongent. Ces domestiques sont souvent mal vétus, & loués pour quelques jours, ou quelques heures seulement ; mais ils coûtent enfin. Quant à la livrée, elle n'est que trop honnête pour les étrangers. Etes-vous allé faire votre cour à une Excellence, à une Eminence : vous êtes sûr d'avoir le lendemain la visite de leur *famille* : c'est ainsi que se nomme la foule qui les sert. Or, pour rendre à cette famille honnêteté pour honnêteté, dans la personne du *Décan*, du Doyen qui la représente, vous la contentez avec quelques *pauls*, monnoye du pays. Au reste, ne trouvez-vous pas que cette dénomination de *famille*, au lieu de celle de laquais, de valets, dont nous nous servons, a quelque chose de plus humain. Elle suppose que les Maîtres regardent leurs serviteurs comme leurs enfans ; maudit soit le premier tyran qui ôsa faire des esclaves, & les nommer tels ? C'est en ce point, presque le seul, que je trouve Rome moderne supérieure à Rome ancienne.

J'oubliais de vous dire que les spectacles, les conversations, les promenades, les Fêtes, n'amusent pas les gens frivoles par les habits, du moins dans la classe des hommes. Non-seulement tout ce qui tient à la Hierarchie écclésiastique, depuis le Pape jusqu'au Bedeau ; mais encore tous les Curiaux, Procureurs, Avocats, Juges ; mais encore les Médecins & quantité d'Étrangers, par économie, ou pour trouver des entrées plus faciles dans les maisons, prennent l'habit écclésiastique. Cette confusion d'États, sous un même habit, donne souvent des Scènes assez plaisantes, que le Public embellit encore.

Rome est bien déchue de la population qu'elle eut autrefois. Sans donner dans l'exagération de plusieur Ecrivains qui ont attribué à l'ancienne Rome sept à huit millions d'habitans, il paraît certain que, vers la fin de la République, elle en comptait au moins deux millions : son enceinte actuelle est encore aussi grande que celle de Paris : mais elle n'a plus ses Fauxbourgs qui étaient prodigieusement étendus. Quoi qu'il en soit de son ancienne population, elle ne nourrit aujourd'hui que cent soixante-mille âmes : on laboure entre ses murs. Virgile ressuscité, dirait-il encore :

Verùm, hæc tantùm alias inter caput extulit urbes
Quantùm lenta solent inter viburna cupressi ?

Le cyprès s'est changé en bruyere. D'où peut venir cette énorme dépopulation ? Le Physique n'a pas changé, pensez au moral : ce n'est pas dans le mariage, mais dans le célibat ecclésiastique, qu'on fait ici sa fortune, qu'on parvient aux places, aux dignités ; ce n'est pas même dans le mariage qu'on trouve une vie douce & commode, c'est dans des Monastères : n'y eût-il que cette raison, elle suffirait peut-être. Ce qui soutient Rome & la soutiendra dans sa population actuelle, malgré la stérilité de tant de

Moines & de Religieuses, de tant d'Ecclésiastiques & de Castrati, c'est l'abord des Étrangers de toute Nation, qui viennent s'y établir, attirés par la douceur du Gouvernement.

En vous parlant des mœurs & des usages de Rome, j'aurais des choses assez plaisantes à vous dire : mais je ne suis pas d'assez bonne humeur, pour vous les bien rendre à ce moment. On vient de me faire un honneur auquel je ne m'attendais pas, & que j'aurais certainement refusé, si j'avais prévu ce qui est arrivé. Le Custode, ou le Secrétaire de l'Académie des Arcades est venu m'y offrir une place ; j'ai représenté ma non-résidence, & encore plus mon inutilité dans une Société littéraire dont à peine je balbutiais la langue. On a eu la bonté de trouver mes raisons mauvaises : vient le jour de ma réception. Après quelques sonnets d'usage à la louange du Récipiendaire ; & une foule d'autres, sur différens sujets, on lit un Poëme où l'Angleterre victorieuse voit la France dépouillée & humiliée à ses pieds. L'amour de la Patrie se souleve au fond de mon cœur : m'avez-vous donc fait asseoir parmi vous, dis-je aux Académiciens qui m'environnaient, pour entendre injurier ma Nation ? J'en porterai mes plaintes à notre Ambassadeur. Je lis la crainte sur leurs visages, on marque du regret. On s'excuse sur ce que l'Académie n'a point prévu cette lecture, & encore sur ce que la séance présente était toute destinée à recevoir des Anglais. Effectivement j'étais le seul Français en réception : je me payai de ces excuses bonnes ou mauvaises, dans la crainte d'engager une affaire trop sérieuse, sur l'imprudence d'un jeune Poëte.

La séance finit assez gaiement. Un Prêtre & une Prêtresse d'Apollon s'avancerent au milieu du sanctuaire des Muses. On leur donna un sujet : *Hercule entre le plaisir & la vertu.* L'enthousiasme les saisit. Les vers qu'ils chanterent au son de la harpe, durant trois quarts-d'heure, n'étaient pas aussi bons que ceux du Tasse : mais ils l'étaient trop, pour être faits sur le champ. Voilà ce qu'on appelle *improviser.* Je ne sais si nos têtes Françaises pourraient se monter sur ce ton.

L'Académie dont je vous entretiens, fut fondée en 1690, par quatorze Savans, sous les auspices de la Reine Cristine de Suède, & sous le titre des

Arcades, devant être toute composée de Bergers & de Bergeres, jadis si célèbres en Arcadie. Elle tient ses séances dans un bois, dans une prairie, dans un jardin. Née dans l'ancienne capitale du monde, mere de toutes les Académies de l'Italie, elle serait encore plus illustre, si elle mettait un peu plus de discernement dans le choix de ses Bergers. Qu'elle soit facile pour les Grands, les Princes, les Souverains, il faut bien lui pardonner: mais pour les simples Bergers, c'est autre chose. Que n'ai-je un peu du talent de Virgile! Le Berger qui vous écrit, vous chanterait dans une belle églogue. Comment vont vos progrès dans la langue du Tasse? Vous recevrez, par une occasion sûre, la traduction Italienne de la *Noblesse Commerçante* que vous m'avez demandée. Celle des *Bagatelles Morales* ne m'est pas encore tombée sous la main. Un *Abbate Marchese* a entrepris *Sobieski*. Il m'en a communiqué les premieres feuilles, dont j'ai été fort content pour le sens. Quant à la pureté & aux tours de la langue, je m'en rapporterai à ceux qui la parlent & l'écrivent bien.

LETTRE XXVI.

De Rome, le 20 Janvier 1764.

JE viens de me prosterner aux pieds du Pape, en me souvenant que des Rois & des Empereurs en ont fait autant. Celui qui a dit, qu'en lui baisant les pieds, il falloit lui lier les mains, parloit pour des tems où les Papes lançaient la foudre sur des têtes couronnées & sur les peuples. Nous étions plusieurs Français à cette adoration, sous la conduite de notre Ambassadeur. Le Pape était assis au fond d'une grande salle, avec un air d'occupation, une table, une écritoire, & des papiers devant lui. On entre en fléchissant un genou. Au milieu de la salle, autre génuflexion. Comme nous n'étions pas bien stylés au cérémonial, l'un de nous est tombé sur son nez ; &, quoique Français, nous n'avons pas ri. On arrive, & on se jette à deux genoux aux pieds de Sa Sainteté. Je pourrais, si je le voulais, vous envoyer la mule que j'ai baisée, quand le Pape l'aura quittée. Il ne m'en coûterait qu'un louis. Ce petit commerce entre dans les profits d'un Prélat Valet-de-Chambre.

Les femmes n'ont pas le même avantage que les hommes. L'entrée du Sacré Palais, qu'elles profanèrent dans des tems moins décens, leur est interdite. C'est pourquoi, si elles veulent vénérer le Pape, ce ne peut être que dans des audiences particulieres, ménagées au-dehors.

Je ne sais d'où viennent ces expressions triviales : *je me suis amusé comme un Pape : j'ai ri comme un Pape*. Alexandre VI, & quelques autres, riaient peut-être : mais aujourd'hui, excédé de congrégations, de fonctions Ecclésiastiques, & d'audiences publiques, un Pape veut-il respirer : l'étiquette l'enchaîne. Toujours seul, même à table *per la dignità*, toujours sur l'autel, pour ainsi dire : privé de toutes les douceurs de la société, je le plains beaucoup ; à moins qu'en qualité de Prince temporel, il ne se repaisse du plus grand des plaisirs, celui de faire des heureux sur la terre ; en quoi il réussirait encore plus sûrement que d'en faire dans le ciel.

Le Pontife règnant, dont la dévotion eſt exemplaire, paraît s'être plus occupé du dernier objet que du premier. Rome eſt menacée, actuellement, de la famine. On ſe diſpute le pain. Le Boulanger n'en étale qu'en petite quantité, ou il ferme ſa boutique. Les gens de la campagne viennent aſſiéger les portes des Palais, pour en avoir. Les greniers d'abondance ſont preſque épuiſés. Pour ménager ce qui reſte, la police a diminué, *incognitò*, le poids de la pagnote, ſans diminuer le prix. Le public s'en eſt bientôt apperçu. Les *Birbes*, c'eſt-à-dire, la populace de Rome, n'eſt pas auſſi patiente qu'en d'autres pays. Il a fallu rétablir le poids. Il n'y a qu'un cri contre la Chambre de l'nnone. cette Chambre a dans ſon adminiſtration tout le commerce & la traite des grains. C'eſt à elle ſeule que les propriétaires & les cultivateurs peuvent vendre leurs blés ; c'eſt elle qui y met le prix. C'eſt dans ſes greniers ſeulement que les Boulangers peuvent ſe fournir : moyens infaillibles pour dégoûter le Laboureur, ruiner la culture & amener des diſettes. On a déja tenu pluſieurs congrégations pour remédier au mal. Aucun des remèdes proposés n'a fait esperer une prompte guérison. Le pape, versant des larmes paternelles sur l'affliction de ses enfans, a dit ces paroles édifiantes : *pregheremo il dio, faremo processioni.* La procession s'est faite. Il est rare de voir marcher le Pape. Il marchait avec tous les Cardinaux. Cette procession a occasionné un petit évènement qui a un peu compromis la nation Française. Il y avait un cordon de troupes dans le parvis de Saint-Pierre, pour contenir la foule. De jeunes gens de notre Académie des Arts, bien persuadés que rien ne doit arrêter des Français, ont entrepris de forcer le cordon. Ils ont été maltraités & emprisonnés. Notre Ambassadeur les a réclamés, pour en faire justice lui-même. On a contesté ; on a différé : mais la fermeté a fait écouter la réclamation.

Pour revenir à l'objet de la procession, bien des gens pensent & disent que, si on y joignait des commissions pour Gênes, ou la Hollande, en tirant du château Saint-Ange une partie des cinq millions d'écus Romains, que Sixte-Quint, aussi économe que magnifique, y a déposés pour le tems des grandes nécessités, on aurait bientôt des vaisseaux chargés de blé. C'est apparemment le parti qu'on prendra, & dont on n'aurait pas besoin, si le blé était marchand comme le vin. Les Hollandais n'ont point de blé; & ils n'en manquent jamais.

Oubliez Rome, pour quelque tems, aussi bien que moi. Quoique l'hiver soit assez doux ici, je vais trouver le printems dans un climat où les anciens Romains le cherchaient, lorsque les richesses leur permirent de multiplier leur demeure, pour tromper les saisons. Je pars pour Naples, avec un regret qui ne vous touchera guères. Il n'y a pas assez de sureté dans cette route de cent-cinquante milles, pour s'y exposer seul. Il faut aller de conserve, en se livrant aux voitures publiques. Je me défais donc du *Belge*. Mais il traînera de la glace pour le peuple Romain : mais le Gouverneur de Rome, personnage d'un grand sens, qui fait plus de cas des bons chevaux, que des hommes inutiles, m'a promis qu'au bout de sa carrière, il le ferait empailler, & placer au Capitole. Je me flatte, Madame, d'être toujours placé dans votre souvenir.

LETTRE XXVII.

De Naples, le 27 Janvier 1764.

JE suis encore moulu de l'antique & indestructible *Via Appia*, qui, dès le tems d'Horace, brisoit bien son monde. J'ai suivi le conseil qu'il donnait, de ne pas courir la poste sur cette route.

Minùs gravis Appia tardis.

Ce qui la rend si rude, c'est la taille des pavés en pointes. Ce qui la rend si solide, c'est la dureté des grès, posés sur un massif de maçonnerie revêtu, sur les flancs, de pierres d'échantillon liées par un fort ciment. Il y a près de deux-mille ans qu'elle résiste aux voitures & au tems. Les Romains, qui croyaient leur Empire éternel, y ajustaient tout ce qu'ils faisaient. Tout ne pouvait pourtant pas répondre à des vues aussi étendues. Cette voie Appienne présente, à droite & à gauche, une continuité de ruines, d'aqueducs, de temples, de palais, de tombeaux:

mais enfin, c'est encore quelque chose que ces ruines, qui se soutiennent jusqu'à ce jour.

Je comptais bien, Aspasie, vous écrire de la route : mais pour cela, vous auriez dû me procurer une petite retraite dans les auberges. J'y ai toujours vécu en public, au milieu de la fumée du tabac, de l'odeur de l'ail, des mauvais soupers, & des murmures des voyageurs. Voilà ce qui m'arrivait tous les soirs, avec un mauvais lit, ou sans lit, pour me refaire des fatigues de la journée. Les Italiens murmuraient moins que les étrangers; car ils avaient du moins la vocation d'aimer la chèvre & le macaroni : quel macaroni !

N'êtes-vous pas surprise qu'une route qui mène de la capitale du monde Chrétien, à la capitale d'un beau Royaume, soit si affligeante en tout sens? car on y craint encore pour sa bourse & sa vie. Voilà pourquoi des poltrons comme moi s'associent à une caravanne qui part de Rome toutes les semaines, avec une escorte militaire. Si le Souverain de Rome, & celui de Naples, voulaient, chacun de son côté, s'occuper à vivifier le pays, par la bonté

& la sûreté des chemins, par l'activité du commerce, ils se feraient bénir des étrangers, aussi bien que des nationaux.

Ne pouvant vous écrire de ma route, je ne retrouve peut-être pas dans ma mémoire, tout ce que j'y avais placé. J'ai vu, à quelques milles de Rome, la Villa *Barberini*, sur les ruines de celle de Pompée. Ces anciens héros de Rome, en laissant leurs maisons, n'y ont pas laissé leurs armes. De-là, més yeux se sont tournés sur Albano, l'ancienne Albe, l'aînée de Rome, & qui perdit sa supériorité, par la défaite des Curiaces. Un peu plus loin, *Palestrine*, autrefois Préneste, où était ce Temple de la Fortune, si fameux par les sorts qu'on y allait consulter. On entre ensuite dans le Pays des Volsques, où Coriolan vint chercher des foudres pour écrâser sa patrie.

J'ai apperçu, à ma droite, les marais Pontins, si connus par les maladies qu'ils causent. Je vous en parlerai peut-être dans une autre lettre.

L'Italie a ceci de particulier, que presque toutes ses Villes, toutes ses campagnes, offrent quelque nourriture à la curiosité du voyageur. A *Vélétri*,

Albano.

Palestrine.

Vélétri.

un palais, qui, par son architecture, ses statues & ses antiques, figurerait à Rome même. Cette petite Ville se glorifie d'avoir été la patrie d'Auguste. Le nom de Vélétri a retenti dans toute l'Europe, lorsque, dans la guerre de 1740, Dom Carlos, aujourd'hui Roi d'Espagne, courut le plus grand risque d'y être pris par les Autrichiens. A peine jetterait-on un coup-d'œil sur *Piperno*, anciennement *Privernum*, si l'on ne se souvenait qu'elle fut le berceau de Camille, Reine des Volsques, & l'une des héroïnes de l'Énéide. Le Poëte ne lui a donné qu'une faiblesse qui lui coûta la vie. Dans le feu du combat, sans faire attention à ses lauriers, & à sa sûreté, elle poursuivait un Prêtre de Cybele, pour se faire une parure de ses riches vêtemens.

Piperno.

Fæmineo prædæ, & spoliorum ardebat amore.

Une flèche lui perça le cœur.

Terracine.

Terracine, autrefois *Anxur*, n'a rien de remarquable que sa Cathédrale, reste presque entier d'un Temple célèbre de Jupiter. De belles colonnes de marbre en soutiennent le portique.

Il n'y a pas, jufqu'à la Fable, qui ne vous amufe dans la route. A la vue du promontoire de *Circello*, féjour de l'enchantereffe Circé, on plaint les compagnons d'Ulyffe, ou l'on en rit.

Gaëte, ou Gayette, rappelle d'abord la nourrice d'Énée, la feule nourrice peut-être, qui ait donné fon nom à une Ville. Gaëte.

Tu quoque littoribus noftris, Æneïa nutrix,
Æternam moriens famam, Caïeta, dedifti.

Cette attention de Virgile à immortalifer une nourrice, marque la reconnaiffance de la bonne Antiquité, pour des femmes qui rempliffaient les devoirs de mère. Gayette eft la clé du Royaume de Naples. On y voit le tombeau du fameux Charles de Bourbon, tué au fiége de Rome.

Après Gayette on traverfe le *Gariglian* qui arrofe un beau pays. On apperçoit de-là les côteaux du fameux vin de Falerne, que Virgile & Horace ont tant loué, & qu'on ne loue plus. Ce qui me fait foupçonner que ces deux Poëtes s'entendaient mieux en beaux vers, qu'en bon vin.

Minturne. Plus bas, les ruines de *Minturne* & ses marais, où Marius, ce paysan d'Arpinum, après tant de victoires, & sept consulats, vint se cacher, pour dérober sa tête à Sylla, qui la demandait. J'ai été bien plus touché sur le terrain où Cicéron fut sacrifié à Antoine. Marius n'était que guerrier : Cicéron avait les vertus d'un citoyen & d'un Consul.

En entrant dans la Campanie, que les Italiens appellent, à juste titre, *Campagna felice*, Annibal m'est venu en pensée : je ne suis point surpris que ses soldats se soient amollis sous un climat si doux, & qui présentait des jouissances si agréables. Tel serait le faible de tous les hommes, si on les laissait dans les bras de la Nature.

Capoue. L'ancienne Capoue, qui, avant le tems d'Annibal, eut l'audace de proposer au Sénat Romain, de partager le Consulat & l'Empire, avec Rome, semble encore, par les débris de son amphithéâtre & de ses temples, reprocher sa destruction aux Vandales. Quantité de ces précieux débris ont été transportés, pour orner la nouvelle Capoue, située à deux milles de l'ancienne.

Je n'étais pas pressé d'arriver à Naples. La vue d'une si belle campagne, reverdissante au mois de Janvier, & déja chargée de productions, m'occupait si agréablement, chemin faisant, que je me suis trouvé, sans y penser, à la porte de cette grande Ville. La foule étonnante qui s'est présentée à moi, dans une grande rue alignée, m'a fait croire qu'il y avait quelque fête publique. Point du tout : c'est l'histoire de tous les jours & de toutes les heures. Paris, dans ses quartiers les plus fréquentés, en montre à peine autant. Mais le peuple de Paris se pare du travail, de l'industrie & de l'aisance. Celui-ci porte les livrées de la paresse, de l'indigence & de la malpropreté.

Naples n'a point de commerce actif. Elle reçoit, & n'exporte rien. Elle ne va pas même chercher les choses dont elle a besoin ; les draps, les étoffes de goût, le fer, le cuivre, &c. J'ai vu dans son port, des vaisseaux Hollandais, Anglais, Danois, Suédois ; point de Français. Je voudrais trouver notre Marine par-tout, bien persuadé que, dans le système actuel de politique, de-là dépend notre supériorité dans l'Europe.

Naples. Les Grecs, qui jettèrent les fondemens de Naples, qu'ils nommerent *Parthenope*, se connaissaient en situation. Un Golfe large de douze milles, & long de trente, forme une rade magnifique, une espèce de tasse, que les anciens ont tant vanté, sous le nom de *crater*. Un môle donne au port toute la sûreté, & la tranquilité que les navigateurs peuvent souhaiter. Des collines fécondes bordent le Golfe. Des montagnes mettent la Ville à couvert du vent du Nord. La douceur de l'air qui règne dans toute la *Campagna felice*, se fait encore plus sentir ici. C'est la patrie des zéphyrs. Ciel! que ne nous donnez-vous en France, pour nos plus beaux printems, les hivers de Naples. Aspasie, vous cueilleriez la violette en Janvier, vous vous pareriez de l'œillet, vous verriez des petits-pois sur votre table, de la verdure sous vos pieds, & des fleurs aux arbres.

Ce peuple compte trop sur la bonté de la terre qu'il habite. Il en tirerait bien au-de-là de fa fubfiftance, s'il voulait fe donner un peu plus de peine. Auffi, arrive-t-il une faible récolte : auffitôt la difette fe fait fentir, avec des fignes inquiétans de fédition. Voilà ce que je vois au moment que je vous écris. Vous allez dire que la famine me fuit. Cela eft d'autant plus fingugulier, pour le Royaume de Naples, que la Sicile, l'une de fes provinces, était autrefois le grenier des Romains. Elle n'eft plus qu'un défert. Il y a une pratique ici, fort commune en Italie, qui paraît d'abord fort chrétienne, mais qui entretient la fainéantife : ce font des aumônes abondantes. Un pauvre, vigoureux, eft affuré de manger fept à huit foupes par jour, à la porte des couvens, fans rien faire. C'eft au Gouvernement feul à faire l'aumône de la grande manière, qui eft de procurer du travail, & d'y obliger, dans des atteliers de force, le mendiant qui refufe. Les denrées feraient peut-être à plus haut prix; mais il y aurait plus de mouvement, plus d'induftrie, plus de vie, plus d'argent. J'ignore les revenus du Roi de Naples : mais je connais fa Marine; deux frégates, quatre galères

& cinq fchebeiqs : ce qui fignifie que fa Marine marchande, école & nourrice de la Marine guerrière, eft nulle. On fait que Naples a eu, en certains tems, trente vaiffeaux de guerre; elle ne les avait plus, lorfque, dans la guerre de 1733, un Commodore Anglais, avec une petite efcadre, eut l'audace de ne donner que deux heures, montre fur table, à Dom Carlos, aujourd'hui Roi d'Efpagne, pour figner la neutralité, ou périr fous la bombe: moment d'autant plus affreux, que la terre tremblait par les convulfions du Véfuve.

Pourquoi me recommandez-vous, dans toutes vos lettres, d'apprécier les hommes? Il me ferait bien plus commode de vous écrire les ftatues, les tableaux, les édifices anciens & modernes que je vois. Ces objets font plus aifés à faifir, & plus circonfcrits. Je vous en promets par un autre Courier,

LETTRE

LETTRE XXVIII.

De Naples, le 2 Février 1764.

J'AI commencé mes courses Napolitaines par les dehors de la place. Je serai toujours maître des dedans. J'ai vu dans un voyage de trois jours des antiquités sans nombre. Le chemin qui y mène, est lui-même un monument remarquable ; il s'étend sous terre, à travers une montagne, l'espace d'un mille; sa largeur est de 30 à 40 pieds, la voûte est élevée de 100, ne recevant qu'un faible crépuscule par quelques ouvertures au sommet : si bien qu'on le prendrait pour l'avenue du Royaume des Ombres. Qui est-ce qui l'a percé, & en quel tems ? Les historiens ne sont pas d'accord. Jean Villani prétend que ce fut Virgile d'un coup de baguette magique, & le peuple de Naples répète cette sottise. Il fallait vivre au quatorziéme siécle, pour écrire ainsi. Quoi qu'il en soit, on auroit pu s'épargner beaucoup de peine & de frais, en traçant le chemin sur la montagne qui n'est

Le Pausylippe.

pas fort élevée, & qu'il était facile d'adoucir. On appelle ce chemin très-ancien la grotte du Paufylippe.

Le tombeau de Virgile est à côté. Il mourut à Brindes dans la Calabre, & son corps fut apporté à Naples, où il avait passé bien des hivers. Ce tombeau est enfermé dans une vigne devant laquelle on passerait cent fois, sans se douter de ce tréfor. Une ville lettrée l'aurait annoncée par quelqu'avenue. Mais Naples est encore bien barbare. On y a gravé des vers modernes fort plats, en place de ceux-ci que Virgile avait faits en mourant, & qui étaient si bons.

Mantua me genuit, calabri rapuére, tenet nunc Parthenope. Cecini pafcua, rura, Duces.

Un autre tombeau, celui de Sannazar, est dans une Eglife fur le bord de la mer, au pied du Paufilyppe. Le poëte est couronné de lauriers entre Apollon & Minerve. Mais j'ai été fort furpris de lire les noms de David & de Judith au-deffus de ces deux ftatues. On a cru par-là remédier à la profanation.

Quand on a paffé le Paufylippe, on s'arrête à la *grotte du chien*, curiofité naturelle : une vapeur qui s'élève du fond à la hauteur d'environ un pied, est mortelle pour tous les animaux. Le chien qui nous servit d'expérience, fut sans mouvement après quelques minutes ; & il expirait, si on ne l'eût rendu promptement à l'air pur : un flambeau & des allumettes s'y éteignirent ; ce qui paraît indiquer que la vapeur n'est pas sulphureuse, comme bien des gens l'ont cru, mais composée de parties visqueuses & gluantes, qui empêchent l'action de l'air si nécessaire à la vie des animaux, & de la flamme.

La Solfatara, autrement la soufrière, est vraisemblablement le reste d'un Volcan qui s'est consumé lui-même. Il n'en reste que la base dont le diamétre est fort grand. Le soufre y fermente toujours & s'échappe par des soupiraux avec bruit. On peut y en ouvrir à volonté, comme on le fait pour en recueillir ; on y recueille aussi du cinabre & de l'alun. *La Solfatara.*

Arrivé à Pouzzole, le premier objet qui m'a frappé, c'est l'Eglise du Dôme, Temple anciennement consacré à Antinoüs par l'Empereur Adrien. Il a fallu bien des bénédictions pour le purifier de cette infâme dédicace. Il y a *Pouzzole.*

fur la place un piédeftal qui repréfente les treize villes d'Afie qui furent renverfées la premiere année de l'ère chrétienne, par un tremblement de terre ; & que l'Empereur Tibère fit relever. C'eft par reconnaiffance, que ces villes lui élevèrent une ftatue dont il ne refte que le piédeftal. Ce fut à Pouzzole que Sylla, après avoir abdiqué le pouvoir fouverain, fe retira ; &, prêt à expirer, fe fouvenant encore de fa dictature, il fit étrangler le premier Magiftrat de la ville, qui avait ôfé lui défobéir : tant font inexorables les hommes accoutumés au pouvoir.

Près de la maifon qu'il habitait eft le Temple de Sérapis, confervé en grande partie. Il eft de ceux que les Anciens appellaient *delubrum*. Il était élevé fur une efpèce de focle de forme ronde, foutenu par des colonnes corinthiennes, & environné d'une colonnade de marbre. On voit encore les anneaux de bronze, auxquels on attachait les victimes, pour les facrifier, & des vafes de marbre blanc, qui fervaient à l'eau luftrale.

Le Môle de Pouzzole, qui réfifte aux fureurs de la mer, dès la naiffance de l'Empire Romain, verra encore long-tems les flots se briser contre sa force, graces à la pouzzolane, ciment précieux, qui donne aux édifices une solidité inaltérable. Cette matiere composée de parties métalliques, & de petits cryftaux, âpres au toucher, se trouve dans des mines abondantes. On la mêle avec de la chaux de marbre, ou de coquillages. L'eau l'affermit, au lieu de la diffoudre. Les maifons de Naples font toutes terminées en plate-forme, fans toît. La pouzzolane empêche que la pluie ne pénétre. Je ne fçais pas pourquoi des vaiffeaux Marfeillois qui porteraient nos productions à Naples, ne fe lefteraient pas de pouzzolane : richeffe acceffoire qui n'empêcherait point les chargemens du commerce.

C'eft dans ces climats, c'eft fur les bords de cette mer que les Romains venaient bâtir des maifons de campagne, pour y paffer d'agréables hivers. Scipion l'Africain en avait une à Linternum, aujourd'hui *Torre di Patria*. La fortereffe de Baoli eft bâtie fur les ruines de celle qui appartenait à Marius. Lucullus fe plaifait à Misène, où l'on démêle encore les reftes de fes beaux jardins ; Cicéron à Baïes, où il a composé ses questions Académiques. Cette ville, fameuse par ses eaux Thermales, s'étendait en amphithéâtre, jusqu'au sommet des montagnes ; on en apperçoit encore toute la forme. Les Césars y avaient un palais dont les débris subsistent. La Julie d'Auguste y fut élevée. Lorsque Néron y venait par mer, il faisait placer, sur les bords, des tavernes de plaisir. On y était reçu & traité par des courtisanes. C'est dans ce palais que le barbare invita sa mère à un festin de réconciliation. Il l'accabla effectivement de caresses, & la conduisit, après le repas, jusqu'à la galere qui devait s'entrouvrir pour l'engloutir. Elle échappa, mais pour aller périr plus cruellement à Baoli, par les ordres du monstre. En jetant les yeux sur son tombeau, je me suis rappellé ce vers de Racine :

Moi fille, femme, sœur & mère de vos Maîtres.

C'est assez la coutume des voyageurs d'écrire leur nom sur les objets qu'ils visitent. J'ai lu celui de la Margrave de Bareith sur ce tombeau d'Agrippine. Cette Princesse éclairée était digne de voyager. Tout près de-là est un autre tombeau, celui d'Hortensius, le rival, en éloquence, de Cicéron.

J'avais mon Virgile à la main ; & je suivais Enée dans son abord en Italie. Là je considerais l'endroit où il perdit Palinure, cet excellent pilote, & le cap qui porte son nom.

— *Gaudes cognomine terræ.*

Plus loin le Mont Misène, où le héros Troyen fit une autre perte.

Misenum Æoliden, quo non præstantior alter
Ære ciere viros, martemque accendere cantu.

Enterré sur cette montagne, ce fils d'Eole, ce Dieu de la trompette guerriere, lui a laissé son nom.

—— *Æternumque tenet per sæcula nomen.*

Dans l'emplacement où sont aujourd'hui les cabanes qui composent la Misène moderne, était la belle maison de campagne de Lucullus, où l'Empereur Tibère fut étouffé par ordre de Caligula son neveu & son successeur. C'est à Misène que Pline l'ancien commandait la flotte Romaine, lorsque l'éruption du Vésuve ensevelit Herculanum, dont je vous parlerai dans une autre Lettre.

J'avançais avec la flotte d'Enée qui cherchait à prendre terre.

Et tandem Euboïcis Cumarum allabitur oris.

Cumes, par la grandeur de ses ruines & de son enceinte, donne à conjecturer qu'elle était peuplée de trois cent-mille ames au moins. Fameuse & libre long-tems par la sagesse de ses Loix, asservie ensuite par un tyran, elle fut remise en liberté par la main d'une femme. Cette héroïne ne voulut d'autre récompense que l'honneur de porter sur son dos le cadavre sanglant du tyran dans toutes les rues de la ville, au milieu des acclamations qu'on prodiguait à la libératrice de la patrie. C'est dans cette ville que Tarquin le superbe, chassé de Rome, se retira, & mourut sans couronne. C'est cette fidele alliée des Romains qui leur ouvrit ses portes, après la funeste journée de Cannes, pour les aider à sauver Rome. C'est à Cumes aussi où Pétrone se fit ouvrir les veines, après y avoir écrit sa fameuse satyre.

Vous imaginez bien que j'ai voulu

voir l'antre de la Sybille. On y descend en se courbant; &, après avoir fait cent pas, on se met sur le dos des colporteurs du pays, & on passe par une voûte très-étroite dans trois petites grottes, qu'on appelle les cabinets de la Sybille. Si j'avais pu trouver le *rameau d'or*, je serais descendu aux enfers, pour vous en rapporter des nouvelles. Contentez-vous de la description que Virgile en a faite.

Il faut qu'il soit arrivé de grands changemens dans le terrein que j'ai parcouru de Pouzzole à Cumes. Le Lac Lucrin, autrefois si célèbre par la qualité de ses huitres, a disparu, pour faire place à une montagne qui s'éleva subitement en 1538 : des tonnerres souterrains, des tremblemens de terre, des tourbillons de feux accompagnaient cet enfantement, qui fit reculer la mer. Cette montagne porte le nom de *monte nuovo*.

L'Averne, vers le tems de Virgile, devait être un amas d'eaux noirâtres, croupissantes & empestées, jusqu'à faire mourir les oiseaux qui le traversaient, pour autoriser le Poëte à y placer l'embouchure des enfers :

Spelunca alta fuit, vastoque immanis hiatu;
Scrupea, tuta lacu nigro, nemorumque tenebris,
Quam super haud ullæ poterant impunè volantes
Tendere iter pennis.....

L'Averne aujourd'hui est un beau Lac, peuplé de bons poissons, & d'oiseaux aquatiques. Sur sa rive est un ancien Temple, assez bien conservé, où Annibal vint faire un sacrifice, avant que d'entreprendre les siéges de Cumes & de Pouzzole qui lui réussirent mal; & moi, plûs tranquile sans doute que n'était le héros de Carthage, j'y ai fait un bon dîner & en bonne compagnie, des gens de goût, des *intendenti,* comme disent les Italiens.

Quant à l'Achéron, c'est encore ce marais puant que Virgile appelle *tenebrosa palus.*

L'Elysée était sans doute un lieu délicieux, une suite de jardins agréables, de bosquets enchantés, séjour des Ombres heureuses.

Devénere locos lætos, & amœna vireta
Fortunatorum nemorum, sedesque beatas.

Ce n'est plus qu'un terrein inculte,

au-delà de l'Achéron, & sans agrément. On y voit quantité de tombeaux dont aucun n'arrête les regards. A propos de tombeaux, on a retrouvé ici le secret des lampes inextinguibles, que les Anciens plaçaient dans les leurs. En reprenant le chemin de Naples, j'ai considéré plus attentivement toute la côte du Pausylippe. La mer qui la baigne, l'olivier, l'oranger, le pin, le palmier, la vigne qui s'attache aux arbres, tout cela forme un spectacle d'agrémens & de richesses. Je vous entretiendrai de Portici, lorsque je l'aurai vu. Ce sera demain.

LETTRE XXIX.

De Naples, le 6 Février 1764.

Mon voyage de Portici a été retardé d'un jour, par l'honneur que j'ai eu d'être présenté au Roi des deux Siciles, & de lui offrir pour hommage l'Histoire de *Sobieski* (conseil qu'on m'avait donné) comme une chose qui pourrait lui être agréable. C'était à son dîner. On le sert à genoux. Que doit penser un Prince de quatorze ans, en se voyant servi comme on sert Dieu ? Si cette étiquette est nécessaire pour la grandeur des Rois, ne faudrait-il pas, du moins, leur donner le tems d'apprendre qu'ils sont des hommes, & à ressembler à Dieu par la bienfaisance, avant que de parvenir aux honneurs divins ? Aussi, du haut de sa gloire, il n'a pas daigné répondre un seul mot à l'hommage d'un simple mortel. Le Duc de Calabre, son frere ainé, qui aurait dû porter la Couronne, végète invisible au fond du Palais, sage disposition du Roi d'Espagne, leur pere.

Je voudrais, Aspasie, vous ouvrir l'intérieur du Palais, où l'on me dit qu'on voit des chef-d'œuvres de Peinture : mais, pour pénétrer dans ce sanctuaire, il faut non-seulement que le Roi n'y soit pas ; mais encore qu'il soit absent de la Ville. Il faut aussi passer par les ordres de deux ou trois grands Officiers de la Maison. Aurais-je eu autant de plaisir que de peine ?

Portici s'ouvre plus aisément. C'est le Versailles des Rois de Naples : charmante, mais dangereuse situation sur le bord de la mer, près du Vésuve. Cette nouvelle Ville s'est élevée sur les ruines d'Herculanum que le Volcan enterra à la profondeur de soixante pieds. Ce fut le dernier Duc d'Elbeuf que vous avez vu résider à Paris, qui découvrit les premiers vestiges d'Herculanum, en creusant un puits dans sa maison de Portici, en 1736.

On déterra d'abord deux Temples & quelques maisons, puis un forum & un théâtre ; ce théâtre, où tant de malheureux s'amusaient, à la veille de périr. On n'a pas poussé les fouilles dans toute l'étendue de cette Ville souterraine, parce qu'il aurait fallu culbuter la nou-

Portici

velle qui est assise dessus; & même, de tous les édifices qu'on avait déterrés, en tout ou en partie, on n'a laissé que le théâtre à découvert.

Tous les objets de curiosité qu'on a tirés de ces ruines: instrumens de sacrifice, de bains, de cuisine, de table, de chirurgie; balances, lampes, chandeliers, flacons de cryftal, vin cryftallifé, pain réduit en charbon, sans avoir perdu sa forme; anneaux, boucles d'oreille, cadrans solaires, mosaïques, tableaux; tout cela compose le cabinet de Portici.

En considérant les tableaux, *Thésée vainqueur du Minotaure, un Satyre embrassant une Nymphe, Apollon & les Muses avec leurs attributs, le Centaure Chiron assis sur sa croupe, qui donne des leçons de Lyre à Achille*, &c. on conjecture que, si les anciens ont surpassé les modernes dans la sculpture, ils ne les ont pas égalés dans la peinture. Parmi les statues qu'on a tirées de ces ruines, on distingue celle du Consul Nonius Balbus, statue équestre d'un grand mérite.

Un autre genre de richesse qu'on y a trouvé, c'est un grand nombre de manuscrits, en rouleaux de parchemin, écrits d'un seul côté, noircis, criblés

& usés. Il a fallu beaucoup d'art & de tems pour en déchiffrer quelques-uns. Il y a déja bien des années que la plus grande partie de ces rouleaux précieux a passé en Espagne avec le Roi régnant, & rien n'en revient. Les savans Espagnols sont bien longs à faire leur charge. Il est fort vraisemblable que ceux d'Italie s'en seraient mieux tirés. Quel est l'homme de Lettres qui ne donnerait pas tout le cabinet de Portici, pour recouvrer ce qui manque à Tite-Live, à Tacite, à Diodore ?

J'étais en trop beau chemin de ruines pour ne pas courir à celles de Pompéia, autre Ville engloutie, à quelques milles plus loin, par la même éruption du Vésuve. En y allant, on lit une inscription effrayante pour les habitans du voisinage.

Pompéia.

POSTERI, POSTERI, VESTRA RES
AGITUR, &c.

Suit une énumération des ravages les plus marqués du Volcan, & un conseil de fuir, sans attendre ce qui arrivera.

MORA NULLA, FUGE.

Mais c'est en vain qu'on avertit les hommes. Horace le disait :

. . . . . . *Audax omnia perpeti,*
Gens humana ruit per vetitum nefas.

Lisbonne se rebâtit sur les mêmes goufres qu'elle a vu s'ouvrir sous ses pas. Parmi les fleuves de matière brûlante que le Vésuve a vomie, & qu'on appelle *lave*, le plus grand est parvenu jusqu'à la mer. Il y a des maisons toutes neuves à côté.

Long-tems avant cette éruption, au rapport de Diodore, qui écrivait sous le règne d'Auguste, cette montagne avait jeté des flâmes ; & on y remarquait encore des traces de son ancien embrâsement ; ce qui donnait à la contrée le nom de Champs Phlégréens.

Arrivé aux ruines de Pompeïa, j'ai trouvé des excavateurs qui poussent les fouilles & les découvertes. Cette Ville n'a pas été ensevelie à une aussi grande profondeur qu'Herculanum. Cinq à six pieds de lave seulement au-dessus d'elle. On a découvert une rue assez large, & alignée, avec deux trotoirs : à sa naissance, une place décorée de trois statues de marbre qui sont actuellement à Portici : quelques chambres parquetées de mosaïques & tapissées de fresques. A l'ouverture de la terre, on a d'abord douté si c'était Pompéïa qu'on découvrait ; mais lorsque la porte de la Ville s'est montrée avec l'inscription qui en désigne le nom, il n'y a plus eu de doute. L'amphithéâtre, à un mille de la Ville, a été découvert en partie, & recouvert par ordre du Roi. L'ouvrage marche lentement, car les ouvriers sont en petit nombre ; & c'est peut-être un sujet d'éloge pour le gouvernement. Avant que de décorer un État, il faut penser à le faire vivre. J'oubliais de vous dire que la porte de Pompéïa est flanquée de deux petites, comme la porte Saint-Martin de Paris. Ne préferez-vous pas la grande manière de la porte Saint-Denys ? Deux autres Villes *Résina* & *Stabbia* eurent le même sort que Pompéïa & Herculanum. On les retouvera peut-être sans les chercher.

Je vous ait dit un mot du Vésuve. Vous n'en serez pas quitte à si bon marché ; &, quoique vous ayez lu sur ce chapitre cent relations plus instructives que tout ce que je vous dirai, n'oubliez pas que les voyageurs ont la rage de parler. Heureux le lecteur, lorsqu'ils ne mentent pas. Le Volcan n'a pas voulu se fâcher. Je le guette depuis que je suis ici; & le calme où il se montre, me paraît fort insipide. Je ne voudrais pas qu'il s'armât de ses foudres; mais enfin quelques légères explosions, quelques ruisseaux de feu qui ne nuiraient à personne. Sa forme très-rapide est en pain de sucre. Voulez-vous savoir comment on y monte? Deux hommes marchaient devant moi, ceints d'une courroie à laquelle je m'attachais des deux mains. Avec ce secours je suis parvenu à la bouche qui jetait une fumée fort épaisse. Je me flattais qu'un coup de vent la poussant toute d'un côté, me laisserait voir l'intérieur du gouffre, dont le diametre, à la bouche, est de trois ou quatre-cents toises. Je l'ai tourné pour saisir le coup de vent que je cherchais : vaine attente. Je n'ai pu découvrir que cinq à six pieds de profondeur dans la circonférence. Ce que je voyais était parsemé de blanc, de rouge, de jaune & d'azur : débris de métaux fondus qui étaient fort brillans par la réflexion des rayons du soleil qui portaient dessus. Le soufre s'exhalait avec bruit par beaucoup de petites bouches, autour de la grande. Les semelles de mes souliers s'échauffaient; ce qui m'obligeait à me tenir tantôt sur un pied, tantôt sur l'autre. Mes guides, qui ne s'amusaient pas autant que moi, murmuraient, comme s'ils avaient appréhendé quelqu'éruption subite. Ce n'est point cette crainte qui m'a fait quitter la partie : mais je ne pouvais pas coucher-là.

Ce qui a formé la croupe de la montagne, c'est le fraisi que la bouche a vômi; & sans ce fraisi qui roule sous les pieds, & les assûre en s'amoncelant par derriere, elle serait inabordable. Je me suis désabusé sur la lave, en la voyant. Je m'étais figuré des rivières solides de métal fondu & refroidi, à-peu-près comme les masses de fer, que l'on coule dans nos fourneaux. Point du tout : cette lave ressemble à une terre fraîchement labourée, en grosses mottes détachées, les unes sur les autres. L'explication qu'Addisson en donne paraît très-probable. Ces grosses masses, dit-il, comme jetées ensemble par hazard, font reftées roides, non liquéfiées, & flottantes dans la matière fondue, comme de gros glaçons dans une rivière; &, à mefure que le feu & le bouillonnement diminuaient, elles fe font ajuftées enfemble, autant que leur figure irrégulière le permettait : ce qui était la matière fondue, étant au fond & hors de la vue.

Lorfque Spartacus vint au pié du Véfuve pour armer les efclaves contre le Sénat Romain, je me figure qu'il fit entrer le Volcan, pour quelque chofe, dans fa harangue militaire. Les foudres qui en fortaient, étaient l'image de celles qu'il forgeait.

La fituation de Naples entre le Véfuve & la Solfatara, dont j'ai parlé, paraît d'autant plus dangereufe, qu'il y a vraifemblablement une communication intérieure de l'un à l'autre; car quand le Véfuve brûle, la Solfatara jette des flâmes, & lorfqu'il ceffe, la Solfatara ceffe auffi. Cette communication fuppofe que la Ville eft affife fur un terrein creux & rempli de minéraux brûlans. Sous le Pontificat de Pie II, toutes fes Eglifes & fes Palais furent renverfées, & plus de trente-mille perfonnes tuées.

Au reste, si le Vésuve a ses dangers, il a aussi son utilité. Le vin qu'il produit, & que les Italiens appellent *Lacryma-Christi* (car ils mettent de la dévotion à tout) est un des meilleurs de l'Italie ; & Naples se pave très-solidement de la lave qu'il rejette. Elle fait aussi des ouvrages d'agrément de cette matière qui souffre le poli.

Une autre curiosité me tourmente. Elle est du nombre de celles dont la plupart des voyageurs se détachent, à cause des risques que l'on court. Il s'agit de l'Isle Caprée que Tibère a rendu si fameuse. Cela est bien attirant. Mais cette Isle est à trente milles de Naples ; ce ne serait rien : mais les barques légères qu'on loue pour cette navigation, ne seraient guères en état de soutenir le courroux de la mer : mais, en éloignant même toute idée de naufrage, on pourrait être porté par un coup de vent sur les côtes de Barbarie ; ou encore, après une heureuse navigation dans l'Isle, être embarrassé pour le retour. Il y a huit jours que je cherche des compagnons pour cette aventure, & je n'en trouve pas. On prend ceci au tragique, comme s'il était question d'aller par-delà les colonnes d'Hercule. Je ne fermerai ma lettre qu'après le succès, ou le désespoir de cette expédition.

P. S. Chantez ma victoire, Aspasie, & celle des compagnons d'Alcide. La navigation a été heureuse, quoiqu'un peu embarrassée pour le retour. Nous avions donné deux jours à notre curiosité. La mer était grosse. Les matelots ne jugeaient pas à propos de s'y exposer. Quand reviendrait le calme? Serions-nous arrêtés pour long-tems dans un lieu où nous n'avions plus rien à voir? Déja mes compagnons me reprochaient cette entreprise. Quelques heures d'attente ont terminé nos inquiétudes; & me voila en état de vous parler de Caprée.

L'Isle Caprée.

Cette Isle a quatre milles de long, d'Orient en Occident, & environ un de large. La partie Occidentale n'est qu'un rocher continu. Le côté Oriental, un peu moins élevé, est bordé de précipices. Entre ces montagnes s'étend une vallée plantée de vignes, de figuiers, d'orangers, d'amandiers, d'oliviers, de myrthes, avec des champs de de blé : paysage très-agréable. J'ai presqu'ambitionné le sort d'un voyageur Anglais, qui, enchanté du local & du climat, a fini là tous ses voyages, en s'y établissant dans une jolie maison. Non loin de l'Isle, nous découvrions déja un vaste & bel amphithéâtre de verdure, & au sommet, la ville de Caprée, Capitale de l'Isle. Il y a encore un Bourg, & c'est tout.

De toutes les hauteurs on a des perspectives merveilleuses : le promontoire de Surentum, Portici, le Vésuve, le Pausylippe, tout le circuit de la Baye de Naples, & Naples même. Tibère avait bien choisi le théâtre de ses plaisirs, & dans un bon air, frais en été, chaud en hiver. Il y avait bâti douze Palais, où l'on n'avait rien ménagé pour la commodité & l'agrément ; mais c'étaient autant de retraites à la plus infâme débauche. Un vieillard, dont les sens sont usés, se livre à des bizarreries monstrueuses, qui, sans le satisfaire, le couvrent d'opprobres. Auguste avait connu les délices de Caprée ; mais il en avait joui avec la décence qui convenait à la Majesté Impériale.

Les Romains, en haine de Tibère, envoyerent après sa mort une légion de pioniers, pour détruire tous les ouvrages dont il avait embelli son séjour. Il faut se contenter de ce qui en reste ; un Temple dédié à Neptune sur le bord de la mer, un aqueduc, des bains avec des voutes fort élevées, des débris de Palais, des chemins tournans bien conservés, par où la Garde prétorienne y montait ; quelques *fornices* dont vous me dispenserez de vous dire l'usage. Adieu. Portez-vous aussi bien que moi.

LETTRE

LETTRE XXX.

De Naples, le 11 Février.

J'Arrive de Cazerte, Maison royale à 18 milles de Naples, d'une architecture fort simple : mais vous auriez admiré avec moi un aqueduc qui apporte des eaux dans les Jardins royaux, & dans la Ville de Cazerte. Cet ouvrage, qui en est à trois milles, joint deux montagnes, par trois ponts l'un sur l'autre : c'est-là où Dom Carlos fit passer son armée, lorsqu'il marchait à la conquête du Royaume de Naples : c'est ainsi qu'un monument utile a pris la place d'un arc de triomphe.

Je ne sais comment j'ai l'esprit assez tranquile, pour vous écrire : il faut se battre pour avoir du pain : mais c'est mon Valet de place, qui va aux coups. Les Soldats ne se mêlent point encore de la police. On laisse le Peuple s'arracher la farine & le pain : cela ne diminue rien de la fureur des Spectacles; parce que la bonne compagnie n'a pas encore faim.

C'est un beau coup-d'œil, que la Salle de l'Opéra ; sur-tout lorsque le Roi l'honore de sa présence, ce qui arrive tous les Dimanches : usage louable, qui accoutume ce jeune Prince à vivre avec son Peuple : sa loge, en face du Théâtre, forme un sallon assez grand, pour recevoir la famille royale, & une partie de la Cour : alors toutes les loges, distribuées en six rangs, sont éclairées, & l'œil se promène avec étonnement, sur cinq à six-mille Spectateurs : l'ouverture & la profondeur du Théâtre sont d'une grandeur proportionnée à la Salle : point de machine qu'on ne puisse y faire mouvoir sans embarras : le Spectacle est varié, par des marches, des batailles, des triomphes ; le tout exécuté en grand ; on y mêle même la réalité ; car dans les batailles & les triomphes, on emploie les chevaux des écuries du Roi.

La *Didon abandonnée* de Métastase, est la Piéce du jour ; on y voit d'un côté, Enée avec ses Troyens & sa Flotte ; & de l'autre, Iarbe avec ses Africains & ses Éléphants. C'est la fameuse *Gabrielli* qui fait le rôle de Didon ; il faut que le pieux Énée ait bien de la dévotion pour résister aux charmes de sa voix & de sa figure. Dans une loge, à côté de celle où j'étais, on regardait beaucoup une *Sposa*; la seule personne de son sexe, qui fût en diamans & en robe de couleur; car on était en deuil. C'était une jeune vierge, héritiere d'une grande maison, qui, toute couverte des pompes & des vanités du monde, venait leur dire adieu, pour s'enterrer le lendemain dans un cloître; j'ai assisté effectivement à ses obséques avec toutes les Grandeurs de Naples : jamais plus jolie musique; le *Cafarieli* qui vous a fait plaisir à Paris, tâchait d'y soutenir sa gloire. J'ignore ce que vous auriez dit de la décoration; ce n'était plus une Église, mais une salle de bal, où l'on disait vingt Messes, en sacrifiant la victime qui avait une belle couronne sur la tête; &, tandis qu'on la révétait de l'habit religieux, on distribuait à l'assemblée, des sonnets & des rafraîchissemens. Sage Aspasie, éléveriez-vous votre fille pour l'enfermer ainsi; ou pour être une bonne mere de famille, qui servirait d'exemple aux autres ?

Si j'avais la finesse d'oreille & de

goût, dont la Nature & l'Art vous ont douée, je m'étendrais ici sur la musique : tous les voyageurs qui s'y connaissent conviennent que, de Turin à Naples, elle va toujours en se perfectionnant : Naples en est le comble. Ses Écoles, qu'on nomme *Conservatoires*, fournissent toute l'Europe de sujets ; ce qui contribue encore à pousser la Musique à ce haut degré, c'est qu'elle a ici, plus qu'ailleurs, une occupation continuelle : ce n'est pas seulement au Théâtre, dans les concerts publics & dans les maisons, c'est encore dans les Églises. Toutes les solemnités, toutes les Octaves de Fêtes patronales, appellent l'Opéra avec ses voix, ses instrumens, ses décorations, ses illuminations : les Napolitains vivent plus par les oreilles, que par tout autre sens.

De tous les beaux-Arts, Naples n'a cultivé que la Musique & la Peinture : c'est de l'École de Bologne, qu'elle a tiré ses premiers Maître. *Giordano* s'est signalé par tant de belles productions, qu'on disait de lui, que seul il composait une Académie.

En parcourant la Ville pour d'autres objets, je trouve à chaque pas des monumens funèbres qui tiennent à l'Histoire moderne. Le Château de l'Œuf, forteresse sur un rocher, qui défend Naples du côté de la Mer; c'est-là où Augustule, le dernier Empereur reconnu à Rome, & l'Empire Romain, ont fini.

Dans la Cathédrale, le tombeau du malheureux André, Roi de Hongrie, étranglé par les ordres de sa femme, Jeanne de Naples; l'Epitaphe atteste le crime; c'est ainsi qu'on devrait consacrer à la postérité les crimes, comme les vertus des Princes.

Au mont Olivet, le tombeau de cette même Reine, Jeanne de Naples, que Charles de Duras fit périr du même genre de mort qu'elle avait fait subir à son mari; l'Epithaphe le dit aussi.

Dans la Place du Peuple, l'endroit où Charles d'Anjou, frere de Saint-Louis, fit couper la tête à Conradin & à Frédéric, les deux derniers Rejettons des Maisons de Suabe & d'Autriche. Charles, qui disputait le Royaume de Naples au premier, après les avoir faits prisonniers de guerre, consulta le Pape Clément IV, pour savoir ce qu'il en devait faire ; la réponse fut écrite en caractères de sang : cette Scène tragique est peinte à fresque sur les murs d'une Chapelle, bâtie sur l'endroit même de l'exécution.

J'ai vu aussi la Maison de *Mazaniello*, & la *Torrione*, forteresse où ce Pêcheur jetait, dans la Capitale du Royaume, les fondemens d'une République, & où il fut assassiné. Il a laissé quelques restes de son esprit dans les *lazarons*, c'est ainsi qu'on appelle à Naples la lie du Peuple, & dans la disette présente, parmi plusieurs placards, il y en a un qui dit, *les enfans de Mazaniel demandent du pain* ; & moi je demande pourquoi l'on ne contient pas ce peuple attroupé, par la force militaire : on me répond que la vue des soldats l'irriterait bien davantage, & le précipiterait aux derniers excès.

A demain le Spectacle de la *Cocagne*, qui le calmera peut-être. J'aime à voir le Gouvernement occupé de plaire au Peuple. Cette Cocagne est une faible image des immenses largesses que les Consuls & les Empereurs faisaient au Peuple Romain. Un Amphithéâtre s'éleve en face du Palais du Roi; on y attache du pain & de la viande entremêlés de laurier & de différentes fleurs, en forme de décoration : des animaux vivans, moutons, cochons, veaux, dindons, y figurent auſſi : le tout pour être abandonné au peuple, au ſignal du Roi : on ſe garde bien de faire couler des fontaines de vin, les vapeurs échaufferaient trop des têtes ſulphureuſes.

Il eſt neuf heures du ſoir; encore deux lignes, je vous quitte... Mais Qu'entends-je?... une rumeur extraordinaire dans les rues, des boutiques, des portes, qui ſe ferment bruſquement de toutes parts, mes voiſins d'Auberge qui mettent les verroux ; des flots de lazarons qui courent, qui ſe coupent, qui jurent : tout cela joint à des bruits ſourds de révolte qui durent depuis huit jours ; les balcons chargés de citoyens qui attendent le dénouement en tremblant ; ayant peu à perdre, je ne ſuis pas celui qui a le plus de peur : je ſaurai dans deux minutes ce qui ſe paſſe...: juſtement, voilà mon valet de place qui m'annonce que le peuple n'a pas voulu attendre le moment du

Prince, pour profiter de ses dons : il vient de se jeter sur la Cocagne dont il ne reste plus rien, & j'apprends que des troupes sont en mouvement, non pour faire rentrer le peuple dans ses foyers, mais pour garder le Palais du Roi. Bon soir, Aspasie demain je reprendrai la plume.

P. S. Je n'ai pas dormi tranquile; & ce que je vois dans les rues, affiche l'inquiétude du Gouvernement. Il a bien fallu venir à la force; des pelotons de Soldats sur toutes les places & dans tous les carrefours, des patrouilles à pied & à cheval, quelques lazarons qu'on méne en prison, pour servir d'exemple. Il est décidé que la Cocagne se renouvellera Dimanche prochain, & chacun fait sa politique sur ce qui en arrivera, les uns en noir, les autres en blanc. Ne me félicitez-vous pas d'être en pays de Cocagne ? Je ne voudrais pas que vous y fussiez dans ce moment-ci : les âmes honnêtes méritent la douceur de la paix.

LETTRE XXXI.

De Naples, le 20 Février 1764.

LA seconde Cocagne n'a pas ressemblé à la premiere ; tout s'est passé fort tranquilement. Il est vrai que la place était hérissée d'armes ; mais une chose m'a surpris, l'ordre dans le désordre. Au signal du Roi, les Troupes se sont ouvertes, pour livrer la Cocagne au pillage : ce peuple a tout emporté, sans se rien disputer ; point de coups de couteau, instrument dont il joue aisément ; pas même des coups de poing. Il m'a paru que le premier occupant, est une loi de convention pour eux. La Cour n'a eu qu'un moment d'inquiétude : elle appréhendait que ce peuple, qui ne se pressait pas d'arriver, n'arrivât point du tout : ce dédain des largesses de son maître, aurait eu l'air de quelque chose de plus sérieux.

Il faut que le génie Napolitain ait bien changé depuis le tems de Stace : il fuyait les procès.

Nulla foro rabies, aut strictæ jurgia legis;
Moris jura, viris solùm, & sine fascibus æquum.

Un Poëte qui voudrait peindre vivement l'antre de la chicane, ses Ministres, ses Orateurs, ses suppôts, ses cris, ses satellites & ses victimes, *ferrea jura insanumque forum*, doit voir la *Vicaria*, c'est-à-dire, le Palais où l'on rend la justice : il y a 12 *Rotes* ou Chambres ; on plaidait, on jugeait dans toutes, au moment que j'y suis entré ; les Avocats crient, chantent d'un ton aigu, plusqu'ils ne parlent : ils s'agitent comme des énergumènes ; nulle dignité dans leur déclamation, ni dans leurs gestes ; on dirait qu'ils ont copié les tons & les manieres du bas peuple dans ses querelles : j'ai pensé être étouffé dans la grande *Rote*; même risque dans plusieurs autres. La cour du Palais est immense ; toutes les rues adjacentes regorgeaient aussi de carrosses. Vous avez vu le concours du monde & d'équipages à la rentrée de notre Parlement, après de longs exils : c'est ce qui arrive tous les jours à la *Vicaria* : les maisons & les rues fourmillent de curieux. Ne pensez-vous pas que plus une Nation se corrompt, & tend à se déchirer, plus les gens de justice se multiplient, tandis que la classe des Cultivateurs, & celle des Commerçans diminuent à proportion.

J'aime mieux les Catacombes, toutes tristes qu'elles sont, que la *Vicaria* Celles-ci sont plus curieuses que celles de Rome; elles sont creusées dans des carrieres de pierre tendre, à la distance de plusieurs milles, formant différentes rues, avec des voûtes fort élevées: retraites des premiers chrétiens, avant que Constantin leur eût permis de se montrer; vastes sépulchres qui servaient encore plus aux vivans qu'aux morts: on voit encore les Autels où l'on sacrifiait, les Chaires où l'on prêchait, les Fonts sacrés où l'on baptisait, les chambres, les foyers, les places des lits & des tables, mêlés avec les tombeaux : c'est-à-dire que les enfans prenaient leurs repas auprès des cendres de leurs peres, & une épouse dormait à côté du cadavre de son époux; c'est-à-dire que, dans ces cavernes ténébreuses, le soleil ne se levait pas pour ces malheureux, & la terre ne leur montrait ni ses fruits ni ses fleurs. Si les premiers

Empereurs Romains furent vraiment persécuteurs des Chrétiens, en haine du Christianisme, ces monumens attestent les terribles extrémités où l'intolérance religieuse a toujours plongé la nature humaine.

Ce n'est pas ici le tems de voir, dans la Métropole, le miracle de la liquéfaction du sang de Saint Janvier; je croyais ce miracle unique dans son espèce à Naples : point du tout, il se fait aussi pour Saint Jean-Baptiste & Saint Etienne : le lait de la Vierge se liquefie de même chez les Minimes; il faut convenir que c'est une belle abondance de miracles, à jour nommé.

Je viens de la Chartreuse, où j'ai admiré des prodiges de magnificence : elle ressemble plutôt au Palais d'un Roi, par la grandeur des appartemens, par la beauté des corridors & des jardins, qu'à une retraite de solitaires : les marbres les plus rares y sont prodigués, & d'un ouvrage fini; la cuisine même en est décorée : le Palais du Roi ne surpasse cette magnificence, que par la noblesse de son architecture, exécutée sur les dessins du Chevalier Fontana, Architecte romain; sans ce Palais, on demanderait si Naples a jamais connu l'Architecture.

Ses Églises où elle devrait s'étaler, ne se font considérer que par la beauté des marbres. On a trouvé le secret de donner au marbre blanc une teinture fixe de couleur à volonté, qui pénètre toute la masse, quelle qu'en soit l'épaisseur.

Ses fontaines, en grand nombre, sont toutes décorées de mauvais goût. Ses obélisques, de la plus mauvaise forme, & assommés d'ornemens bizarres; le dernier fait est un triomphe de barbarie gothique.

Une barbarie, dans un autre genre, c'est que Naples conserve encore le Gouvernement féodal dans toute sa force, tandis qu'il a été détruit dans le pays qui le lui porta. Ce furent les Normans qui lui firent ce mauvais présent dans l'onzieme siecle. Ici tout fourmille de Barons, de Comtes, de Marquis; ce ne serait rien, de Princes; il y en a tant que c'est presque une distinction de n'être rien : j'ai beaucoup admiré leurs attelages à six chevaux; leur mules sont aussi du meilleur choix ; mais je plains leurs serfs.

Ce peuple de serfs n'a pourtant qu'une certaine mesure de patience. On trouve dans l'Histoire de Naples, plus d'un Mazaniel; &, si l'inquisition n'est point entrée dans cette Ville (ce qui paraît bien peu naturel dans un État gouverné long-tems par l'Espagne, & feudataire du Saint Siége) on en a l'obligation au peuple, que des gens adroits ont toujours soulevé contre ce fléau, auquel la Sicile a échappé par le même moyen. Ne trouvez-vous pas que le Pape a un assez beau droit de Suzeraineté sur le Royaume de Naples & de Sicile? Mais le point le plus singulier, c'est que le seul Roi feudataire du Pape, en est, dans le fait, le plus indépendant; car, en qualité de Légat né du Saint Siége, il juge, punit, excommunie, absout, exerce la suprématie, sans cesser pourtant de reconnaître toujours son Seigneur Suzerain, qu'il sait bien contenir, en lui prenant ses Villes, lorsqu'il le juge à propos. Néanmoins, la présentation annuelle de la haquenée au Pape, de la part du Roi des deux Siciles, fait une grande fête à Rome; elle porte sur la croupe une grosse fleur avec sa tige & ses feuilles en argent : dans le calice de cette fleur est enfermée la prestation de l'hommage-lige.

Je fais mes adieux à Naples, en regettant son climat. Le carnaval de Rome me rappelle : il faut bien voir comment on s'amuse dans la Cité sainte. J'acheve mes paquets, pour partir cette nuit.... Mais voilà deux hommes qui m'arrivent, sans les avoir mandés... *Que voulez-vous, amis?*... Vous garder jusqu'aux portes de la Ville; sans quoi, vous courrez risque d'être dévalisé. *Quoi! dans la Ville!* Signor, si. Que dites-vous, Aspasie, de la police Napolitaine? Nos filoux de Paris ne sont pas si redoutables.

LETTRE XXXII.

De Rome, le 29 Février 1764.

A MON départ de Naples, pour revenir à Rome par la route du Mont-Cassin, le Ciel, qui se couvrait de nuages, m'a donné beaucoup d'inquiétude. On resterait dans ce mauvais chemin, en tems de pluie : j'en ai été quitte pour la peur.

Mont-Cassin. J'ai visité la célèbre Abbaye du Mont-Cassin, que Saint-Benoît fonda en 525, sur les ruines d'un Temple d'Apollon. La Cellule qu'il habitait, & où il est mort, est encore en grande vénération. Sa statue tient un livre ouvert, où l'on lit un beau privilège, que *tous les Bénédictins qui meurent au Mont-Cassin, sont sauvés.* Voici un fait encore plus certain ; c'est que ces Pauvres évangéliques sont seigneurs, & presque souverains, de vingt Châteaux, dans une grande étendue de terre que l'on découvre de l'Abbaye même, dont la situation est fort élevée. L'abbé Régulier & triennal s'intitule. dans les actes.

Patriarche de la sainte Religion, Abbé des Abbés, Chancelier & Grand Chapelain de l'Empire Romain, Chef de la Hiérarchie Bénédictine, Chancelier & Collatéral du Royaume de Sicile, Comte & Gouverneur de la Campanie, de la Terre de Labour, & de la Province Maritime, Prince de la paix.

En réfléchissant un moment sur l'Histoire de Saint-Benoît, on apperçoit qu'un seul homme a changé la face du Christianisme en Occident. Avant lui, il n'y avait que des familles de Citoyens qui se sanctifiaient le mieux qu'ils pouvaient, dans la vie commune : sur ses pas, pour être saint, on ne voulut plus être homme. Avant lui, il n'y avait que la Hiérarchie ecclésiastique pour gouverner & administrer le Spirituel : de son Ordre, & d'une foule d'autres qui en sont sortis, on a vu naître de nouveaux ouvriers dans la vigne du Seigneur. Les Evêques mêmes, les Patriarches, les Cardinaux, les Papes, se tiraient bien plus des Ordres Religieux, que du Corps ecclésiastique. On a vu aussi dans les Villes & les Campagnes, les Couvens des deux sexes prendre la place des Maisons de travail. Mais ce qu'il y a eu de plus singulier dans cette révolution, c'est que ces Cénobites, qui avaient rompu avec le monde, ont acquis de grandes richesses, des seigneuries, des titres & des souverainetés.

En passant par Anagni, j'ai jeté un coup-d'œil sur l'endroit où le Pape Boniface VIII, après avoir proclamé, par une bulle, que Dieu l'avait établi sur les Rois & les Royaumes, après avoir mis la France en interdit, fut arrêté par Nogaret, à la tête de quelques Français, & reçut un soufflet du brutal Sciarra Colonne. Mais tout ce que je vous dis-là, est trop sérieux pour une lettre & pour votre sexe: écrivez-moi quelques plaisanteries, quelques gentillesses parisiennes. Portez-vous bien.

LETTRE XXXIII.

De Rome, le 4 Mars.

JE n'oublie pas, Aspasie, que je vous ai promis les articles de Sculpture & de Peinture, aussi-tôt que je reverrais Rome. N'attendez pas que je vous tienne parole dans cette Lettre, au milieu du bruyant carnaval, qui tourne les têtes dans ces huit derniers jours. Je ne parle pas des Spectacles fermés qui jouent de leur reste, le plus qu'ils peuvent. Il y a au moins sept à huit Théâtres qui ne suffisent pas à la foule; on y voit jusqu'à la lie du peuple en bonnets gras. Ces *Fachini* (je le répète) aiment mieux porter leur argent à la Comédie, qu'à la taverne; aussi, dans ces jours de débauche, ne rencontre-t-on pas un homme ivre.

Les Spectacles dont je veux parler, sont ceux de la plus grande publicité, ceux qui se montrent dans les rues, en y attirant toute la Ville. On donne trois courses de chevaux Barbes, à trois jours différens; ils partent d'une Porte de la Ville, pour courir le long d'une rue : ils font au nombre de douze, quelquefois plus ; le premier qui arrive au terme, gagne le prix : comme ils font en toute liberté, fans cavalier, ils ont des plaques de cuivre doré, armées de pointes en-dedans, qui en leur battant les flancs, les aiguillonnent, afin qu'ils ne fe ralentiffent pas dans la courfe. Le moment le plus intéreffant pour ceux qui aiment à voir toute l'ame & la rivalité des Courfiers, c'eft la *Moffa*, c'eft-à-dire, l'inftant où le Barigel paraît pour apporter l'ordre du départ : ces fiers animaux connaiffent cet Officier, & leur moment d'entrer en lice ; le feu leur fort des yeux & des nafeaux ; plus en l'air que fur terre, les Palfreniers ne peuvent plus les contenir ; la corde qui les barre, s'abaiffe ; &, en moins de quatre minutes, le Vainqueur touche au but, où une toile les arrête tous ; fans quoi, ils ne finiraient que par l'épuifement. L'efpace de la courfe eft d'un mille.

Des Anglais qui voyaient cette courfe avec moi, mettaient bien au-deffus celles de Londres, & peut-être ont-ils raifon. Des chevaux qui courent dans une grande arène, montés, dirigés & poussés par un habile Écuyer, tirent bien un autre parti, de leur force & de leur feu. Ici, un moment avant la course, en voyant une rue embarrassée, régorgeant de peuple & d'équipages, on ne croirait pas la course possible. Qu'arrive-t-il ? Dès que les Coursiers paraissent, la foule est obligée de se fendre, le mieux & le moins qu'elle peut, en ne laissant que la place d'un cheval, en sorte que le premier qui enfile la foule, est assuré de la victoire; ce qui détruit la concurrence. Elle n'existe qu'au point du départ sur la place où les Coursiers, dans une espace libre, peuvent se gagner de vitesse les uns les autres. Un autre inconvénient qui diminue le plaisir; c'est que la rue de la course n'étant pas exactement alignée, & faisant des coudes, les Coursiers passent comme un éclair qu'on n'a pas le tems de considérer.

Ceux qui aiment le Spectacle des hommes, plus que celui des chevaux, n'ont rien à desirer. Les chars, les carrosses ouverts, traînant des masques de toutes figures, de toutes couleurs & de tout état; le peuple aussi masqué à sa façon; des amphithéâtres, fenêtres & balcons chargés de curieux: tout cela donne un grand mouvement à la joie publique; mais, pour corriger, pour sanctifier les plaisirs, qui dans ce tems-ci paraissent n'avoir plus de frein, il y a des Prieres de quarante heures dans toutes les Eglises, & on rencontre dans toutes les rues des Processions de Pénitens qui se mélent avec les masques.

Votre peuple, à Paris, n'a plus besoin de ce correctif; il est aussi sage, aussi retiré dans ses foyers, pendant les jours gras, qu'en plein Carême (*a*). Je la vois approcher sans regret, la sainte quarantaine; elle me donnera le tems de reprendre mon cours de curiosités, & à vous celui de m'écrire; car, soit plaisirs ou affaires, soit de ma part avidité de vous lire, je vous trouve bien paresseuse: ayez la complaisance de vous corriger. Adieu.

(*a*) Ce qui était vrai, lorsqu'on écrivait cette lettre, ne l'est plus; la joie publique paraît renaître.

LETTRE XXXIV.

De Rome, le 18 Mars 1764.

JE remplis enfin mes engagemens. Je vais vous composer une galerie de statues : ouvrez bien vos grands yeux, Aspasie ; mais je ne me flatte pas de faire passer dans votre ame l'admiration que j'ai sentie.

Lorsque la Grèce, au beau siècle de Périclès, se signalait dans les beaux-Arts, & en particulier dans la Sculpture, elle ne prévoyait pas que ces chef-d'œuvres passeraient, un jour, chez des Barbares ; car c'est ainsi qu'elle appelait les Romains qui avaient été lui demander des Loix & des Dieux. Elle prévoyait encore moins qu'elle deviendrait, un jour, une de leurs Provinces. Point de Palais à Rome, ou de Maison de campagne, qui ne montre quelques unes de ses précieuses dépouilles. Je fais un choix bien raccourci, pour ne pas vous accabler sous le nombre ; & soyez sûre que la moindre des statues dont je ne vous dirai mot, mériterait un éloge.

On voit au Palais Barberin le Narcisse & le Faune, qu'on vantera toujours.

A la Villa Borghèse, l'Hermaphrodite si connu, couché sur un lit qui s'enfonce sous un corps délicat. Le marbre semble s'être amolli, pour rendre les chairs & le lit. Près de lui un Gladiateur vigoureux dont le visage, les muscles, l'attitude annoncent un coup de maître.

Quand on entre au Palais Farnèse, on court à l'Hercule qui porte son nom, ouvrage de l'Athénien Glycon. Cette statue, de la plus grande force, est aussi fameuse que le Héros qu'elle représente. Le Taureau Farnèse porte jusqu'au fond de l'ame la terreur & la pitié. D'un seul bloc de marbre sortent sept figures ; la déplorable Dircé, attachée par ses cheveux aux cornes de l'animal furieux, sur la cîme d'un Rocher ; deux jeunes hommes brûlans de vengeance, qui s'efforcent de les précipiter ; une femme effrayée, son enfant ; son chien, qui regarde ce Spectacle. Les deux Artistes *Apollonius* & *Tauricus*, à qui l'on doit ce terrible groupe, se sont immortalisés.

Dans

Dans la Villa Farnéfine, fi agréable d'ailleurs par fes jardins, fes bofquets, fes belles eaux, on reconnaît l'excellent original d'une belle copie qui fait un ornement dans les jardins de Verfailles : c'eft la Vénus *Yapiga*.

Au Capitole, parmi une foule d'antiques, dont Botari a fait un gros livre, intitulé *Mufæum Capitolinum*, on s'arrête au célèbre Mirmillon, & à la ftatue équeftre de Marc-Aurèle, en bronze doré. On ferait tenté de dire au cheval, avec Carles Morate; *Que ne marches-tu ? ne fais-tu pas que tu es en vie ?* La louve qui fut confacrée à Rémus & Romulus, dès les premiers tems de la République, & qui porte encore les marques de la foudre dont elle fut frappée, fous le Confulat de Cicéron, n'eft pas à beaucoup près fi parfaite ; mais on admire la tête du premier Brutus qui chaffa les Rois ; elle eft d'un grand caractère : mélancolie, penfée profonde, fermeté d'ame, févérité ; tels font fes traits.

Lorfqu'on a vu tout ce que je viens de citer, & qu'on parcourt le Vatican, de l'admiration on paffe au raviffement. On touche l'*Antinoüs* pour s'affurer que ce n'eft qu'un marbre fans âme

Comment faire pour regarder ce *Laocoon*, & n'avoir pas les entrailles déchirées par les angoisses, & le désespoir du pere & des enfans, sous les piquures de deux affreux serpens? Virgile n'est pas plus expressif sur ce fait, avec le feu de sa Poésie, que Phidias l'a été avec son ciseau ; l'un des serpens s'est trouvé mutilé. Michel-Ange tenta la restauration; on voit cette ébauche au bas du piédestal. Le Bernin ôsa plus, & il exécuta.

Mais quel autre objet se présente? Est-ce un homme? est-ce un Dieu? Si c'est un homme, tel devait être Adam au printems du monde : mais c'est plus qu'un homme. Il a la Majesté d'un Dieu, non cette majesté terrible de Jupiter tonnant, mais la majesté douce d'un jeune Dieu, fait pour être aimé : c'est l'*Apollon* du Belvéder, dont la réputation est connue dans tous les pays où l'on connoît les Arts.

Le Vatican qui possède ces trésors, les traite bien sans façon. Au-lieu de les placer honorablement & à la vue du public, il les enferme dans des armoires qui ressemblent à des remises, au fond d'une cour : mais il faut faire gagner les Custodes, selon l'usage de l'Italie. Si tout était ouvert, comme à Versailles, les étrangers rapporteraient leur argent.

Il faudrait avoir les yeux du Cardinal Alexandre Albani, pour apprécier tant de belles choses. Il a fait bâtir un Palais hors de la Ville, dans le goût de ceux de l'ancienne Rome, où il a lui-même beaucoup d'antiques, entr'autres un Antinoüs en bas relief, qui dispute avec celui du Belvéder. Il a placé aussi sous un vaste portique en hémi-cycle, ouvert sur le parterre, les statues ou les bustes des Philosophes, des Orateurs & des Poëtes, qui ont eu le plus de célébrité.

Tous les ouvrages sur lesquels j'ai promené votre attention, & tant d'autres dont je n'ai pas le tems de vous écrire, sont les grands originaux qu'on a copiés par-tout & qu'on copiera toujours. Lorsqu'un Italien vous dit, *Opéra græca*, peu s'en faut qu'il ne se mette à genoux. A propos d'Ouvrages grecs, lorsqu'au mois d'Août je quittai Paris, les meubles, les bijoux, les coëffures, les rubans, les galons, tout était à la grecque. Les deux sexes étaient tout grecs : l'êtes-vous encore ? Que de Héros &

d'Héroïnes vont sortir de cette métamorphose ; j'en félicite ma patrie.

Revenons à la Sculpture. Les modernes qui ont saisi le ciseau, à la renaissance des Arts, ont montré qu'ils étaient dignes de leurs maîtres. Le *Moïse* de Michel-Ange, dans l'Église de *San-Pietro in vincolis*, a un caractère de tête qui decéle le Législateur, un air au-dessus de l'inspiration même, je ne sais quoi de divin, une majesté jusques dans la barbe, qui flotte au gré du vent. Puisqu'il a plu aux hommes de revêtir la Divinité de la forme humaine, c'est ainsi qu'il faudrait figurer le Pere éternel.

Le *David* du Bernin, mesurant des yeux le Géant Goliath, ajustant son coup avec sa fronde ; sa *Métamorphose de Daphné*, son *Enée* portant Anchise, trois ornemens de la Villa Borghèse ; son *sommeil de Diane* au Palais Barberin, son *enlèvement de Proserpine* à la Villa Ludovisia : tous ces morceaux de Sculpture moderne m'ont fait, ou peu s'en faut, une impression aussi vive que les prodiges de la Sculpture antique. Les enthousiastes de l'antiquité pardonneront cette méprise à la mauvaise disposition de mes organes.

Encore faut-il que je me récrie sur une merveille du Bernin à *Sancta Maria della Vittoria*. C'est Sainte Thérèse en extase, à l'instant qu'un Chérubin, à la fleur de l'âge des hommes, beau d'une beauté plusqu'humaine, lui décoche dans le cœur un trait de feu; on la voit renversée sur le dos, le sein ouvert, la poitrine élevée, la respiration interceptée, tous les nerfs crispés, l'extase marqué dans ses yeux, dans le désordre de son visage, de toute sa personne, & de ses vêtemens, qui laissent voir une jambe nue. L'expression de la plume ne saurait répondre à l'expression du ciseau.

Si je voulais vous promener dans tous les Palais, dans tous les Temples, sur toutes les places où le marbre & le bronze respirent, je vous fatiguerais. Souvenez-vous qu'un Ancien (je ne sais plus lequel) disait qu'il était plus facile de trouver à Rome un Dieu qu'un homme : c'est encore en quelque façon de même. On y vit parmi un monde de statues.

Je finis cet article par un chef-d'œuvre qui nous appartient. C'est la figure de St. Stanislas Kostka, au Noviciat des Jésuites, couchée sur le lit où il est mort : le Sculpteur a tiré les habits du jeune Jésuite d'un bloc de marbre noir, d'où sortent la tête, les mains & les pieds, en marbre blanc ; le tout d'un travail exquis, aussi-bien que plusieurs autres de ses ouvrages. Né Français, après avoir essuyé bien des dégoûts dans sa patrie, il alla enrichir Rome de son talent : il y est mort en 1719, mais son nom n'y mourra pas ; c'est Pierre *Le Gros*.

LETTRE XXXV.

De Rome, le 21 Mars 1764.

EN vous écrivant sur la Sculpture, si j'ai été embarrassé par le nombre & le choix de ses productions, la Peinture m'accable sous l'abondance des siennes. Passez en revue tous les grands Peintres de toutes les Ecoles, il n'en est aucun dont on ne voye quelques chef-d'œuvres à Rome. Sans parler des Eglises où la Peinture triomphe, tous les Palais, toutes les Maisons des Particuliers un peu riches sont pleines de sa gloire. Le seul Palais Borghèse renferme deux-mille originaux d'un grand prix.

C'est-là qu'on admire le fameux Crucifix de Michel-Ange; la vérité y est si frappante, qu'on a fait un conte abominable, pour la rendre plus possible. On a imaginé que, pour réussir à ce point, il avait cloué un homme en croix. Il n'aurait copié que l'agonie d'un homme; il a rendu celle d'un Dieu.

Son pinceau fier & sublime a exécuré la plus grande de toutes les Scènes, dans la Chapelle Sixtine, la catastrophe du monde au Jugement universel. C'est une terrible leçon de morale, qui entre par les yeux, pour glacer l'ame. On pourrait écrire au bas :

DISCITE JUSTITIAM, MONITI NON TEMNERE DIVOS.

Raphaël, son Disciple & bien-tôt son égal, s'est surpassé lui-même dans la transfiguration, qui attire des processions d'Amateurs à *San-Pietro in Montorio*. Le corps du Messie n'est plus un corps terrestre, c'est du pur ether ; ses vêtemens sont des rayons de lumiere, échappés du Trône de l'Éternel. Ce tableau qui est, peut-être, le *Non plus ultra* de la Peinture, fut fait pour François I, Roi de France : Léon X avait trop de goût pour le laisser échapper. Ce Pontife ne crut pas déshonorer la Pourpre romaine, en la promettant à Raphaël, qui, sans cette promesse, aurait épousé la Nièce d'un Cardinal : une mort prématurée l'a laissé au rang des plus grands Peintres.

J'ai été bien scandalisé d'une affreuse

représentation au Vatican. C'est le massacre de la Saint-Barthelemi, & une Procession papale en action de graces; les détails font dresser les cheveux; des citoyens armés de poignards contre leurs concitoyens sans défense; des cadavres sanglans traînés par les rues; l'Amiral de Coligni percé de coups, jeté par une fenêtre, pour expirer au pied de son ennemi, & cent autres horreurs. Ce tableau du Vasari sera donc à jamais le trophée de nos fureurs fanatiques! Louis XIV, qui exigea de la Cour de Rome, une réparation si éclatante, pour une insulte faite à son Ambassadeur, ne s'avisa pas de demander la destruction d'un monument qui flétrit la Nation Française aux yeux de tous les étrangers qui voyagent à Rome. Des Anglais me disaient, en le voyant, voilà donc cette Nation si douce!

Après avoir mis sous vos yeux ce petit nombre de tableaux, trouvez bon que je vous ferme les Palais & les Églises. Dans une Ville où les belles femmes font rares, on en parle beaucoup; dans une autre où toutes seraient belles, trois mots feraient l'éloge de toutes. Quel dommage, si tant d'excellens originaux venaient à périr; la toile ne saurait toujours résister aux attaques du tems. On travaille ici à les éternifer autant qu'il est possible : c'est par la Mosaïque.

Il y a deux espèces de Mosaïque; l'une en pierres naturelles, & très-ancienne; telles sont les fameuses Colombes citées par Pline ; on les a déterrées, il n'y a pas long-tems, dans la maison de campagne de l'Empereur Adrien : elles conservent toute leur vie & leur fraîcheur au Palais Furietti. L'autre Mosaïque est en pierres factices, qui se composent de différens métaux fondus ensemble. Le laboratoire a l'air d'une Imprimerie où chaque nuance de couleur a sa case ; pour les employer, on les enchâsse dans une pâte de poussière de marbre, délayée dans de l'huile de lin : cette pâte a pour bâse une table de marbre de l'épaisseur d'un ou deux pieds, & de la dimension qui convient au sujet que l'on veut représenter. Cette Mosaïque moderne, éternelle comme l'autre, est bien plus favorable au Peintre à qui l'Art fournit des couleurs à volonté, sans les aller chercher laborieusement & longuement dans le sein de la Nature.

Vous allez me demander si les objets font bien rendus. On copie actuellement les chef-d'œuvres qui décorent la premiere Eglise de Rome & du Monde; & les copies vont prendre la place des originaux, qu'on transporte dans un édifice plus propre à prolonger leur durée; si les copies n'en étaient pas dignes, ils resteraient en place; l'illusion est du plus grand effet.

Je ne sache pas qu'on ait encore traduit le *fresque* qui se soutient assez par lui-même. Les *Nôces Aldobrandines*, ainsi nommées, parce qu'on les voit dans la Villa Aldobrandine, ont été trouvées dans les thermes de Titus, sans qu'elles parraissent avoir souffert des injures de tant de siecles.

On peut dire que la Peinture appartient bien plus à l'Italie, que la Sculpture. L'Antiquité lui avait laissé des modèles pour la Sculpture : elle n'en eut point pour la Peinture. Tous les grands Artistes, dans l'une & dans l'autre, se rapportent aux pontificats de Jules II, de Léon X, de Sixte V, d'Urbain VIII & d'Alexandre VII, comme ils se sont formés en France, sous le règne de Louis XIV. Nous sommes encore fâchés que le Raphaël Français, le *Pouſſin*, peu content de ſa patrie, ſoit allé continuer & finir ſa belle carriere à Rome.

Une réflexion bien autrement chagrinante, c'eſt que tant de Souverains qui ont fait tant de choſes pour les Arts, en ont fait ſi peu pour le bonheur eſſentiel des hommes. Les grands Artiſtes ne font que décorer le grand édifice politique : les bons Gouvernemens le ſoutiennent.

L'Ecole romaine, ſoit en Peinture, ſoit en Sculpture, a perdu de ſa gloire; eh ! quel eſt le pays qui n'ait pas à ſe plaindre des mêmes pertes ? Mais Rome aura toujours l'avantage d'être l'École du Monde, à cauſe des grands originaux qu'elle poſſède. Il y a ici un Peintre qui ſoutiendrait ſa réputation, *Battoni*; mais il a une famille nombreuſe : l'hiſtoire l'affamerait ; il fait des portraits. Le vôtre, Aſpaſie, eſt-il fini ? Si votre âme y eſt peinte, la vertu aura des couleurs.

LETTRE XXXVI.

De Rome, le 26 Mars 1764.

SI vous n'aimiez pas les livres, Aspasie, où si vous n'aimiez que ces jolis Romans qui vivent jusqu'à huit jours sur les toilettes des jolies femmes, je supprimerais ce que j'ai à vous dire sur la bibliothèque du Vatican.

Le vaisseau, par lui-même, mérite de l'attention; sa longueur est de trois-cents pas, sa largeur de dix, les deux bras à proportion; la voûte peinte à fresque; sur les murs, à main droite, sont représentés les dix-sept Conciles généraux à gauche, les plus fameuses Bibliothèques de l'antiquité; le milieu est soutenu par deux rangs de colonnes, où sont peints les premiers Inventeurs des caractères alphabétiques de toutes les langues. Ceux qui n'apportent que les yeux du corps, en sortent contens; ceux qui y joignent les yeux de l'esprit, s'étonnent qu'on ait pu former une collection aussi ample des connaissances humaines.

L'étonnement diminue, quand on apprend que le Pape Zacharie la commença au huitieme siècle; qu'au quinzieme Calixte III l'augmenta de la bibliothèque auguste de Constantinople, après la ruine de l'Empire Grec; que Sixte IV, au même siècle, en la transportant au Vatican, l'enrichit de beaucoup d'originaux qu'il fit chercher dans toute l'Europe On voit d'abord qu'elle se formait dans des tems où les Papes étaient les seuls Souverains qui s'occupassent des livres. Sixte V, dans la suite, y ajouta de nouvelles richesses, & Clément XI fit apporter des Monastères du Mont-Liban, quantité de manuscrits Grecs, Syriaques, Arabes, Coptes; enfin, plusieurs bibliothèques célébres, la Palatine, celle de la Reine Christine, celle des Ducs d'Urbin, vinrent grossir celle-ci, comme les rivieres grossissent les grands fleuves. Ce trésor d'originaux est si connu des Savans, qu'à l'invention de l'Imprimerie, on n'a pu se flatter d'avoir le texte pur, sans les consulter; & encore aujourd'hui, s'il naît quelques doutes, c'est à cette source qu'il faut puiser.

Un point m'a déplu; au milieu de

ce monde de livres, le premier coup-d'œil n'en découvre point; ils sont cachés dans des armoires : on est dans la bibliothèque, & on la cherche encore. Si vous continuez, Aspasie, à lire, comme vous faites, vous saurez plus que la femme forte, qui ne savait que coudre & filer.

J'allai hier à une solemnité de bienséance, dans l'Église de la Minerve, ainsi nommée du Temple dont elle a pris la place : Pompée l'avait bâtie à Minerve, après avoir triomphé de l'Europe, de l'Asie & de l'Afrique; le Pape s'y rend tous les ans, le jour de l'Annonciation, avec le sacré Collége, pour y doter trois-cents filles : elles marchent en procession vétues de blanc, & baisent les pieds à leur bienfaiteur; celles qui veulent se faire Religieuses, sont mieux dotées que les mondaines qui préfèrent le mariage. Il est des pays où l'on ferait tout le contraire.

Dans une autre Eglise, après un *Oratorio* exécuté avec tout l'appareil d'une musique délicieuse, un bambin de huit à neuf ans, en soutane & en surplis, est monté en chaire, pour prêcher les

Fidèles ; cette marionette eccléſiaſtique vous aurait étonnée par ſon air d'aſſurance, par ſon ton pathétique & ſes geſtes. Ces gens-ci veulent-ils vérifier ce qui eſt dit dans un Pſeaume : *Ex ore infantium & lactentium perfeciſti laudem ?*

LETTRE XXXVII.

De Rome, le 26 Avril 1764.

Nous sortons des grandes cérémonies de la Semaine-Sainte ; le Pape est venu habiter le Vatican, selon la coutume, pour être plus à portée de remplir ses fonctions pontificales. C'est à ces solemnités que la Religion se montre dans toute sa majesté ; la quantité des Ministres, la magnificence des ornemens, la Dignité du Célébrant, son Thrône, sa Tiare, son Cortège, les Princes de l'Eglise sous la Pourpre, & les Grands de l'État unissant leurs prieres à celles du Pontife, toutes les fonctions religieuses exercées de la maniere la plus auguste, dans un Temple qui répond à toutes les grandeurs de la Religion : tout cet assemblage, qu'on ne peut voir qu'ici, forme un spectacle aussi édifiant que pompeux.

Le Jeudi-Saint attire, sur le vaste & incomparable Parvis de Saint-Pierre, une foule prodigieuse de monde ; c'est pour la fulmination de la trop fameuse

Bulle *in Cænâ Domini*. Le Pontife se rend processionnellement, avec le sacré Collége, à une Tribune fort élevée, qui domine le portail ; là, élevé encore sur les épaules de douze hommes, il tient le flambeau d'excommunication à la main, tandis qu'on fulmine la Bulle en Latin & en Italien, dont voici quelques traits : *Anathème, à quiconque dira que le Pape, parlant* ex Cathedrâ, *n'est pas infaillible ; Anathème, aux Tribunaux séculiers qui se mêleront directement ou indirectement de l'administration des Sacremens ; Anathème, à quiconque dira que le Pape n'a pas un pouvoir direct sur le temporel des Rois :* je tremblais pour la France. Au dernier Anathème, le Pontife tonnant, lance le flambeau allumé sur la place, & après avoir maudit les mécréans, il finit par bénir le peuple fidele. A la tournure présente des esprits & des cours, on peut se flatter que cette cérémonie ne durera pas long-tems.

Une autre cérémonie bien différente, celle de la *Cène*, succède à celle-là ; le Pape lave les pieds à un nombre considérable de pauvres Prêtres, leur donne à dîner, & les sert à table ; il était élevé au-dessus de tous les Thrônes, maitre du monde, il n'y a qu'un moment. A celui-ci, une fois par an seulement, il est véritablement *le serviteur des serviteurs de Dieu*. Le soir du même jour, le Cardinal, Grand-Pénitencier, élevé sur un Tribunal dans l'Eglise de Saint-Pierre, touche les Fidèles prosternés, avec une très-longue baguette, espèce d'absolution publique & générale.

Le matin du Vendredi-Saint, on court les Églises, pour voir les différens Sépulchres où repose le Fils de Dieu. J'ai vu à St. Athanase, Église Grecque, sa représentation en cire, de grandeur naturelle, & ses obsèques, telles qu'on les pratique, selon le Rit grec, à la mort des Chrétiens.

Dans l'après-dîner du même jour, on va entendre le célébre *Miserere* dans la Chapelle Sixtine, où les voix imitent si bien l'harmonie des instrumens, qu'on les croirait accompagnées. Ce sont des gémissemens qui déchirent le cœur.

Tout prend ici la teinture du tems. A l'Académie des Arcades, on entend des Poëmes sur la Passion, & des amendes honorables à la Divinité en beaux sonnets. Dans notre Académie de Peinture, on dessine le nud sur un faquin en croix, & les confréries de flagellans représentent, en réalité, sur leurs corps sanglans, la flagellation de Jésus.

Je vous fais grace, Aspasie, du jour de Pâques, où les chants joyeux, où une Musique toute céleste accompagne la plus grande solemnité.

Le tems d'après Pâques ne ramène pas les Spectacles qui ne se r'ouvriront qu'au carnaval prochain. Le Duc d'Yorck, frere du Roi d'Angleterre, vient d'arriver fort à propos, pour jeter dans le Public quelques mouvemens de plaisir, assez nécessaires dans les grandes Villes : on lui donne des bals, des fêtes, une course extraordinaire de chevaux. Le Pape ne peut pas voir avec décence un Prince hétérodoxe; ils ne se sont vus qu'une fois, comme par hasard, au dîner du Jeudi-saint; le Pape était occupé du service; le Prince, de regarder; ils se sont trouvés nez à nez; ils se sont dit quelques mots que je n'ai pu entendre, mais ils avaient l'air contens l'un de l'autre. Enfin, excepté l'Audience publique, le Pape ne ménage rien; il lui a donné un concert & des *rinfreschi*, dans les Jardins de

Montecavallo; il lui a fait des préfens. Je vous laiffe à penfer fi le Cardinal d'Yorck, iffu d'une Maifon qui a facrifié trois Couronnes, pour la foi Catholique, voit tout cela avec plaifir; mais il doit favoir que la politique en fait plus pour ceux qu'elle craint, que pour ceux qu'elle aime.

Je vous quitte pour une pratique religieufe que vous ne connaiffez point en France; vous avez des chevaux, & vous vous en fervez fans les faire bénir; envoyez-les ici, & on vous les renverra bien purgés de tout maléfice : je vais en voir la cérémonie, fans laquelle les Cochers refuferaient le fervice. C'eft d'ailleurs un fpectacle dans une Ville, où l'on fe pique d'avoir de beaux chevaux : les ânes & mulets partagent la bénédiction fur le terrein où Mécène donnait des fêtes à l'Empereur Augufte, dans fes beaux Jardins.

LETTRE XXXVIII.

De Rome, le 28 Avril 764.

Vous me demandez un tableau du Gouvernement de Rome : vous n'aurez qu'une légère esquisse, telle que peu la faire un voyageur qui a tant de choses à observer à la fois.

Le Pape est le plus absolu de tous les Souverains de l'Europe, par la réunion du Sacerdoce & de l'Empire. Point de corps représentatif de la Nation, point de Loix ni d'Ordonnances antérieures qui puissent balancer son pouvoir ; on ne pourrait pas l'entreprendre sans risquer sa liberté & peut-être sa vie : delà, malheur aux sujets, si le Pontife-Roi n'était ni juste ni bon ! mais l'âge avancé où l'on fait les Papes, le calme des passions, l'amour de la tranquilité, si naturel aux vieillards, la longue expérience qu'ils ont faite de l'égalité dans l'état de sujet, la honte de paraître injuste & dur sur un Thrône de Sainteté ; ajoutez à cela des usages de modération, qu'ils ne pourraient enfreindre, sans révolter les peuples : voilà les contrepoids.

Le Gouvernement Papal se divise en deux branches principales, le spirituel & le temporel. Le spirituel, quant aux affaires de conscience, a deux Tribunaux, celui de la Pénitencerie, & celui de l'Inquisition, établi par Paul III. Toutes les autres affaires ecclésiastiques sont distribuées à différentes Congrégations toujours subsistantes, composées de Cardinaux & de Prélats Consulteurs.

Le Gouvernement temporel se partage aussi à différentes Places & différens Tribunaux de Justice. Le Cardinal Camerlingue embrasse toutes les parties de la Finance; le Cardinal Chancelier, toutes les affaires du Sceau; le Cardinal Vicaire, tout ce qui regarde la Police ecclésiastique ; & encore une autre Police qui n'est guères ecclésiastique : les filles débauchées ne peuvent se prostituer au public, sans sa permission : après les avoir prêchées, menacées de l'Enfer, si elles s'obstinent, il les livre au *Bariget* (Commandant du Guet), qui leur donne un logement dans les rues assignées à ce désordre, où l'on met le plus d'ordre qu'il est possible.

Le Gouverneur de Rome a la grande Police. Il doit être bien instruit de tout ce qui se passe ; car on assure qu'il a au moins trois-cents Espions à gages pour une Ville de cent-soixante-mille âmes. Je doute que l'espionage soit plus nombreux à Paris.

Les Tribunaux de Justice ne paraissent pas favoriser l'éloquence & la chicane, comme ailleurs. Au Monte-Citorio (le Châtelet de Rome) on voit deux ou trois Juges assis dans des fauteuils, vis-à-vis d'une table, les Avocats à coté, déployant leurs Pièces & leurs Moyens, les Juges consultant la Loi avec eux, dans le recueil des Loix ; le tout sans appareil.

Le Sénateur juge, sommairement & sans appel, les petites causes du peuple, avec deux Assesseurs qu'on nomme Collatéraux.

Les quatre Conservateurs, ainsi nommés, parce qu'ils sont chargés de veiller à la conservation des franchises, immunités, exemptions & privilèges des Citoyens Romains, sont subordonnés au Sénateur.

Ces Conservateurs, qui représentent les anciens Ediles, ont aussi la Surintendance

dance des rues, des bâtimens publics, des ponts, des aqueducs, des fontaines & des chemins dont ils se mettent peu en peine.

La Consulte connaît des plaintes du Peuple, contre les Gouverneurs, & des appels de leurs sentences. Le Peuple est jugé au criminel par cette même Consulte; & toutes les Villes, excepté celles qui ont des Légats, envoient leurs criminels à Rome, pour y être jugés : les exécutions sont rares, douces; mais terribles pour le spectacle. J'en ai vu une; il s'agissait d'un cocher qui avait tué sa femme. Après lui avoir lu sa sentence, quelques jours avant l'éxécution, on le transféra à une Chapelle près du Pont-saint-Ange : là, des Sentinelles permettaient au Peuple de le voir & de l'exhorter à bien mourir : le jour venu, il monte sur l'echafaud, se met à genoux. Le bourreau, armé d'une massue, & d'un couteau, le frappe à la tempe, l'assomme, se jette sur lui, le saigne, le coupe par morceaux, qu'il suspend à des crochets. Cette boucherie, qui glace le spectateur, sans faire souffrir le coupable, est un trait d'humanité & de sagesse dans la législation.

La Rote est composée d'Auditeurs de toutes les Nations de l'obédience de Rome. On compare ce tribunal à celui des Amphictyons. C'est comparer les grands intérêts des Peuples, aux petites affaires des particuliers. On peut se pourvoir devant le Pape en révision.

La Chambre Apostolique n'est pas, comme vous pourriez le croire, un Collége d'Apôtres, destiné à étendre la Religion, mais seulement le temporel du Pape; elle a l'administration de ses Domaines & des impôts.

La Propagande mériterait mieux le nom d'Apostolique. Elle reçoit, dans un vaste édifice, les Prosélytes & les Néophytes, de quelque Nation qu'ils soient; elle y reçoit aussi tous les Ecclésiastiques qui se sont brouillés avec les Gouvernemens de la terre, pour la cause de l'Église.

Au-dessus de toutes ces Chambres, Congrégations & Tribunaux, est le Pape avec son Conseil privé. C'est-là que se réglent toutes les affaires majeures; c'est-là que l'on prépare la décision de celles même qui doivent passer par les Congrégations; &, quels que soient les jugemens & les décrets, le Pape est le maître de les confirmer ou de les anéantir; en sorte que l'autorité supréme, tant au spirituel qu'au temporel, réside dans la personne du Pape seul. Double despotisme qui le distingue de tous les Souverains Catholiques.

C'est avec ce pouvoir illimité que Sixte-Quint renversa toute l'administration de ses prédécesseurs. Mais, par un bonheur inattendu, Rome eut à se louer du despote. Ce despotisme se borne lui-même sur l'article des impôts. Le Peuple est tellement accoutumé à leur invariabilité, que, pour peu que le Gouvernement voulût forcer la mesure, il trouverait de la résistance.

Il est même quelquefois arrêté dans le chemin du bien. Benoit XIV s'était proposé de remédier à trois abus : voyant que la loi du Carême était assez généralement violée, il voulait la convertir en un jeûne hebdomadaire du vendredi, & huit jours seulement de jeûne continu avant Pâques (*a*). Sachant aussi

_____

(*a*) Un jeune Monarque, par une sagesse prématurée, vient de concilier dans sa Capitale la loi du Carême, avec le commerce libre des viandes. Le Peuple le bénit.

que la multiplicité des fêtes nuifait beaucoup au bien public, il voulait les réduire à un très-petit nombre. La profcription de la caftration entrait encore dans fes projets. Il trouva tant d'oppofitions, qu'il perdit courage.

Les Troupes qui gardent Rome, fe partagent en différens corps de Cavalerie & d'Infanterie : douze-cents Fantaffins, deux-cents Chaffeurs, cent Chevaux-légers, cent Cuiraffiers à cheval, & deux-cents Suiffes à pied, avec un uniforme bleu, jaune & rouge, mélangé par bandes, portant des rabats, au lieu de fraifes.

Les autres Troupes foudoyées & les Milices enrôlées dans tout l'État Eccléfiaftique formeraient une armée de trente à quarante-mille hommes. Les revenus ordinaires du Pape montent à vingt-cinq millions, qui pourraient s'augmenter, fi l'agriculture & le commerce étaient en vigueur dans un État que cent lieues de bonnes terres & la mer favorifent également. Sixte IV, en jetant les yeux fur d'autres fources de richeffes, fur les graces (non-gratuites) dont il pouvait difpofer pour toute la chrétienté, les bénéfices, les coadjutoreries, les résignations, les expectatives, les annates, les dispenses de toute espèce, les absolutions, disait que, tant qu'il aurait une main & une plume, l'argent ne lui manquerait pas; & on fait que Sixte-Quint, après avoir dépensé de grandes sommes pour l'utilité & l'embellissement de Rome, laissa encore cinq millions d'écus Romains au Château Saint-Ange, fruits de ses épargnes, pendant cinq ans de règne seulement.

Tout considéré, avec les revenus, les Troupes, & le pouvoir absolu de la Tiare, un Pape guerrier, tel que Jules II, jouerait un rôle important parmi les Puissances du siècle. Mais l'amour de la paix, & la paternité universelle, doivent être les premieres vertus des Papes.

Une derniere remarque à faire sur le Gouvernement Ecclésiastique, c'est qu'il enchaîne le peuple, par une multitude d'exercices de religion, qui l'empêchent de trop réfléchir sur le mieux-être temporel, & aussi par une foule de confréries qui le livrent aux Moines; & les Moines, plus accrédités que les Ecclésiastiques, sont à la discrétion du Pape.

LETTRE XXXIX.

De Rome, le 30 Avril 1764.

Prêt à quitter Rome, & ses monumens, je pense à ce qu'elle fut autrefois, & à ce qu'elle est aujourd'hui. On lit sur le Palais des Conservateurs, au Capitole, qu'ils ont rendu à Rome, *more majorum*, toute son ancienne splendeur. Vous allez en juger.

Ce Capitole, si fameux par les triomphes des Consuls & des Empereurs, est occupé, sur l'une de ses cîmes, par les Cordeliers d'*Ara cœli*; l'autre est déserte.

Ce Sénat si auguste, qui s'y assemblait pour donner des Loix au monde, est succédé par un seul Sénateur qui ne juge que les petites causes du Peuple; encore a-t-on peur que cette ombre ne prenne du corps, si on donnait la place à un Romain : c'est toujours un Étranger sans appui, sans consistance, qui la remplit.

C'est au Capitole que les Consuls distribuaient des couronnes aux Héros de la Patrie. On y voit encore la couronne roſtrale de Caïus Duilius, pour avoir été vainqueur dans le premier combat naval que donnèrent les Romains. On n'y couronne plus que des apprentifs Peintres.

Le *Forum Romanum*, ſi célèbre par ſes Cours de juſtice, ſes Temples, ſes Baſiliques, ſes Palais, ſes Trophées, ſert aujourd'hui de marché aux vaches; auſſi l'appelle-t-on *Campo-Vaccino*.

Le Mont-Palatin que les Maîtres de la terre avaient couvert de leurs Palais, que les bons Empereurs voulaient qu'on regardât comme des Maiſons publiques, *Arx publicarum œdium*, n'eſt plus fréquenté que par quelques curieux qui cherchent des ruines.

Dans ce champ de Mars, où l'on travaillait une Jeuneſſe qui devait perpétuer la gloire du nom romain, au lieu de ces portiques d'où l'on applaudiſſoit, au lieu de ces ſtatues, de ces tombeaux érigés aux grands-hommes pour en créer d'autres, je n'apperçois qu'un terrein vague ſans utilité.

Ce Tibre, où cette même Jeuneſſe ſe jetait pour s'exercer à la nage, ne voit plus ſur ſes eaux que quelques misérables pêcheurs, & sur ses bords l'oisiveté qui se promène.

Cette Mer tyrrhénienne, que Rome couvrait de ses flottes, dans un tems où elle n'avait pas plus de moyens que les Papes en ont aujourd'hui, n'offre dans ses ports que deux galères & deux frégates.

Ce Cirque, commencé par Tarquin l'ancien, aggrandi & embelli par les Consuls & les Empereurs; cette belle carrière, où se célébraient des jeux si variés, si solemnels, où le peuple romain s'écriait dans l'enthousiasme, *panem & circenses* : ce Cirque & ses jeux ont disparu.

Le Colisée, où se donnaient des spectacles d'un autre genre, où tout respiroit la grandeur, la magnificence & la joie universelle, ne montre plus que les ravages de la barbarie, & des Oratoires, où des Pénitens vont se flageller à certains jours.

Les bains publics si vastes, si commodes, si décorés, que Rome avait consacrés à la propreté, à la santé de ses citoyens, n'en rappellent que l'idée avec le regret de leur destruction.

Les *Septa Julia* du nom de Jules-

César qui les étendit, qui les décora de portiques, qui y éleva trois théâtres & un amphithéâtre; cette grande & magnifique enceinte, où le peuple Romain s'assemblait pour élire ses Magistrats, pour condamner ou absoudre, pour donner la sanction aux Loix, renferme aujourd'hui des Caffés, des Couvens & quelques Palais de *Monsignori*.

Ce Peuple-Roi, dans qui résidait la souveraineté, & que ses Consuls mêmes traitaient de Majesté, tremble à la vue d'un Sbirre ou d'un Barigel.

Ce peuple si nombreux, qu'on disait de lui, que, par ses approvisionnemens de blé, il dévorait l'Afrique en huit mois, & l'Egypte en quatre, réduit maintenant à cent-soixante-mille bouches, aurait de la peine à vivre sans les aumônes des Couvens. Le *Montde-Piété* vient aussi à son secours : il prête sur gages, pour dix-huit mois, sans intérêts, jusqu'à la concurrence de cent-cinquante livres de notre monnoie. Mais à l'expiration de ce terme, si on ne retire pas le gage, il est vendu, à moins qu'on ne nourrisse le prêt, en payant l'intérêt de dix-huit mois à trois pour cent. Au moyen de cet établissement utile, le peuple emprunte de petites sommes dans ses besoins pressans. Toutes sortes de gages sont reçus ; & le tems accordé pour les retirer, suffit ordinairement.

Les Grands du siècle jouent un rôle peu important, parce que toutes les grandes places sont dévolues aux Eccléfiastiques. Le Connétable Colonne, Chef d'une Maison si ancienne, se contente d'être assistant du Thrône, c'est-à-dire, d'être debout à côté du Pape, dans les grandes cérémonies. Les places subalternes qui ont quelque pouvoir, se donnent également au Clergé. Delà, à ne confidérer que les Agens du Gouvernement, on prendrait Rome moderne, pour une Cité de Célibataires.

C'est ici principalement qu'on s'apperçoit combien les mœurs changent avec les Gouvernemens. Les anciens Romains passaient leur vie dans la place publique, à entendre les Orateurs de la Patrie, au Sénat, au Champ de Mars, dans les Armées de Terre ou de Mer. Ceux de nos jours la passent en musique & en cérémonies.

Cependant, quoique Rome moderne

perde beaucoup dans la comparaison avec Rome ancienne, elle a encore soutenu long-tems le parallele dans un point capital. L'ancienne Rome régnait sur le monde par la force de ses armes & l'étendue de ses conseils. Rome moderne a disposé des Royaumes pendant bien des siècles ; & encore aujourd'hui ne règne-t-elle pas par la Religion sur toutes les Églises catholiques, dans l'ancien & le nouveau monde ? Ainsi se vérifie le mot de Virgile :

Tu regere imperio populos, Romane, memento.
Romain, n'oublie pas que c'est à toi à gouverner le monde.

LETTRE XL.

De Rome, le 3 Mai 1764.

Les dehors de Rome n'ont pas de quoi intéresser le voyageur, par une culture riche & riante ; mais les *Ville* ou Maisons de campagne, piquent sa curiosité. Ce sont plutôt des Palais que des Maisons ; les familles papales des derniers siècles y ont réuni tout ce que l'art & le goût ont de plus parfait. Pour n'en citer qu'un petit nombre, la *Villa Pamphila*, la *Ludovisi*, la *Médicis*, l'*Albani*, semblent être bâties pour des Rois. Il est arrivé à quelques unes, ce qui arrive par-tout ; le créateur s'épuise pour bâtir, pour embellir ; le successeur néglige & abandonne ; la *Mattei*, la *Montalte*, se louent en potagers.

Castel-Gandolfo.
Castel-Gandolfo, Château pontifical, bâti par Alexandre VII, sur le lac d'*Ilano*, est bien digne du Bernin, qui en fut l'Architecte. C'est-là où les Papes, fatigués de la représentation papale, redeviennent un peu Particuliers,

un peu hommes ; non pas cependant jufqu'à fufpendre l'étiquette de manger feul.

Vous devinez, fans doute, que les environs d'une Ville, qui fut fi long-tems la Capitale du monde, doivent poffléder des antiquités de toutes les fortes. Les anciens Romains, pour ne pas infecter les vivans de la corruption des morts, les brûlaient, & avec cette précaution même, ils plaçaient les tombeaux hors des Villes. On apperçoit, en fortant par la porte Capéna, quelques légers veftiges de ceux où repofaient les Scipions, les Servilius, les Métellus, ces Hommes vertueux, ces excellens Citoyens dont Cicéron dit dans fes Tufculanes : *penfez-vous qu'ils foient malheureux ?*

Celui de Cæcilia, fille de Métellus Creticus, & femme du riche Craffus, ce monument en grande maffe, eft prefqu'entier. Un vers de Virgile était gravé dans l'intérieur :

Semper honos, nomenque tuum, laudesque ma-
    nebunt.

Ta vertu, ton nom & tes louanges fe perpétueront dans les fiècles.

Si on lisait ce vers à haute voix, un écho, formé par l'art, le répétait cinq fois. Plus de vestiges du tombeau de Numa. Mais le petit Temple rond qu'il avait dédié à la Déesse Vesta subsiste encore sur le bord du Tibre. On n'entre pas de sang-froid dans la grotte où la Nymphe Egérie l'inspira.

Il y a une espèce d'enchantement attaché aux faits célèbres de l'Histoire. N'en restât-il aucune trace, il suffit d'être sur le lieu même où ils se sont passés, pour en être ému, comme s'ils étaient présens. On félicite Horace qui rentre vainqueur des Curiaces & d'Albe; on frémit sur l'endroit où la fille de Servius Tullius passa sur le corps sanglant de son pere pour arriver au Thrône; on tremble pour Mutius Scævola, au milieu du camp de Porsenna. Non-loin de-là on pleure avec Véturie sur l'obstination de Coriolan; & on se réjouit avec elle au moment qu'elle le force à se vaincre lui-même. Sur le Mont-sacré on écoute avec intérêt l'apologue de Ménénius-Agrippa, qui ramena le peuple dans le sein du Sénat. En tournant ses pas d'un autre côté, on s'allarme pour Rome à la vue d'Annibal campé sous ses murs, après quatre grandes victoires.

Si on s'éloigne à quelques milles, on trouve d'autres objets qui nourrissent la curiosité du voyageur. Souvenez-vous, Aspasie, qu'en lisant ensemble dans l'Histoire Romaine, que la Vestale Claudia, soupçonnée d'une faiblesse, pour prouver son innocence, remit à flot, avec sa simple ceinture, le vaisseau échoué qui apportait de Phrygie la Déesse Cybèle, vous riiez des annales des Pontifes qui l'attestaient, aussi-bien que du bon Tite-live, & du peuple Romain qui le croyoient. Venez à l'embouchûre du Tibre, à l'ancien Port d'Ostia, où ce prodige est arrivé. Vous croirez du moins aux grands Ouvrages de Trajan, dont vous verrez les restes éloquens ; c'étaient deux môles pour briser les flots de la mer, c'étaient de vastes magasins de blé, c'étaient des Palais où l'on recevait les Ambassadeurs des Nations.

Le Port d'Ostia.

A Frascati, l'ancien Tusculum, Cité charmante sur le penchant d'une colline, d'où coulent de belles eaux, on s'intéresse aux faibles restes de la Maison où Cicéron allait se délasser des tra-

Frascati.

vaux du Confulat; c'eſt-là où il écrivit ſes Tuſculanes; on y voit encore un pavé de Moſaïque bien conſervé.

En allant à Tivoli, on trouve un lac ſoufré, avec de petites iſles flottantes: mais, comme on ne peut voguer ſur ces Iſlots, qui ſervent de bateaux, ſans agiter l'eau, on paye ſa curioſité par la mauvaiſe odeur qui s'en exhale; cela rappelle les eaux infectes du Styx dont les Poëtes parlent; l'écume de ce lac forme certains petits corps blancs qui reſſemblent ſi fort à nos dragées, que l'œil s'y trompe.

Tivoli. Tivoli, peuplée de dix-mille âmes, eſt ſituée dans une gorge de l'Apennin, qui, venant à ſe reſſerrer à la naiſſance de la Ville, ne laiſſe qu'un paſſage étroit pour le Teveron, jadis l'*Anio*. Cette riviere ſe précipite avec grand bruit de la hauteur de vingt toiſes, dans des abîmes; beauté ſombre & majeſtueuſe qui ſe transforme tout-à-coup en ſpectacle riant. La grande caſcade en forme beaucoup de petites, les *Caſcatelle*, que tant de Peintres s'efforcent de rendre avec la grande; mais la Nature en fait plus qu'eux.

Il paraît que la ſituation de Tivoli, anciennement *Tibur*, était préférée à beaucoup d'autres. L'Empereur Adrien y avait élevé un Palais de campagne, où il imita tout ce qu'il avait vu de plus remarquable dans fes voyages d'Egypte & de Grèce, Hippodrome, Théâtre, Lycée, Bains, Temples, Champs Élyfées, Enfer; ce palais avait prefque la grandeur d'une Ville; cent chambres de Gardes Prétoriennes y reftent entières; on y fouille fans ceffe; tout ce qu'on en a tiré, enrichirait bien des cabinets, & on y en trouve encore. Le favant Monfignor Furietti vient d'y déterrer deux centaures de marbre noir, qui font bien des jaloux.

 Mecène & Horace recherchaient trop les belles fituations, pour négliger celle-ci; leurs maifons de plaifir fe regardaient fur les bords oppofés de l'*Anio*. C'eft-là, qu'en accordant leur lyre, ils chantaient l'amour, le vin, les Grâces, les Héros & les Dieux: c'eft de ce riant féjour qu'Horace difait;

Tibur, argeo pofitum colono,
Sit meæ fedes utinam feneƈtæ;
Sit modus laffo maris, & viarum, militiæque.

Il ne fouhaitait rien autre, pour le repos de fa vieilleffe & le terme de fes travaux.

La maison où Brutus & Cassius conspirerent pour délivrer Rome du plus aimable des tyrans, n'est pas entierement effacée de la terre. Je passe sous silence d'autres antiquités, un Temple de Minerve presqu'entier, &c. Parmi les Maisons de campagne qui ont succédé aux anciennes, c'est la Villa *Estese*, appartenante au Duc de Modène, qui l'emporte sur toutes, par son architecture, par ses jardins, par ses grottes, par la beauté de ses eaux ; on est fâché de la voir inhabitée ; elle ne sert qu'aux curieux, & à un custode déguenillé que les étrangers font vivre. Ce pauvre hère m'étonna, en me citant des passages d'Auteurs, relatifs aux objets que je considérais. & je disais : pourquoi la fortune ne va-t-elle pas avec la science ?

Maintenant, Aspasie, êtes-vous rassasiée de Rome ? Pour moi je ne le suis pas, quoique je parte demain. Quelle mine a votre printems à Paris ? Il y a deux mois que nous avons le nôtre, après un hiver fort doux. Par le plan de mon voyage, j'évite l'intempérie qui cause tant de maladies à Rome ; elle commence vers le milieu de Juillet, & dure jusqu'aux premieres pluies qui se font ordinairement attendre jusqu'à la fin d'Octobre. Le siroco, c'est-à dire, le vend de sud qui domine, air brûlant qu'on respire, ôte toutes les forces, appésantit la tête, & jette tout le corps dans une langueur qui ressemble à la fièvre ; il y a plus que de la ressemblance ; la fièvre se réalise trop souvent, & la mort suit, sur-tout pour le peuple qui n'a pas autant de moyens d'éviter les maladies épidémiques, que les riches.

La chaleur toute seule ne produirait pas ces funestes effets : il faut que l'air soit chargé de vapeurs pestilentielles. Il y a des eaux stagnantes, çà & là, dans la campagne de Rome ; il y a, sur-tout, les Marais Pontins à son midi ; la chaleur qui pénètre au fond, en exalte les vapeurs, & l'air s'en infecte pour arriver à Rome. On sait par l'Histoire qu'il fut un tems, où cette campagne, à présent déserte, était bien cultivée & couverte de lieux de plaisance. L'eau venait des montagnes remplir des lacs, des canaux, des viviers, & fournir aux bains. On sait encore que les Marais Pontins furent desséchés par certains Consuls ou Empereurs, & cultivés. Alors, point d'eaux

Marais Pontins.

croupissantes, point de vapeurs malignes.

Il y a bien des siècles que les Papes, de l'un à l'autre, pensent à reprendre ce desséchement. On a calculé que, pour une dépense d'un million au plus, on acheterait non-seulement la salubrité de l'air, mais encore deux millions cinq-cent-mille pieds carrés de bonne terre, qui remplirait les greniers d'abondance. On s'occupe encore aujourd'hui de ce bon projet; on en parle beaucoup, de célèbres Mathématiciens en ont tracé le plan. Quand viendra l'exécution ? Le mal marchera-t-il toujours à pas de géant, & le bien en se trainant ?

LETTRE XLI.

De Lorète, le 8 Mai 1764.

J'AI fait mes adieux à Rome le 4 Mai, pour me rendre à Venise. On dirait qu'on va chercher dans les Apennins la source du Tibre. On trouve d'abord le Pont Milvius, aujourd'hui Ponte-Molle : ce pont n'a rien de beau ; mais les grands évènemens embellissent tout. Il m'a semblé voir Constantin & Maxence, se battant pour l'Empire du monde, & Maxence renversé dans le fleuve ; vous en avez vu le tableau tant de fois ! A la tête de ce Pont est la tour de Bélisaire, qui, après avoir commandé les armées de l'Empereur Justinien, fut un triste exemple de la vicissitude des choses humaines. On montre dans Rome l'endroit où il demandait l'aumône : c'est montrer, en même tems, la honte de Justinien.

Le Mont Soracte, qui se couvre de neige au premier froid, s'est trouvé sur ma route, Horace qui le voyoit de sa maison de Tivoli, se plaignait de son voisinage.

Vides, ut altâ stet nive candidum
Soracte . . . .

Il se nomme à présent Saint-Oreste. C'est à sa cîme que le Pape Saint Sylvestre chercha un asyle contre la persécution; on y a bâti une Eglise.

Civita Castellana mérite quelqu'attention, c'est l'ancienne *Fescenninum* que le Dictateur Camille assiégea; il ne l'eût peut-être pas prise : mais un acte de vertu lui en ouvrit les portes; il renvoya dans la Ville, vous le savez, les écoliers qui lui avaient été livrés par un traître; c'était leur Maître même: qui sait combien cette générosité sauva d'assiégeans & d'assiégés?

En arrivant à Narni, Patrie de l'Empereur Nerva, qui montra de si grandes vertus dans un règne si court, j'ai apperçu un Pont moderne sur la Néra, &, à quelques toises de distance, un reste de Pont antique. Ce n'est pas le tems qui l'a détruit; on voit qu'il était fait pour triompher des siècles. Une arche qui subsiste, a deux-cents pieds de large & cent-cinquante de hauteur. A peine regarde-t-on le Pont moderne ; c'est un nain qui disparaît devant le squelette d'un Géant.

J'étais impatient d'arriver à Terni, vous en devinez la cause ; cette fameuse cascade du Vélino dans la Néra, la hauteur prodigieuse de la chûte, la force & l'abondance de l'eau, la pluie éternelle qui réjaillit du gouffre, cent *Iris* qui se régénèrent sans cesse aux rayons du soleil, grand jeu de la Nature. Terni est encore remarquable par l'Histoire des hommes ; c'est-là que prirent naissance les deux *Tacites*, l'un Empereur, l'autre Historien, tous deux dignes de l'admiration des siècles.

Cascade de Terni.

A Spoleto je me suis retrouvé sur les pas d'Annibal ; il s'y présenta après avoir battu les Romains au lac Thrasymène ; ce lac, qui se nomme à présent le lac de Pérouse, dont il n'est éloigné que de quelques milles, forme un beau spectacle ; il est bordé de Villages, de Bourgs & de Maisons de plaisance.

Spoleto.

La Ville de Pérouse a des Palais, des Eglises & des tableaux qui attirent les voyageurs ; elle se ressent des bienfaits de plusieurs Papes, qui la com-

Pérouse.

blèrent de privilèges, pour lui faire goûter la domination du Saint-Siége ; moyen infaillible pour réussir.

Fuligno. Fuligno, sur cette route, anciennement *Forum Flaminii*, est environnée d'immenses prairies, arrosées par le *Clitumnus*, excellens pâturages. C'est de-là que les Romains tiraient leurs victimes d'élite. Cette Ville était, au quinzieme siècle, sous la Puissance des Trinci. Le Cardinal Vitelleschi fit périr le dernier de cette Maison, & la Ville obéit au Pape ; elle n'a rien de curieux qu'un tableau de Raphaël dans un Couvent de Religieuses. Parmi plusieurs corps saints que possède la Cathédrale, on montre celui d'une Sainte, dont aucune mère ne donnerait le nom à sa fille, Sainte *Messaline*. On m'a parlé d'une antiquité Romaine, proche le Bourg de Spello. C'est une ruine d'amphithéâtre, tout-à-fait ruine.

En quittant Fuligno, je me faisais une fête de voir le *Palo*, autrement, *il Palazzo degli Elisei* ; on me l'annonçait comme un Palais enchanté dans le sein de l'Apennin, & on me vantait encore plus la grote naturelle qui y tient. Vous seriez bien fâchée, Aspasie, que

que votre Maison de campagne ressemblât à ce Palais ; je comptais me dédommager sur la grotte, & sur-tout en mettant le pied dans un vestibule qui la précède ; j'y lisais sur un beau marbre, qu'un Grand-Duc de Toscane avait admiré la grotte, & que la Reine Christine de Suéde, n'avait rien vu en ce genre d'aussi frappant. Cette Reine, après avoir abdiqué un Royaume où elle aurait pu faire beaucoup d'heureux, voyageait alors à Lorète avec fort peu de dévotion. Il faut n'avoir point vu de grotte, pour admirer celle-ci. A propos d'inscriptions, les Italiens ne les épargnent pas, & ordinairement le style en est vraiment lapidaire ; ils ont retenu ce bon goût des beaux siècles de Rome : mais, au-lieu que les Romains en ornaient de grands ouvrages, leurs successeurs en décorent, avec emphase, les plus petits, une Sacristie, la moindre Chapelle, un recrépissage d'Église.

Notre-Dame de Lorète s'annonce de fort loin. On voit dans les Villages, sur la route, des filles de 12 à 14 ans, parées en Madones, assises sur des espèces d'Autels, les yeux & le corps

immobiles, une dignité presque céleste;
& des Quêteuses à côté.

La route abonde aussi en Pélerins;
ils vont par brigades de vingt, de
trente; & ce ne sont pas des gueux;
les brigades ont des fourriers qui vont
préparer les logis. On peut conjecturer de
cette ferveur de dévotion ambulante,
que l'Italie fournirait encore des armées
de croisés, si cette maladie reprenait
l'Europe.

L'Italie, plus que toute autre Terre,
fut toujours la patrie des Saints : sur
mon chemin, à Assise, St. François
& Ste. Claire; à Tolentin, St. Nicolas :
je vous ferais des Litanies, si je voulais;
mais vous n'avez pas encore assez de
dévotion, pour y répondre; cela viendra avec l'âge. Pour venir de Rome ici,
(prenez votre carte) j'ai traversé le
patrimoine de Saint-Pierre; ce n'est pas
ce qu'il y a de mieux; mais l'Ombrie
& la Marche d'Ancône, pays bien
cultivés & peuplés. Celui qui veut
connoître les Etats du Pape, par leur
beau côté, doit l'examiner là, sur-tout
dans les Apennins, qui ne m'ont presque
pas quitté; on y laboure & on y chasse;
port d'armes général. C'est dans les

montagnes que les hommes se ressentent plus de leur liberté originelle ; il n'est pas aussi facile d'y faire des esclaves, que dans les plaines.

J'étais encore à trois milles de Lorète, lorsque mon Postillon se précipita de son cheval, resta quelques momens ventre à terre, & se redressa sur ses genoux, les bras étendus en croix ; effrayé, je lui demandai s'il s'était blessé ; non, dit-il : est-ce que vous ne voyez pas le clocher de la Madona ? Je donne un jour à Lorète, & il ne faut que quatre heures pour tout voir.

La *Santa Casa* est revêtue au-dehors d'excellens bas-reliefs en marbre ; l'intérieur se montre tel qu'il était à Nazareth, lorsque l'Ange Gabriel annonça à Marie la maternité divine : on fait remarquer la fenêtre par où il entra ; les murs sont d'une pierre rougeâtre, en forme de brique ; on lit sur la porte une excommunication *ipso facto*, contre quiconque ôserait y entrer avec des armes ; il est arrivé à des voyageurs de s'y montrer l'épée au côté, faute d'avoir lu : il n'en faut pas d'avantage, pour faire crier à l'hérétique ; &

Lorète.

le peuple ne s'appaife que par la proteftation qu'on n'a pas pris garde à l'affiche. La *Santa Cafa* eft au centre d'une Eglife qui ne répond ni par fa grandeur, ni par fa beauté aux grandes richeffes dont elle a été dotée : c'eft une des moindres de l'Italie ; mais en revanche nul thréfor dans la chrétienté qui égale celui-ci ; deux-cents lampes d'argent ; plufieurs ftatues grandes comme nature, du même métal ; vingt-deux lampes d'or, dont une feule pèfe 80 marcs ; je ne vous parle pas des vafes facrés fi riches par la matière & le travail ; tout cela eft effacé par les perles, les émeraudes, les topafes, les rubis, les diamans ; une feule robe de la Madona (elle en change fouvent) eft eftimée quarante-mille écus romains. La *Santa Scudella*, écuelle de terre qui était à fon ufage, eft enchâffée dans un vafe de grand prix ; point de Pelerin qui n'y promène fon chapelet. La Madona, haute de quatre pieds, eft de bois de cédre ; fa couronne, & celle de l'Enfant-Jéfus, font d'or, enrichies de diamans, préfent d'Anne d'Autriche, Reine & Régente de France ; elle faifait ce magnifique préfent dans le tems qu'elle s'emparait des rentes fur l'Hôtel de Ville de Paris. Prefque tous les Princes chrétiens & quantité de riches particuliers ont fait les leurs de fiècle en fiècle; on diftingue le don de notre Henri III, qui prodiguait en débauches & en œuvres de dévotion le bien de fon peuple; ajoutez à tant de richeffes des fommes confidérables en argent monnoyé, qui s'augmentent tous les ans des charités des Fidèles.

Les Papes font les maîtres de ces thréfors; &, au milieu des néceffités publiques, ils n'y touchent pas; où, s'ils y ont touché, ils ont rendu. Quelle en fera la fin ? Nous favons par l'Hiftoire que tous les thréfors amaffés dans les Temples payens, auffi-bien que dans celui de Jérufalem, ont fini par être la proie de l'inéxorable droit de conquéte. Quelques canons & de vieilles tours ne défendront pas celui de Lorète; il ferait hors d'infulte, s'il n'était compofé que d'offrandes pareilles à celle du célèbre jufte Lipfe; ce fut fa plume, exemple fuivi par de pauvres Poëtes, qui n'avaient que de pauvres plumes.

Je m'étais figuré que l'abord continuel des pélerins non-mendians & des voyageurs jetait une aifance générale dans la Ville; la foule des pauvres y eft fi grande que la dévotion & la curiofité en font également troublées; une bonne police empêchera toujours, quand elle voudra, que les lieux faints ne favorifent la pareffe.

Il y a des évènemens qui, fans rien ajouter à la puiffante protection des Saints, la rendent plus recommandable, plus célèbre, en tel ou tel lieu. Le Pape Jules II, au fiége de la Mirandole, qu'il commandait en perfonne, fut effleuré d'un boulet de canon; il fe voua à Notre-Dame de Lorète; il échappa à tous les dangers du Siége; il prit la Ville; il publia fon vœu; il ouvrit le thréfor des indulgences, en faveur de cette dévotion; il y joignit des établiffemens que fes fucceffeurs augmentèrent. Toutes ces circonftances donnèrent une nouvelle impulfion au concours des Fidèles. Point d'Eglife peut-être dans le monde Chrétien plus fréquentée, ph...ée que celle-ci; on y prie, on y adminiftre les Sacremens, on y chante à toute heure; parmi les Cantiques, il y en a un qui eft indiqué dans le livret de dévotion à l'ufage des

Français, sur l'air des *Folies d'Espagne*, & les paroles sont bien éloignées de cette dignité dont il faut revêtir les choses célestes. Pour faire de la poésie divine, il ne suffit pas d'être dévot. Rousseau ne se piquait pas de dévotion, lorsqu'il fit ses odes sacrées. Les Missionnaires devraient s'adresser aux Poëtes ; rien n'est indifférent pour la majesté de la Religion, & il est au moins aussi important d'édifier les gens instruits, que le Peuple : les premiers, charmés de la sublime simplicité du culte, donneraient l'exemple aux derniers.

Voulez-vous un précis de la translation miraculeuse de la *Santa Casa*, tel que je l'ai lu dans les pièces originales ? La Galilée étant devenue Mahométane, les Anges transportèrent la sainte Maison en Dalmatie ; mais les Chrétiens du pays ne répondirent pas long-tems à cette grande faveur ; les Anges reprirent la sainte maison, &, lui faisant passer la mer Adriatique, la placèrent dans un bois qui appartenait à une Dame de Récanati, nommée Lorète ; le grand concours des Pélerins occasionna dans ce bois, beaucoup de débauches, de vols, & de meurtres ; les Anges reprirent encore la sainte Maison, & la déposèrent à peu de distance de Récanati, dans un grand chemin, où l'on a bâti la Ville de Lorète. A suivre l'esprit de cette tradition, si l'Italie vient à se corrompre, plus qu'elle ne l'est, à quel peuple passera le sacré dépôt?

Adieu, Aspasie : laisserez-vous venir ici tous les ans deux-mille Pélerins Français, sans être du nombre? On en compte tout autant, & la France n'est pas le pays qui en fournit le plus, & qui y laisse le plus d'argent. Je vous quitte sur ce point de méditation ; demain je serai sur la route de Venise, où je verrai le plus grand mariage du monde.

Fin du Tome premier.

TABLE

Des Lettres & Villes contenues dans ce Volume.

AVANT-PROPOS.   Page 3

LETTRE PREMIERE.

De Paris, le 21 Août 1763.   9

LETTRE II.

D'Orléans, le 28 Août.   12

LETTRE III.

De Bourges, le 4 Septembre.   14
Bourges.   16

TABLE.

LETTRE IV.

De Nevers, le 7 Septembre.	21
Nevers.	22

LETTRE V.

De Lyon, le 14 Septembre.	23

LETTRE VI.

De Chambéry, le 22 Septembre.	31
Chambéry.	33

LETTRE VII.

De Lasnebourg, au pied du Mont-Cénis, le 25 Septembre.	37
Montmélian.	41

LETTRE VIII.

De Turin, le 30 Septembre.	43
Suze.	46
Rivoli.	47
Turin.	Ibid

TABLE.

LETTRE IX.

De Milan, le 11 Octobre. Page	59
Milan.	62

LETTRE X.

De Plaisance, le 14 Octobre.	71
Plaisance.	72

LETTRE XI.

De Parme, le 19 Octobre.	77
Parme.	78

LETTRE XII.

De Bologne, le 27 Octobre.	86
Reggio.	Ibid
Modène.	88
Bologne	90

LETTRE XIII.

De Florence, le 7 Novembre.	99
Florence.	102

TABLE.

LETTRE XIV.

De Lucques, le 14 Novembre.	121
Prato.	Ibid
Piſtoïa,	122
Lucques.	123

LETTRE XV.

De Livournes, le 17 Novembre. 129

LETTRE XVI.

De Piſe, le 19 Novembre. 133

LETTRE XVII.

D'Aquapendente, le 25 Novembre.	137
Sienne.	141

LETTRE XVIII.

De Viterbe, le 27 Novembre.	143
Bolſéna, Rodicofani & Monte-fiaſcone.	Ibid.
Viterbe.	145

TABLE.

LETTRE XIX.
De Monterofi, le 28 Novembre. 147

LETTRE XX.
De Rome, le 8 Décembre. 150

LETTRE XXI.
De Rome, le 14 Décembre. 156

LETTRE XXII.
De Rome, le 24 Décembre. 165

LETTRE XXIII.
De Rome, le 28 Décembre. 173

LETTRE XXIV.
De Rome, le 4 Janvier 1764. 177

LETTRE XXV.
De Rome, le 12 Janvier. 191

LETTRE XXVI.
De Rome, le 20 Janvier. 202

LETTRE XXVII.

De Naples, le 27 Janvier.	207
Albano.	209
Paleſtrine.	Ibid
Vélétri.	Ibid
Piperno.	210
Terracine.	Ibid
Gaëte.	211
Minturne.	212
Capoue.	Ibid
Naples.	214

LETTRE XXVIII.

De Naples, le 2 Février.	217
Panſylippe.	Ibid
La Solfatara.	219
Pouzzole.	Ibid

LETTRE XXIX.

De Naples, le 6 Février.	228

TABLE.

	Pages	
Portici.		229
Pompéïa.		231
Isle Caprée.		238

LETTRE XXX.

De Naples, le 11 Février.	241
Cazetre.	Ibid

LETTRE XXXI.

De Naples, le 20 Février.	249

LETTRE XXXII.

De Rome, le 29 Février.	256
Le Mont-Cassin.	Ibid

LETTRE XXXIII.

De Rome, le 4 Mars.	259

LETTRE XXXIV.

De Rome, le 18 Mars.	263

LETTRE XXXV.

De Rome, le 21 Mars.	271

LETTRE XXXVI.

De Rome, le 26 Mars. 277

LETTRE XXXVII.

De Rome, le 26 Avril. 281

LETTRE XXXVIII.

De Rome, le 28 Avril. 286

LETTRE XXXIX.

De Rome, le 30 Avril. 294

LETTRE XL.

De Rome, le 3 Mai. 300
Le Port d'Ostia. 303
Frescati. Ibid
Tivoli. 304
Les Marais Pontins. 307

LETTRE XLI.

De Lorète, le 8 Mai. 309
Civita Castellana.

TABLE.

Narni.	Ibid
La Cascade de la Ville de Terni.	311
Spoleto.	Ibid
Perouse.	Ibid
Fuligno.	Ibid
Lorète.	215

Fin de la Table du premier Volume.

VOYAGES
D'ITALIE
ET DE HOLLANDE.

TOME SECOND.

VOYAGES D'ITALIE ET DE HOLLANDE.

Par M. l'Abbé COYER, des Académies de Nancy, de Rome & de Londres.

TOME SECOND.

A LONDRES,
Et se trouvent à Paris,
Chez la Veuve DUCHESNE, Libraire, rue Saint-Jacques, au Temple du Goût.

M. DCC. LXXV.

VOYAGE D'ITALIE.

LETTRE XL.

De Venise, le 22 Mai 1764.

MA premiere station, après Lorète, a été Ancône, que les Syracusains fonderent en fuyant la tyrannie de Denys. Devenue ensuite Colonie Romaine, elle eut beaucoup à se louer de Trajan, à qui elle marqua sa reconnoissance par un arc de triomphe tout en marbre, & bien conservé, avec une belle inscription, dont le plus beau mot est celui-ci, *providentissimo Principi*. Trajan le méritait par sa vigilance sur le bien public.

Ancône.

A ij

Deux Papes ont partagé la gloire de Trajan en faisant du bien à cette Ville. Exposée par son commerce maritime au danger de la contagion, elle n'avait point de Lazaret. Clément XII en a bâti un qui s'avance dans la mer. Le port n'était pas sûr; il commença un môle que Benoît XIV a fait continuer, & on l'acheve à présent, par les dispositions qu'il a laissées. Un marbre en face de l'arc de Trajan consacre la mémoire de ces deux Princes de l'Eglise, qui ont vraiment agi en Princes. La tolérance religieuse y est établie, le port est franc. Autre avantage; on y voit des maisons de commerce, liées d'affaires avec les principales Places de l'Europe, & les Echelles du Levant; des Comtes & des Marquis occupés de factures & de bordereaux, en dépit de l'ancien préjugé, & un peuple nombreux que la paresse Italienne ne jette plus dans la pauvreté.

Sinigaglia.

En entrant dans Sinigaglia, autre port de mer dans l'Etat Ecclésiastique, j'ai ressenti une sorte de plaisir de me voir dans une Ville qui doit son existence à nos anciens Gaulois, aux Gaulois Sénonois. Le Pape Benoît XIV lui a laissé des marques de sa bienfaisance : plusieurs ouvrages utiles, & une belle porte qui rappelle dans son inscription l'origine de Sinigaglia.

Ad augendam & ornandam urbem Seno-Gallam, &c.

La Foire de Sinigaglia est aussi fameuse en Italie, que celle de Beaucaire en France. Le troisième jour de cette Foire, Venise ne manque pas d'envoyer une escadre à la hauteur du port, sous prétexte de le protéger, mais en effet pour exiger un tribut, qu'elle regarde comme une reconnoissance de sa Souveraineté sur le Golphe. Un Pape contesta ce droit, & demanda les titres de la République. Qui est-ce qui ne sait pas la réponse de l'Ambassadeur ? *Saint Pere, vous les trouverez au dos de la donation de Constantin.*

Ce voyage dans la Romagne, le long de la Mer Adriatique, est singulierement agréable. On va de port en port. En voici encore un, mais peu considérable. C'est Fano, que les Romains nommoient *Fanum Fortunæ*, à cause d'un Temple dédié à la Fortune. On y voit les restes d'un arc de triomphe qui fut

Fano.

érigé à Auguste, en marbre blanc, & ruiné par l'artillerie du Pape Paul II, lorsqu'il assiégea cette Place en 1463. A une lieue de la Ville le voyageur instruit considère l'endroit où Asdrubal, frère d'Annibal, fut défait par le Consul Claude-Néron, & perdit la vie.

Faenza. J'ai jeté un coup d'œil sur Faenza, petite Ville qui, après avoir donné son nom à la fayence, laisse la gloire aux autres d'en faire de plus belle, & en plus grande quantité.

Rimini. Rimini a beaucoup perdu par la retraite de la mer. Son port ne reçoit plus que des barques de pêcheurs. Les amateurs de l'antiquité y trouvent encore de quoi satisfaire leur goût. Un arc d'ordre Corinthien, érigé à Auguste, pour avoir fait réparer les voies Romaines; un pont de marbre sur la Maréchia, commencé par le même Empereur & achevé par Tibere, comme l'inscription en fait foi. Ce pont n'a rien perdu de sa solidité, ni des belles proportions que Palladio admirait. Le *Luvus* Augural qu'on y voit sculpté, ne différe en rien de la crosse épiscopale.

On lit ces mots sur une colonne qui s'éleve au milieu de la place publique....

C'est ici que Jules-César, après avoir passé le Rubicon, pour se rendre maître de Rome & du monde, harangua ses soldats... Ce petit fleuve coule à peu de distance de la Ville. Un célèbre Senatus-Consulte, qu'on lit encore, dévouait aux Dieux infernaux, déclarait sacrilége & parricide, tout Romain qui passerait le Rubicon avec des troupes. Ce ne fut pas sans frayeur, & sans hésiter, que César osa le passer. On a remarqué, comme une chose singuliere, qu'en 1740, les troupes de la Maison de Savoie vinrent pour la premiere fois jusqu'aux bords du Rubicon. Je vous parlerais du fameux Concile de Rimini, si vous aviez du goût pour la Théologie : mais vous ne voulez connoître de cette science que ce qui peut vous rendre meilleure.

En allant de Rimini à Ravenne, on cotoye la petite République de San-Marino, que le Cardinal Alberoni, né pour les révolutions, tenta de livrer au Saint-Siége : tant il est vrai que les forts veulent toujours asservir les foibles. Saint-Marin.

La ville de Ravenne est bien différente de ce qu'elle était autrefois. Elle fut le siége de l'Empire de Théodoric, Roi des Ostrogoths, soumise ensuite aux Ravenne.

Empereurs de Constantinople, qui la gouvernaient par des Exarques, puis à Charlemagne qui en donna la Souveraineté aux Papes. C'est un Légat qui y regne. Les Romains y avaient fait plusieurs grands ouvrages; à peine en voit-on les vestiges. Elle avait de leur tems un bon port. Jules-César y tenait une flotte, pour défendre le Golphe. La mer s'étant retirée à la distance de cinq milles, elle n'a plus de port. On lit sur la porte de la Ville.... *Naves cesserunt Aratro*. Cette défection de la mer se remarque, mais un peu moins dans les autres Villes dont je viens de vous parler. On a suppléé, autant qu'on a pu, par des canaux qui ont rétabli la communication, que la nature avait coupée. Ravenne présente encore le squelette d'une grande Ville. Ses rues sont larges, bien percées; elle a des places, des fontaines. La grande place est terminée à ses deux extrémités par les statues de deux Papes en regard, Alexandre VII & Clément XII. Quand on représente au public les Empereurs, les Rois, les Généraux, ils sont toujours debout, même en expirant, *oportet Imperatorem stantem mori*; les Papes toujours assis. Cette posture est peu favorable à l'art & aux spectateurs.

Je me souviens, Aspasie, d'avoir vu le Dante, *il divino Dante*, dans vos lectures. Vous l'admiriez sans louer ses défauts. Exilé de Florence, sa patrie, il mourut pauvre dans cette Ville. Personne n'avait pensé à lui donner du pain. Le noble Vénitien Bembo (*a*) long-tems après, étant Gouverneur de Ravenne, lui a donné du moins un tombeau. Le mérite sent ce qui est dû au génie.

Hors des murs de Ravenne on voit un mausolée que la Reine Amalazonte consacra à Théodoric son pere. Les Français, en prenant la Ville, dégraderent ce monument, pour en arracher le bronze. Ravenne s'en plaint encore, & la haîne reste.

A force d'aller je me suis vu dans la derniere Ville des Etats du Pape, à Ferrare. Elle a vraiment l'air d'une grande cité par la longueur & la largeur de ses rues tirées au cordeau, & par la quantité de ses palais ; mais dans ces belles rues l'herbe croît : je demandais où étaient

Ferrare.

_____

(*a*) Pere du fameux Cardinal de ce nom.

les habitans. On assûre que ses manufactures, son commerce, sa population, sont diminués de deux tiers, depuis le regne de la Maison d'Est. C'est un Légat qui la gouverne. Il peut dormir sans crainte ; car son palais, au centre de la Ville, est flanqué de bastions, & environné d'eau. La suite de l'*Eminentissimo*, le Clergé séculier & régulier avec la garnison, donnent presque la totalité des habitans.

Dans la Cathédrale, édifice qui n'est pas du premier rang, j'ai lu une épitaphe qui m'a frappé par sa singularité. Le mort de mauvaise humeur s'adresse au Lecteur :

Que regardes-tu ? Tu vois le tombeau de Lilio Giraldi, qui éprouva la bonne & la mauvaise fortune, Apollon ne l'ayant pas secouru. Il n'importe ni à lui ni à toi d'en savoir davantage. Va à tes affaires.

L'Eglise des Benédictins sera toujours visitée par les gens de goût, à cause de la sépulture de l'*Arioste*. Mais on est fâché, en quelque sorte, de lire dans l'épitaphe qu'il doit ce monument à la reconnoiffance d'un particulier qui avait éprouvé fa générofité. N'eft-ce pas aux Villes, ou aux Princes à prévenir les particuliers, quand il s'agit d'honorer la mémoire de ceux qui ont honoré la patrie ? Parmi les perfonnages célèbres qui prirent naiffance à Ferrare, on fe fouvient du fanatique *Savonarole*, du Cardinal *Bentivoglio*, & du Pere *Riccioli*, grand Aftronome.

Plus on refléchit fur l'Etat Eccléfiaftique, fur fon étendue, fur la bonté de fes terres, fur les fleuves qui les arrofent, fur l'avantage de fon climat, fur la quantité de fes Villes, fur fa pofition entre la Mer Tyrrhénienne & la Mer Adriatique, fur fes ports très-fufceptibles d'amélioration ; plus on conçoit ce qu'il pourrait devenir dans la carte de l'Europe, fi le Gouvernement Romain prenait un fyftême d'agriculture, de commerce, de travail, de richeffes ; s'il tendait tous les refforts de la profpérité & de la force. C'eft de cet Etat que les anciens Romains donnaient des loix au Monde.

Dans les voyages il faut toujours s'attendre au chapitre des accidens. J'avais fait mon marché avec mon voiturin de

Rome à Padoue aux conditions de tant de lieues par jour, avec la fixation des séjours, marché fait par écrit devant un Officier public : précaution nécessaire avec les Italiens de cette étoffe, que la parole ne lie pas. Dans la route je lui avais passé quelques légeres brèches à nos conventions. Mais à Ferrare il lui prit fantaisie de me retarder d'un jour pour son intérêt particulier. J'allai au tribunal du Juge. Jamais plus prompte justice. Deux Sbires saisirent, amenerent le réfractaire ; il est condamné aux frais de la poste qui me porterait à Padoue, & à huit jours de prison. Point de contrition plus parfaite : il fond en larmes, se jette à mes pieds, il s'offre à partir à l'instant même, pour me mener au bout du monde, en me laissant maître de tout. Je me laisse toucher, mais le Juge ne l'est pas. *Caro figlio*, me dit ce Magistrat, *vous ne connoissez pas ces gens-ci. Cet homme, par récrimination, peut vous précipiter dans un fossé, dans un torrent, vous égarer dans un bois, où vous seriez à sa discrétion.* J'insistai cependant pour sa grace que j'obtins ; & je m'abandonnai tout de nouveau à la conduite du coupable, pour me rendre à Padoue. Les dernieres paroles du Juge *Dio guardi chi non ſi guarda*, n'avaient pas de quoi me raſſurer ; mais je fus plus heureux que ſage.

La ſituation de Padoue offre un coup-d'œil charmant ; & la fertilité du terroir répond aux agrémens. Les Vénitiens, qui en firent la conquête au quinzième ſiècle, l'ont fortifiée. Ses rues ont deux files de portiques, de la petite maniere, qui la déparent, au-lieu de l'orner. Son Univerſité ſi fameuſe autrefois, eſt réduite à un petit nombre d'Ecoliers. Elle a compté parmi ſes Profeſſeurs *Fra-Paolo*, cet homme qui réuniſſait tant de ſciences, Géométrie, Méchanique, Anatomie, Hiſtoire, Théologie. C'eſt au feu de ſon génie que Galilée alluma le ſien, pour tirer la Phyſique des ténèbres où elle s'égarait. On accourait de toutes parts à l'Univerſité de Padoue, comme à la ſource du ſavoir. Les Nobles Vénitiens ne ſe contentaient pas d'y envoyer leurs enfans, pluſieurs d'entr'eux y profeſſerent les ſciences, le Droit ſurtout. Ils ont abandonné cette émulation d'enſeignement. Ont-ils bien fait ? Ils honoraient les ſciences qui les hono-

Padoue.

raient, & qui pouvaient les rendre plus propres au maniement des affaires publiques.

Les Padouans ont une sorte de fierté sur l'antiquité de leur Ville. Ils s'attachent à la Chronologie de Virgile. Tous savent par cœur les vers de l'Enéide qui en marque la fondation & les Fondateurs.

Antenor potuit, mediis elapsus Achivis,
Illyricos penetrare sinus . . . . . .
Hic tamen, ille urbem Patavi, sedesque locavit.

Cet Antenor, Capitaine Troyen, était frere de Priam. Vous voyez que Rome est bien jeune vis-à-vis de Padoue. Elle montre le tombeau d'Antenor, avec une inscription latine, qui a l'air bien gothique.

Un buste, prétendu antique, de Tite-Live, qui figure dans le Palais de la Cité, n'est pas un monument digne d'un Historien qui a tant illustré sa patrie.

Padoue a plusieurs édifices remarquables : l'Eglise de Sainte-Justine, riche Monastère, est le chef-d'œuvre du Palladio, en ce genre. Ce fameux Architecte du seizieme siècle, était bien digne d'écrire sur son art. Après avoir médité sur les monumens de l'ancienne Architecture, il en rétablit les regles corrompues par les Goths. Son traité sera toujours lu par les Artistes qui voudront s'élever au beau. J'ai eu quelque regret de manquer Arquato à quelques milles de Padoue : j'y aurais vu le tombeau de Pétrarque. Le goût qu'il donna à sa nation, pour le sonnet, est aussi vif que dans l'origine : c'est à quoi se réduit principalement la Poësie Italienne de nos jours.

On s'embarque à Padoue même pour Venise, sur la Brenta (a) : navigation délicieuse où l'œil est enchanté par la culture d'une riante campagne, par les palais qui bordent le canal ; ouvrages, pour la plupart, de Palladio ou de ses éleves. Je n'en ai visité qu'un ; c'est le Pisani, trois ordres dans de belles proportions forment la façade : vestibule orné de colonnes, cours en portiques, grands appartemens, galeries, décorations qui répondent, beaux jardins à la

---

(a) Riviere qui descend des Alpes, & va se perdre dans les Lagunes.

française. La vie champêtre demande-t-elle tant de magnificence ?

En poursuivant la navigation, dès que je suis entré dans les lagunes, j'ai commencé à découvrir la Cité flotante; car elle paroit telle dans l'éloignement. Je vous en dirai tout ce que mon séjour pourra m'apprendre. Saluez nos amis; je les regrette une fois par jour, c'est lorsque la nuit ferme toutes les portes à la curiosité.

LETTRE XLI.

De Venise, le 30 Mai 1764.

Venise. QUAND on dit que Venise est bâtie dans la mer, on parle dans l'exacte vérité. Ce n'est point une terre élevée au-dessus de l'eau; c'est le lit même de la mer qui a reçu ses fondemens dans des lagunes, & la mer la pénètre dans toutes ses dimensions: merveille que le Poëte Sannazar a chantée dans les beaux Vers qu'on n'oubliera jamais; je n'en cite qu'un.

Illam homines dices: hanc posuisse Deos.

Les hommes ont bâti Rome, & les

Dieux Venise. Cette situation singuliere produit beaucoup d'autres singularités. Les rues sont des canaux & des quais sans parapets ; les charriots & charrettes sont des barques ; les carrosses sont des gondoles ; on croirait l'espece des animaux qui servent à l'homme anéantie ; ni chevaux, ni ânes, ni mulets, ni bœufs, ni moutons. Vous imaginez bien que les rues sont toujours propres. Il en est un très-petit nombre sans canaux, especes de corridors, parquetés de larges pierres de taille ou de briques, fort étroits pour la plupart ; car en étendant les bras, on peut toucher, ou peu s'en faut, les maisons qui les bordent. Peu de rues suivies ; la Ville est un vaste labyrinthe ; il faut un long usage pour en avoir le fil, d'autant plus que les rues ne sont pas étiquetées, faute de police dans une Ville de cent-mille ames ; mais la nuit elles sont éclairées, ce qui n'est pas commun en Italie. On oublie ici de marcher, il n'y a que le peuple qui fasse usage de ses pieds : un nombre innombrable de ponts à une seule arche, établissent la communication ; tout ce qui n'est pas peuple est apporté par les gondoles aux portes où l'on veut entrer : cet équipage n'est pas cher :

au prix de quatre livres par jour, on a une gondole à deux rameurs ; & on se trouve de niveau avec les premiers de la Ville. Toutes les gondoles sont uniformes, couvertes & tapissées de noir : cela ressemble un peu à un deuil général. La République a voulu empêcher le luxe dans cette partie, & aussi les marques d'inégalité qui affligent toujours le cœur humain : la même modestie se remarque dans les habits ; ou, s'il y a de la différence, ce n'est pas dans le public qu'elle se montre : un tabaro (c'est un manteau gris) couvre toute la personne. Pour les Senateurs, & tous les nobles en charge, ils ne quittent point la toge & la trousse.

Comme on est actuellement sous le masque dans ce tems de foire, espece de carnaval d'été, qui dure six semaines, je ne sçaurais vous dire si les femmes sont magnifiques dans leur parure. L'habit de masque qu'on porte jour & nuit, n'est autre chose qu'un tabaro avec la *bahute*, (mantelet de gaze) & un chapeau, le tout en noir : cet uniforme, qui n'a rien de réjouissant pour les yeux, est fort commode pour la liberté qu'il donne ; il confond les états & les sexes ; il n'est pas jusqu'aux Moines & aux Religieuses, dit-on, qui ne s'en affublent quelquefois, pour partager les plaisirs publics. La police ferme assez les yeux sur les écarts des Couvens. Cette indulgence les attache au Gouvernement, en les détachant de la Cour de Rome. *Quand ils sont contens de nous*, disent les Vénitiens, *ils ne pensent pas à cabaler.*

La belle & vaste place de Saint-Marc s'embellit encore dans ce tems-ci; la foire y attire toute la Ville vers midi. On y voit des Charlatans, des Saltimbanques de toute espece; des diseurs de bonne aventure, qui à travers un long tuyau portent leurs oracles dans l'oreille des curieux. Ne croyez pas que ces prédictions soient un simple jeu pour les curieux du peuple, & ceux qui lui ressemblent. L'étonnement, la terreur ou la joie se peignent sur les visages. On y voit aussi des Polichinels & des Prédicateurs qui semblent disputer à qui aura le plus de vogue; mais l'espece de Charlatans la plus remarquable peut-être, ce sont les raconteurs, gens de néant, qui narrent en termes choisis, avec feu & emphase, mille évènemens merveilleux, tragiques ou comiques: le peuple répandu par terre, les yeux sur l'Historien, bouche béante, immobile & respirant à peine, est comme enchanté, pendant deux ou trois heures.

Dans ce mouvement de plaisirs, les spectacles, les jeux, les promenades sur l'eau se succèdent. Venise a sept à huit théatres qui portent des noms de Saints. L'opéra de Saint-Jean-Chrysostome, & celui de Saint-Luc, sont fort suivis. Le jeu s'ouvre tous les soirs pour ceux qui veulent se ruiner, ou ruiner les autres. L'or y est étalé par tas. C'est la République qui joue. Deux Sénateurs tiennent la banque. Les promenades nocturnes sur le grand canal valent mieux que le jeu pour ceux que la cupidité ne domine pas. Des milliers de gondoles qui se croisent font spectacle, & favorisent la galanterie. Les dames Vénitiennes ont secoué la contrainte où elles vivoient encore dans le dernier siècle ; & les maris ont oublié leur jalousie. Ils ne s'avisent pas de prendre le frais dans la gondole de leurs épouses. S'ils ont des *casins*, retraites de volupté qu'on appelle à Paris petites Maisons, elles ont aussi les leurs. Les cafés, bien différens des nôtres qui n'ont qu'une salle commune, offrent encore une distribution de cellules où l'on soupe si l'on veut, en tête à tête, sous le masque ou sans masque. Ils sont honnêtes pour les deux sexes, & personne ne médit de tout cela. N'allez-vous point dire qu'avec cette liberté extrême, sous le masque pendant quatre mois de l'année, avec cet enchaînement de plaisirs il doit y avoir une grande corruption ? Si dans cette corruption vous comprenez les crimes que les loix punissent, vous êtes dans l'erreur : quant au reste, la politique Vénitienne a balancé l'intérêt des mœurs avec l'intérêt de l'argent, que toute l'Europe y apporte ; le dernier l'a emporté.

A propos des promenades nocturnes, tout en voguant, on entend une musique populaire, dont les Chantres du Pont-neuf à Paris n'approchent pas. Les gondoliers & le peuple sur les quais chantent par couplets alternatifs les beaux vers de l'Ariofte & du Taffe, comme on chantait ceux d'Homère à Athenes. Ce peuple a-t-il donc du goût ?

Au moment que je vous écris, il y a un grand mouvement sur le port ; il s'agit du mariage du Doge avec la mer, pour demain jour de l'Ascension. Je vais en voir les apprêts ; & cela sans penser à vous. Ne vous vengez pas.

LETTRE XLII.

De Venise, le 5 Juin 1764.

LE Doge a été obligé de différer son mariage. Le vent s'était déchaîné, l'épouse montrait un front ridé & sévere; l'époux avait peur; le Bucentaure qu'il doit monter est un grand bâtiment, en forme de galéasse, magnifique en sculpture & en dorure, portant sur la proue l'étendard de la Seigneurie, au bas duquel est une grande figure de relief, qui représente la Justice. C'est sur mer comme sur terre qu'on aime à se parer de la justice: mais on s'en tient à la parure. Le Bucentaure est d'une construction très-peu favorable à la navigation; machine lourde, plate par-dessous, tirant fort peu d'eau, aisée à renverser. Cependant l'Amiral répond sur sa vie du salut du Doge & du Sénat; & il aime mieux retarder que d'exposer sa tête. S'il eût pris conseil de nous autres voyageurs, il aurait risqué l'aventure.

Le festin de noces a un peu dissipé notre humeur; il était prêt dans une salle du Palais Saint-Marc ; il fallait lui faire honneur. De grands traits de l'Histoire Romaine figuraient au dessert en reliefs de sucrerie. Ce choix m'a paru une maladresse. La République pouvait puiser dans sa propre histoire. Les Sénateurs sont entrés, & le Doge un peu après. Il était en simarre, en toque rouge & en béguin. Cette coëffe de fin lin est une imitation, disent quelques Vénitiens, du bandeau, que les conservateurs des loix portaient à Athènes. D'autres prétendent qu'elle tient à un grand évènement.

Il y eut très-anciennement une conspiration contre la forme du gouvernement ; les conspirateurs marchaient au Sénat assemblé pour l'exterminer. Une femme, soit hasard, soit courage, assomma le chef avec un pot de fleurs qu'elle jeta de la fenêtre. Les conjurés se crurent perdus, & se dissiperent ou furent punis. La femme forte ne voulut point d'autre récompense qu'un honneur pour son sexe. Elle demanda que le Doge en prît la coëffure. La toque qui le couvroit au dîner se change contre la corne Ducale, ou le *corno*, lorsqu'il est en grande cérémonie.

Le festin ne nous dédommageait pas des épousailles de la mer, dont l'origine est une célèbre victoire que la flotte Vénitienne, commandée par le Doge Ziani, remporta sur l'Empereur Fréderic Le Pape Alexandre III, proscrit par Fréderic, s'était réfugié à Venise. Lorsque le Doge victorieux rentra dans le port, amenant un prisonnier de la plus haute conséquence (c'était Othon, le fils même de l'Empereur) le Pape l'embrassa tendrement, & lui présenta un anneau d'or, en lui disant, recevez cet anneau, servez vous-en, pour tenir la mer assujettie à l'empire Vénitien ; épousez-la avec cet anneau ; & que désormais tous les ans la célébration de ce mariage soit renouvelée à pareil jour par vous & vos successeurs.

On a remis la célébration à Dimanche prochain ; mais comme elle dépend du vent, qui sait quand elle se fera ? Je ne fermerai ma lettre qu'après le succès, pour vous en rendre compte.

Epousailles de la Mer.

P. S. Le vent a été favorable ; le Bucentaure s'est mis en mouvement. Le vaisseau qui portoit Cléopâtre, lorsqu'elle se présenta à Antoine, n'était pas plus orné, plus galant. La mer était couverte de bateaux, de gondoles & de péotes. On a vogué vers le Lido, petite Isle à la distance

tance de trois milles, au bruit du canon des châteaux, des vaisseaux & de la musique, cent banderoles flotantes au gré des vents. Les Augustes fiancés paraissaient fort contens, & nous aussi.

Le Patriarche Archevêque de Venise s'est avancé dans une gondole infiochi, avec la croix, le rituel & l'eau bénite, pour donner la bénédiction nuptiale. C'est à ce moment que le Doge a jeté l'anneau dans le sein de la mer, en prononçant ces paroles: « Mer, nous t'épousosn, en signe de l'empire véritable & perpétuel que nous avons sur toi ». Cette épouse, qui lui était assez soumise, avant les découvertes de Vasco de Gama, lui a fait bien des infidélités depuis. Elle a reçu les Français, les Hollandais, les Anglais, & d'autres Navigateurs du nord, qui l'épousent & la dominent sans cérémonie. Chacun sait le mot de ce fier Sultan, armé contre Venise: « J'enverrai son Doge consommer son mariage au fond de la mer »; & sans des évènemens peu attendus, il l'eût exécuté.

Au reste, bien des gens, en s'amusant de la cérémonie qui a été terminée par une Messe solemnelle, trouvent ce mariage absurde & ridicule, sans penser qu'il est fait en face de l'Eglise. Je ne sais si Xercès parut ridicule à son armée, lorsqu'il fustigea la mer, dont il avait bien lieu d'être mécontent. Si on peut la fustiger, pourquoi pas l'épouser ?

LETTRE XLIII.
De Venise, le 12 Juin 1764.

Régate. LES spectacles en tout genre se succèdent rapidement les uns aux autres. Quand vous voudrez voir Venise, arrivez-y la veille d'une *Régate*, fête extraordinaire que la République ne donne qu'aux têtes couronnées. Mais l'Angleterre, dans ce période de succès, a des priviléges en Italie. C'est le Duc d'Yorck a qui nous devons cette bonne fortune. Comment vous la peindre ?

Imaginez un bras de mer, un superbe canal qui traverse une grande Ville, trente bateaux à une ou deux rames, dont quelques-uns manœuvrés par des femmes. Voyez-les fendre les flots avec une rapidité surprenante, l'espace de quatre milles, pour disputer des prix.

C'est à qui arrivera le premier à la *Machine*, édifice d'une belle Architecture. Voyez du même coup-d'œil une multitude d'autres bateaux à quatre, à six & à huit rames, ornés d'étoffes & dentelles d'argent ; mais sur-tout neuf bâtimens plus grands. Cette flotille, vraiment pompeuse, & théâtrale représentait la terre, l'air, l'eau, le feu, la pêche de la baleine, le char d'Apollon, le triomphe de Minerve, la naissance de Vénus ; acheverai-je ? l'Angleterre menée en triomphe par l'Europe. Portez ensuite vos regards sur les fenêtres & les balcons, les amphithéâtres ornés de tapis, sur cent-mille spectateurs placés pour voir & pour être vus. Voilà une faible idée de la Régate.

Nous devons aussi au même Prince deux bals du plus grand éclat. Le premier, moitié paré, moitié masqué, a été donné au beau Palais Rezzonico, aux frais du Pape. C'est la Princesse sa nièce qui en a fait les honneurs. Vous voyez que Sa Sainteté ne s'est pas contentée de le fêter à Rome. Certainement, si le Duc n'entre pas dans le giron de l'Eglise, comment faut-il faire ?

L'autre bal tout paré, que la Répu-
B ij

blique lui a donné, offrait un mélange de magnificence & de modestie sombre, qui formait un tableau qu'on ne voit pas ailleurs. Toute la Noblesse Venitienne, couverte des étoffes les plus riches, ce n'est rien : les femmes si chargées de perles & de pierreries, qu'on les prendrait pour des Sultanes. Voilà la magnificence : voici la modestie en contraste : les *gentil-done*, c'est-à-dire les femmes des Nobles de terre ferme, & les premieres bourgeoises de la Ville, jetées derriere ce cercle brillant, en vêtemens noirs ; vous eussiez dit des veuves qui pleuraient la mort de leurs maris. Les vierges qui voulurent profiter du bal, étaient réléguées dans le même rang, avec la même modestie.

Dans nos bals Français une mere se plaît à voir danser sa fille. A Venise les filles ne dansent point ; & voilà pourquoi les meres dansent si mal. Mais j'ai vu danser le Sénat. Pour que vous en jugiez mieux, transportons la scène dans la grande Salle du Palais à Paris. Vous êtes de la fête avec votre parure & vos grâces. Le Chancelier de France, en simarre & en longue, longue perruque, vient vous prendre pour danser; tandis qu'une douzaine de Préſidens à Mortier, & quantité de Conſeillers en toge, figureraient avec d'autres femmes : les bonnes plaiſanteries que feraient nos petits Maîtres ! tels danſaient les Sénateurs avec la toge & la trouſſe. Les ſpectateurs les plus voiſins des danſeurs auraient bien voulu être à l'abri des perruques, qui leur bridaient le nez.

Vous dirai-je qu'au bout de deux heures l'ennui m'a gagné ? c'était ma faute, ſans doute. J'ai quitté ma place ; mais j'ai payé cher mon impatience. Il était jour, lorſque la *Corilla*, l'improviſatrice la plus fameuſe de toute l'Italie, eſt arrivée en poſte, & incognito, pour jouer ſon rôle ; quelle trahiſon ! elle a improviſé, comme une Sybille, & j'étais dans mon lit.

Dans l'expoſition des deux bals, n'êtes-vous pas étonnée de la prodigieuſe quantité de perles & de pierreries, dans une Ville qui n'eſt pas la plus riche de l'Europe ? Vous voulez qu'on vous rende raiſon de tout. Sachez donc que les Vénitiens, ayant eu autrefois tout le commerce des Indes Orientales, puiſaient à la ſource. Sachez encore qu'ayant été maîtres de Conſtantinople, ils ont pillé le Palais des Empereurs Grecs. Apprenez aussi que les pierreries ne sont point sorties, & ne sçauroient sortir des maisons qui les possèdent. La substitution les enchaîne ; ainsi elles ne peuvent qu'augmenter par de nouvelles fantaisies des jeunes épouses ? qui entrent dans ces maisons déja si pourvues.

Mais n'est-ce point trop vous entretenir de bals & de diamans, toute femme que vous êtes ? voici quelque chose de mieux. Les fêtes que la République donne ne se font point aux frais du trésor public. Elle en charge tel ou tel noble dont la fortune est grande.

C'est ainsi que ceux qui ont les honneurs, les dignités de l'État, en supportent les charges extraordinaires, tandis que le peuple ne porte que les fardeaux accoutumés.

Vous m'avez fait grand plaisir, en m'apprenant par votre derniere Lettre avec quel zèle on travaille dans notre patrie à la réforme des finances (*a*) ; l'économie n'est pas la vertu la plus brillante des Rois ; mais elle est la première. Adieu.

(*a*) Ce travail a été abandonné.

LETTRE XLIV.

De Venise, le 10 Juin 1764.

JE ne vous apprends pas, Aspasie, que vers le milieu du cinquieme siècle des malheureux échappés de Padoue, & d'autres Villes d'Italie, fuyant les ravages & la cruauté d'Attila, se réfugierent dans les lagunes où Venise sortit des eaux, & y fonderent une République. Le gouvernement Républicain, à le prendre dans le sens le plus étendu, c'est-à-dire en opposition au pouvoir d'un seul, est toujours le premier qui se présente aux hommes, lorsque, libres de tout joug, ils se réunissent en société.

Point de République qui ait duré autant que celle-ci; point de noblesse aussi ancienne, excepté celle des descendans de Confucius à la Chine. Les Nobles *delle case vecchie*, peuvent se flatter d'une noblesse de douze ou treize siècles. Leur chimère, (car il en faut toujours une) c'est de faire dériver leur descendance de quelqu'un des Héros de l'ancienne Rome. Les autres maisons nobles comptent du moins six, sept à huit siécles; toutes sont inscrites dans le Livre d'or, Evangile généalogique qui ne souffre rien d'impur. C'est ce corps de Noblesse qui, avec le tems & la force s'est emparé du gouvernement, à l'exclusion du peuple.

Le Grand-Conseil seul, c'est-à-dire, l'assemblée de tous les nobles au-dessus de l'âge de vingt-cinq ans, a la puissance législative, & il est en même tems la source de tous les autres Conseils, & de toutes les Magistratures auxquelles il confie la puissance exécutrice.

Le Sénat est composé de cent-vingt Sénateurs qui ne sont qu'un an en place. Il décide de la paix & de la guerre; il établit les impôts; il fixe le prix des monnoies; il a la disposition de tous les emplois de terre & de mer; il nomme les Ambassadeurs pour les Cours étrangeres; il est proprement le Conseil d'Etat où se traitent toutes les affaires politiques de la Nation.

Le Conseil des Dix est composé de dix Nobles, élus par le Grand-Conseil; son autorité est suprême: elle s'exerce souverainement, sur toutes sortes de personnes, sans en excepter le Doge lui-même. Il juge de tous les crimes d'Etat; il est chargé de maintenir la ſtabilité des Loix, l'égalité & l'union parmi les Citoyens, de mettre un frein à l'ambition, & de veiller à toutes les parties du Gouvernement. Les Dix ſont annuels.

De ce Conſeil des Dix on tire trois Inquiſiteurs d'Etat, qui ont une autorité abſolue dans toutes les cauſes qui concernent la Politique de l'Etat. Ils décident en dernier reſſort de la vie de tous les Citoyens. Quand ils ſont tous trois du même avis, leur Arrêt s'exécute ſans autres formalités. S'il y a partage, l'affaire eſt portée au Conſeil des Dix.

En même tems que les Inquiſiteurs veillent ſur l'Etat, deux Cenſeurs veillent ſur les mœurs des particuliers. Ils obſervent ſur-tout les brigues des Nobles, pour obtenir de l'emploi. Ils ont voix délibérative dans le Sénat, & un rang diſtingué dans le Grand-Conſeil. Leur Cenſure expire au bout de ſix mois.

Au rang des Magiſtratures ſont auſſi tous les Provéditeurs, chargés de pourvoir aux réparations publiques, aux armes, Places & Citadelles, aux terres incultes, aux mines, aux boucheries, au bois, au ſel, au vin, à la recette & à l'emploi des deniers publics.

Tous les Gouverneurs dans les Provinces ont au-dessus d'eux un Provéditeur général. Il y en a un dans la Dalmatie, & un autre dans les isles de la Méditerranée. Les Gouvernemens ne sont donnés que pour seize mois, à condition de la résidence la plus rigoureuse.

Le premier des emplois militaires est celui de Généralissime de Mer. Il commande à tous les Généraux. Il n'a lieu qu'en tems de guerre. On lui associe toujours le Provéditeur général de Mer. Ces deux personnages sont dans une perpétuelle émulation; ils s'éclairent mutuellement: & par-là le Sénat est infailliblement instruit de leur conduite. Quand ils ont fait leur tems, le Sénat les oblige à se constituer prisonniers, avant que de rendre compte de leur administration.

La grande Machine politique étant ainsi arrangée, suivent les Tribunaux de Justice. Il en est deux du premier ordre, qu'on nomme *Quaranties*, parce qu'ils sont composés de quarante Juges.

La premiere est la Quarantie Criminelle. Elle juge en dernier ressort de tous crimes, qui ne sont pas crimes d'Etat. Les Nobles qui la composent sont huit mois en charge.

La seconde juge des causes civiles en dernier ressort.

Il y a encore six Cours subalternes, composées chacune de trois Nobles. Elles jugent au Civil en premiere instance. Ces Juges Nobles ont des Jurisconsultes pour Assesseurs. Les Avocats plaident avec les cris, les gestes, l'agitation, le feu de l'enthousiasme, sur-tout dans le Criminel. Les crimes se jugent en public, comme autrefois à Rome, à Athènes, & aujourd'hui en Angleterre. L'accusé se trouve convaincu, ou défendu autant qu'il peut l'être ; & les Juges n'ôsent pas s'oublier en face du Public.

Vous avez sans doute entendu parler des Procurateurs de Saint-Marc. Ils président non-seulement à la grande richesse de cette Fabrique ; ils sont devenus les Exécuteurs nés de tous les testamens, les Tuteurs des orphelins, & les Protecteurs des veuves. Ils sont au nombre de neuf. Leur autorité s'est tellement accrûe, que c'est aujourd'hui une des plus grandes Dignités.

Au reste toutes les Magistratures, toutes les Places, tous les Emplois de Terre ou de Mer, se donnent par ballotage dans le Grand-Conseil, qui s'assemble tous les Dimanches & Fêtes, & ce n'eſt point encore aſſez d'être nommés. Les Avogadors, au nombre de trois, peuvent s'oppoſer à la priſe de poſſeſſion, juſqu'à ce que les nommés ſe ſoient purgés des accuſations qui leur ſont intentées.

Vous ſavez que, dans les grandes Monarchies, une grande partie de la Nobleſſe paſſe ſes jours dans une inertie peu honorable, & ſouvent indigente : ici la Nobleſſe eſt toujours en action dans les Conſeils, dans les Elections, dans les Tribunaux, au Sénat, dans les Gouvernemens, dans la Robe & l'Epée. La moins occupée s'occupe du moins de ſon ambition. Les places n'étant données que pour un tems fort court, la porte des Dignités reſte toujours ouverte. Mais il faut de l'inſtruction ; & l'inſtruction demande de l'application.

Le Doge n'a aucune prérogative d'autorité ; mais beaucoup de repréſentation. S'il marche en cérémonie, couvert de la Corne Ducale, en robe & en manteau de drap d'or, on porte devant lui huit étendards de ſoie, de la plus riche broderie ; mais il n'a point de Gardes. Tout ſon train ſe borne à ſes Ecuyers, & ſes gens de livrée. Il préside à tous les Conseils: mais il n'y a que sa voix. Son nom est sur toutes les monnoies; mais on n'y grave ni son effigie, ni ses armes. Tous les Edits commencent par cette formule: *le Sérénissime Prince fait savoir*, pour faire connoitre qu'il n'est que le Promulgateur des Loix de la République, qui a le droit de le déposer lorsque son âge, ses infirmités, ou son incapacité le mettent hors d'état de vaquer aux affaires. Obligé de se contenter d'un revenu médiocre qu'on lui assigne, il ne touche pas aux deniers publics. Il a besoin d'une permission expresse de la Seigneurie pour sortir de Venise; & lorsqu'il s'absente avec permission, il ne reçoit aucuns honneurs publics. Il est exclus du commandement de l'armée, dans la crainte que la victoire ne lui donne trop de force. La République est si attentive à le laisser sans appui, que ses enfans, ses frères, ses neveux, sont exclus, sa vie durant, de toutes les grandes Charges de l'Etat.

Il est presqu'impossible qu'un Doge s'empare de la Souveraineté. Son Palais est rempli d'espions. Il y est environné du Conseil des Dix, qui y ont leur logement & leur Tribunal. Les Inquisiteurs peuvent entrer chez lui sans être annoncés, à toute heure de jour & de nuit, l'aborder dans son sommeil, le fouiller jusques dans ses poches, l'interroger, & lui faire couper la tête en deux heures de tems.

C'est ce qui arriva, en 1355, au Doge Marin Fallier, qui, pour se venger d'un affront, avait conspiré contre le Sénat. On voit dans la Salle du Grand-Conseil, où sont les portraits de tous les Doges avec leurs noms, un cadre vuide avec ces mots :

Locus Marini Fallieri decapitati.

C'est ici la place de Marin Fallier décapité.

On fait tous les ans une Procession générale en action de graces de la découverte de cette conjuration : belle leçon pour les Doges !

La Salle où le Doge reçoit les premiers hommages le jour de son Couronnement, est la même où il sera exposé après sa mort ; & le grand Chancelier ne manque jamais de lui montrer cette triste perspective dans son discours, en l'avertissant qu'on fera le procès à sa mémoire ; & qu'elle sera honorée ou flétrie, selon ses mérites. S'il meurt avec des dettes, l'Etat n'en répond pas. Non-seulement il a payé de ses deniers les frais de son Couronnement, mais on exige encore qu'il avance ceux de son enterrement.

Les Politiques critiquent ceci & cela dans l'organisation de cette République. Il faut qu'elle soit fortement constituée, pour avoir bravé les révolutions de tant de siècles. Aucune République, aucun Empire, si on excepte celui de la Chine, n'a tant duré. Au quinzième siècle, elle chercha à s'étendre en terre ferme, elle y réussit. On prétend qu'elle eût mieux fait de ne voir que la mer. Ses flottes & son commerce se seraient conservés dans un état florissant, & peut-être serait-elle en possession de toutes les isles de l'Archipel.

J'ai vu son Arcenal, reste majestueux d'une grande Puissance. Il occupe une isle dont la circonférence est de trois milles. Là sont rassemblés tous les élémens d'une Marine respectable : chantiers & bassins pour la construction, atteliers pour les cordages & voiles, fontes de canons, des armes pour cinquante-mille hommes, & plus de mille ouvriers constamment entretenus. Le Sénateur qui en a le commandement se change tous les deux mois. La République ne veut pas que personne s'accoutume au pouvoir. Toutes les Places qu'elle donne, loin d'enrichir celui qui les occupe, sont onéreuses ; & cependant il n'est pas permis de les refuser. Les Ambassades même sont aux frais des Ambassadeurs.

Jamais d'Ecclésiastiques pour celle de Rome. Venise craindrait que son Ambassadeur ne s'y laissât corrompre par l'appas des Dignités de l'Eglise. Elle est extrêmement en garde contre Rome, & tout ce qui y tient. Elle se souviendra toujours de la fameuse ligue de Cambrai, espece de Croisade contr'elle, entre l'Empire, la France & l'Espagne, le Pape à la tête. Elle souffre, à la vérité, un Nonce avec Jurisdiction, & même Inquisition ; mais elle y fait asseoir trois Sénateurs qui brident le Saint-Office. La tolérance religieuse, solidement établie, ne laisse point de prise aux disputes, aux accusations & à la violence. Le Siége Patriarchal de l'Archevêque de Venise est beau : mais il ne peut pas être décoré du Cardinalat.

On vous a dit, plus d'une fois, que les Ambassadeurs des Puissances étrangeres à Venise sont obligés d'y vivre dans une retraite perpétuelle. Rien n'est plus vrai. Ils n'ont de société qu'entr'eux ; espèce d'excommunication civile. Un étranger qui accepterait un lit dans leurs maisons, trouverait toutes les autres fermées. C'est ainsi que la République regarde sans cesse autour d'elle, pour écarter tout ce qui pourrait la blesser. Ils ne peuvent voir, dans le particulier, ni Noble, ni Sénateur, encore moins le Doge. Il y a un Conseil pour traiter avec eux.

Comme on ne peut arriver à Venise que par eau, les Gondoliers sont obligés d'aller rendre compte à un Préposé des personnes qu'ils ont amenées, de l'endroit où ils les ont déposées, & des discours suspects qu'ils peuvent avoir entendu dans le passage. *Les gueules de Lion* sont toujours d'usage. On en voit plusieurs dans les galeries du Palais Saint-Marc, avec ce titre *Denunzie segrete*. Tout Citoyen y jette à volonté des avis sur la sûreté publique. C'est un Membre du Conseil, c'est un Magistrat, c'est le Doge lui-même qu'on y dénonce ; & c'est aux Inquisiteurs d'État à voir de quel mérite sont les dénonciations.

Je connais ici plusieurs étrangers que

ces dénonciations secrettes, & la sévérité des Inquisiteurs d'Etat, inquiètent au milieu des plaisirs. Je n'ignore pas même que notre illustre Président de Montesquieu eut grand' peur, lorsqu'en quittant Venise, & se croyant suivi, il jeta ses observations dans la mer. Mais il n'est pas donné à tout le monde de se rendre suspect à la façon de l'Auteur de *l'Esprit des Loix*. Je questionne sans façon, & c'est un Sénateur même, homme de beaucoup d'esprit, qui a la bonté de m'instruire.

Je reviens à vous, Aspasie. A la vue d'une Noblesse armée de tous les pouvoirs, ne vous représentez-vous point le corps de la Nation, le Peuple, comme un troupeau d'Esclaves, qu'une impitoyable Aristocratie opprime à son gré, ainsi qu'en Pologne, & autrefois en France? Vous vous tromperiez. Le Peuple, en Pologne, appartient réellement à la Noblesse, à titre de servitude, au-lieu que dans l'Etat Vénitien il a la propriété de sa personne & de ses biens. Le simple Citoyen à Venise, en se livrant aux Arts, au Commerce, est considéré, ménagé. Les Impôts sont modérés. Il y a du travail pour tout le monde, & peu de pauvres. Les sujets de terre ferme sont encore plus ménagés. La République cherche à les retenir par la douceur, faute peut-être de citadelles & d'armée. Quand la Ligue de Cambrai la dépouilla si rapidement, les Provinces enlevées regrettèrent bientôt leurs Maîtres, & rentrèrent avec joie sous leur domination. Si les Nobles qui les gouvernent s'avisaient de tyranniser, Venise en ferait prompte justice. Les Inquisiteurs d'Etat ne sont nullement redoutables au Peuple, mais à la Noblesse.

Si on considère les mœurs Venitiennes par rapport à l'ordre public, elles démontrent par leur bonté, que le Gouvernement fait les mœurs. Des Loix somptuaires, & l'égalité parmi les Nobles, aussi grande qu'elle peut l'être, éloignent le luxe, & tous les vices qui en sont la suite. Cette égalité est si précieuse aux yeux de la République, qu'elle ne veut plus couronner, comme autrefois, les épouses des Doges. Une Dogaresse couronnée aurait droit à des distinctions, des préséances, qui blesseraient les autres femmes. Les titres de Barons, de Comtes, de Marquis, si prodigués, & si triviaux ailleurs, sont inconnus à Venise. On distingue les Nobles d'une même famille par leur nom de Baptême, & le Peuple même, en désignant une Personne noble, ne dit ni *Monsieur*, ni *Madame* : mais *le un tel*, ou *la une telle*. Un Noble qui accepterait un titre, un Ordre, ou une pension d'une Puissance étrangère, deviendrait étranger lui-même dans la République.

Les Magistratures, les Gouvernemens, les Dignités, toutes les Places qui demandent des mœurs, aussi-bien que des lumières, mettent un frein aux passions de ceux qui veulent parvenir. Les Avogadors & les Censeurs, toujours prêts à accuser, même après les suffrages, font assez sentir qu'il faut être irréprochable.

Les femmes, à la vérité, avec les avantages d'une belle carnation, & d'une taille svelte, se livrent à une galanterie de nouvelle date. Autant qu'elles furent retenues autrefois dans la sévérité du mariage, autant elles ont acquis de liberté. Mais du moins la jalousie ne s'arme plus de poignard & de poison.

Venise avait encore au commencement de ce siecle ces fameuses Courtisannes, qui faisaient une singularité de cette Ville. C'étaient les *Laïs*, les *Leon-*

tium des Grecs : c'étaient les *Marion de Lorme*, les *Ninon l'Enclos* des Français. La République les a chassées ; a-t-elle bien fait ? Ces Fermières générales de Venus s'engraissaient sans doute de la substance des Nobles Vénitiens ; & encore plus de celle des étrangers. Mais la République les pressurait dans de grands besoins. Elles étaient même assez généreuses pour ne pas attendre la demande. Qu'est-il arrivé ? Les honnêtes femmes ont pris leur place, sans aucune ressource pour l'Etat ; ou, ce qui est encore pis, des malheureuses que la faim assiége dans d'infâmes réduits, & que la débauche consume.

Je vous ai parlé des mœurs de la Noblesse. Quand la Partie gouvernante a des mœurs, la Partie gouvernée en prend aussi. D'autres raisons encore rendent ici le Peuple meilleur qu'il ne l'est dans la plupart des Villes d'Italie. Quoique Venise ne soit plus l'entrepôt de l'Europe & de l'Asie, comme elle l'était avant la découverte du Cap de Bonne-Espérance ; cependant elle conserve un grand mouvement de commerce intérieur. Ses Arts, ses Manufactures lui suffisent, pour occuper vivement son Peu-

ple, & le mettre dans une certaine aisance. Ce travail qui s'offre toujours, &
l'aisance générale, empêchent la fraude,
le vol & le meurtre. Peu d'exécutions,
parce qu'il y a peu de crimes : point d'i-
vrognerie, point de ces rixes, trop souvent sanglantes, que le vin suscite. Bien
en prend à ce Peuple d'être sobre. S'il
s'abandonnoit à l'ivresse, avec tant de
quais fort étroits & de ponts sans garde-
fous, il se précipiteroit dans les canaux.
Il m'a paru doux & tranquille, & malgré
la liberté républicaine, qui n'est pas si patiente que celle des Monarchies, il est
difficile qu'il se porte à une grande licen-
ce, sous les ressorts toujours tendus d'une
Police très-vigilante.

LETTRE XLV.

De Venise, le 12 Juin 1764.

DE la position de Venise dans le sein
des eaux, vous conjecturez, sans doute,
que Venise n'a point, ou presque point
de jardins, & dans la rigueur elle n'a
qu'une Place publique, si connue sous

le nom de Saint-Marc, & si remarquable par sa grandeur. Si on vous disait qu'on navigue sous cette place, le croiriez-vous ? Il faut bien le croire, puisqu'on le voit. Elle est portée sur des pilotis qui laissent assez d'intervalle pour visiter ce prodige en bateau. Cette Place est bornée d'un côté par la mer ; & les trois autres montrent des édifices qui, sans être de l'Architecture la plus noble, mélange du goût Grec & du goût Gothique, forment un tout majestueux.

Parmi ces édifices l'Eglise Patriarchale de Saint-Marc tient un rang distingué. Ses murs sont incrustés de marbre. Les colonnes, en grande quantité, qui la soutiennent, sont d'un marbre oriental encore plus précieux. Cinq dômes la couronnent. La face qui regarde la Place a cinq portes d'airain avec des bas-reliefs historiques. Sur celle du milieu on voit quatre chevaux antiques de bronze, emplacement singulier pour des chevaux. Constantin les avait détachés de l'Arc triomphal de Néron, pour en orner l'Hippodrôme de Constantinople. Les Vénitiens ont tiré de cette Ville quantité d'autres morceaux ; & en particulier de Sainte-Sophie, pour décorer Saint-Marc. L'intérieur de l'Eglise en montre des dépouilles, aussi-bien que l'extérieur. Elle est pavée de porphyre.

Le corps de saint Marc fut apporté d'Alexandrie à Venise au neuvième siècle. Le Public ne sait pas en quel endroit de l'Eglise il repose, On dit que c'est un secret que les Procurateurs de S.-Marc se transmettent les uns aux autres.

Sur une porte de l'Eglise on voit les effigies en mosaïque de S. Dominique & de S. François. Elles tiennent du prodige. Elles furent faites par ordre du Moine Joachim, né Italien, qui se piquoit d'être Prophète. Il fallait bien qu'il le fût; car il les fit faire avant la naissance des deux Saints.

Le Trésor de cette Eglise, après celui de Lorette, est le plus riche de l'Italie. C'est un amas prodigieux d'or, en Vases sacrés, en Croix, en Chandeliers, en Lampes. C'est une profusion de Perles & de Diamans. La Couronne qui sert au Couronnement du Doge, est surmontée d'une Escarboucle inappréciable.

Le clocher, sans escalier, est détaché de l'Eglise. C'est une tour carrée d'un grand diamètre. Une rampe douce, qui va continuellement d'un angle à l'autre,

vous

vous mene au sommet. Hauteur de 300 pieds. De-là on découvre, non-seulement toute la Ville, les Forts & les Isles de sa dépendance ; mais encore la Lombardie, les Alpes, l'Apennin à sa naissance, & l'embouchure du Pô.

A quelques pas de cette tour, trois étendards toujours arborés, en mémoire des trois Royaumes que Venise posséda au tems de sa puissance, Chypre, Candie & Négrepont.

On fait grand cas de deux colonnes de marbre, sur l'une desquelles est un lion aîlé, enseigne de saint Marc, & sur l'autre la statue de saint Théodore. Constantin, en bâtissant Constantinople, n'imaginait pas que les ornemens qu'il y plaçait, viendraient embellir les lagunes de la Mer Adriatique.

Tout concourt à l'embellissement de cette Place. L'immense Palais de Saint-Marc, où résident le Doge & les Dix, où s'assemblent tous les Conseils, tous les Tribunaux & le Sénat : les deux Palais des Procuraties, ornés de portiques : la Bibliothèque, autre grand édifice. Ce fut Pétrarque qui y plaça les premiers livres. Elle est riche en Manuscrits Grecs & Latins.

Cependant ce n'est pas sur cette place si vantée, qu'il faut chercher les édifices du meilleur goût ; c'est sur les bords du grand canal. D'autres grandes villes d'Italie présentent une plus grande quantité de Palais, mais fort peu qui soient d'une architecture aussi noble, aussi régulière ; ouvrages de Palladio, qui s'est signalé dans quelques Eglises, aussi bien que dans les Palais ; il seroit à souhaiter qu'il se fût mêlé des théâtres, que l'on prendroit pour des jeux de paûme, sans architecture, sans avenues, sans dégagemens.

La plus belle partie de la ville, est celle qui borde le grand canal, large de quarante pas. Le pont unique qui le traverse, passe pour une merveille. C'est le Rialto. Il est de marbre & n'a qu'une seule arche, avec deux rangs de boutiques, barbarie qu'on ne reproche guères aux villes d'Italie. On y monte par trois escaliers. Celui du milieu a soixante marches.

Venise, selon l'usage des Républiques de faire naître les grands talens & les grandes vertus, par la gloire, a érigé près de deux-cents statues à ses hommes illustres. On doit lui reprocher d'avoir oublié le célèbre *Fra-Paolo*, qui défendit ses droits avec tant d'éloquence & au péril même de sa vie, contre les entreprises de la Cour de Rome. Son génie seul auroit mérité un monument. Il est enterré dans l'Eglise des Servites, sans la moindre épitaphe. Le stilet dont il fut frappé, qu'il appelloit *stylum Romanæ curiæ*, est suspendu aux pieds d'un Crucifix.

Au reste, l'Art ne se fait pas admirer dans les statues, qui se présentent à Venise. Mais les morceaux de sculpture antitique qu'elle possède, sont des meilleurs tems. Tels sont les deux lions qui défendent la porte de l'Arsenal. Celui qui est d'une proportion colossale, est du plus beau marbre de Paros. Si Athènes l'avoit placé, comme on l'assûre, au Promontoire de Sunium, d'où il a été apporté, c'est un mérite de plus. Le vestibule de la Bibliothèque étale quantité d'autres morceaux Grecs, amassés dans les Isles de l'Archipel, lorsque Venise y dominait.

Le Noble Farsetti a une collection unique de tous les chef-d'œuvres de sculpture antique & moderne, modelés en plâtre. Ce Noble, en s'initiant par la tonsure dans l'état Ecclésiastique, s'est fermé la porte des emplois publics, pour se livrer entiérement aux Arts & à la Philosophie. Ces exemples peuvent être louables, pourvu qu'ils soient rares.

La peinture, à Venise, s'est élevée bien au-dessus de la Sculpture. Les Peintres qui ont fait la grande réputation de l'École Vénitienne, sont les Palma, le Giorgione, le Ricci, les Bassan, le Tintoretto, (*le Tintoret*), le Titien & Paul Véronese. Une femme a partagé leur gloire, la Rosalba Carriera. Les Eglises, les *Scuole* ou les salles de confréries, les Palais sont pleins de leurs ouvrages. Je n'en cite qu'un très-petit nombre.

A S.-Maria Maggiore, l'Arche de Noé de Jacques Bassan. On dirait qu'il était présent au déluge. La catastrophe du genre humain porte à l'ame l'impression la plus profonde.

Au Palais Saint-Marc, le combat des Vénitiens à la prise de Zara. Étoient-ils plus animés, qu'ils ne le sont sur la toile ? C'est une production étonnante du Tintoret. De grands Peintres l'ont surpassé en certaines parties ; mais aucun peut-être ne l'a égalé dans l'action, le mouvement & la chaleur des figures. C'est sur-tout dans la *Scuola grande di San-Rocco* qu'il faut étudier le feu de ses compositions.

On voit au Palais Barbérigo, qu'on appelle l'École du Titien, une Vénus à sa toilette, bien propre à tourner la tête à tous les Dieux; & une Magdelène en pleurs. Qu'elle est belle! qu'elle est touchante! Je ne sais pourquoi les Peintres s'emparent toujours de la Magdelène au commencement de sa conversion, avant que la pénitence l'ait maigrie, macerée, extenuée. Dans cet état de dépérissement elle serait bien plus propre à prêcher la mortification évangélique.

Vous avez vu par-tout l'enlevement d'Europe. Paul Véronese l'a aussi traité ; mais avec quel art dans la façon de grouper, avec quels tons de couleurs, quelle supériorité! L'effet n'en fut jamais aussi saillant, aussi beau. Le Taureau lèche les pieds de la Belle enlevée. Que dites-vous de cette idée agréable ? C'est le Palais de Saint-Marc qui posséde ce trésor. Il faudrait dire à tout ce qu'il a fait : cela est beau, cela est admirable. Mais pour sa Venise sur les nuées, couronnée par la Gloire; son repas de J. C. chez le

Lévite, & ses nôces de Cana, les expressions manquent.

La quantité inimaginable des excellents originaux qu'on voit ici, produit cette espèce de satiété qu'on éprouve à un grand festin. Je me suis lassé de voir; & vous vous lasseriez de mon catalogue.

Je prends congé de Venise avec deux sentimens contraires. Le charme de la nouveauté dans une Ville qui ne ressemble ni dans sa construction, ni dans ses usages, ni dans ses mœurs, à ce qu'on a vu; les amusemens sans cesse renaissans dans ces jours de plaisirs; quitter tout cela, c'est un regret. Mais je m'ennuie de ne plus marcher: mais ne voir que de l'eau: mais être privé des champs, des prairies, des animaux, des jardins, des côteaux, des forêts; regagner tout cela, c'est un plaisir. Demain je reverrai la terre & Padoue, en reprenant la Brenta.

Votre dernière Lettre m'a rempli de consolation, en m'apprenant que la liberté plénière du commerce des Blés est enfin accordée. Si cette loi est autant établie sur l'importation de l'Etranger chez nous, que sur notre exportation chez lui; si le monopole accrédité ne s'en mêle pas, c'est ouvrir une source à la prospérité publique (*a*).

LETTRE XLVI.

De Parme, le 25 Juin 1764.

LA Ville de Padoue que j'ai revue, & qui ne m'avait paru que médiocrement peuplée, fourmillait de monde. Cette affluence arrivait des Villes & des campagnes voisines. C'était la Fête *del Santo*. C'est ainsi qu'ils nomment leur Saint par excellence, saint Antoine de Padoue. Une Procession à ne pas finir, tenait du mi-

___

(*a*) Depuis l'époque de ce Voyage, les loix faites en 1763 & 1764 sur la liberté du commerce des Grains, ayant été révoquées en 1770, plusieurs Provinces ont beaucoup souffert de la cherté du pain; & on sait que l'Intendant de Limoges, aujourd'hui Ministre des Finances, soulagea de ses propres deniers la partie du Peuple la plus nécessiteuse dans son Département; & qu'il trouva moyen de faire révoquer des ordres qui auraient aggravé la misère. Il a maintenant dans les mains de plus grands moyens de faire du bien. On est en droit de tout espérer.

litaire & du civil. Toute la Ville était en mouvement. Une Cavalerie assez nombreuse fermait la marche. Je demandai ce qu'on faisait pour célébrer la *Fête-Dieu*. On me répondit que la Fête *del Santo* était leur plus grande solemnité.

L'Eglise où repose le Saint, est un grand vaisseau, avec cinq nefs & cinq coupoles ; mais gothique. Sur le parvis la Republique a érigé une statue équestre à son Général Gattamelatta. Etoit-ce là le lieu ?

Vicence. De Padoue je me suis rendu à Vicenza, que nos Géographes appellent Vicence. Cette Ville, qui compte 25 à 30 mille ames, appartenait à Galéas Viscomti, Duc de Milan, sur la fin du quatorzième siècle. Après sa mort, la Duchesse sa femme remit la Ville en liberté, comme de nos jours, après que Charles XII eût fini son étonnante carrière, Ulric, sa sœur, a rendu la liberté à la Suède: Il faut, Aspasie, que votre sexe, naturellement plus humain, n'ait pas autant d'ardeur que le nôtre pour le pouvoir absolu. Vicence, ne se croyant pas assez forte pour se défendre contre un autre Usurpateur, se livra aux Vénitiens. La liberté des Républiques fera toujours un appas pour les Peuples que le defpotifme aura opprimés.

Les objets qui m'ont le plus frappé à Vicence, font les ouvrages de Palladio. Il était bien naturel que ce fublime Architecte confacrât les premiers efforts de fon talent à fa Patrie. La plupart des Palais qu'on y admire, les uns finis, d'autres feulement commencés, font de lui. Le morceau le plus achevé, c'eft fon Théâtre, à l'imitation des Théâtres antiques. La fcène y repréfente dans la même enceinte, tous les différens endroits où fe peut paffer une même action: des files de maifons fur cinq rues qui aboutiffent à une même place, un Temple, un Palais, un veftibule, un cabinet. Avec cette conftruction n'eft-il pas plus aifé au Poëte de garder l'unité de lieu ; & aux Acteurs de créer l'illufion fi néceffaire aux Pièces de Théâtre ?

Quant aux fpectateurs, ils font affis fur feize rangs de gradins qui s'élèvent en demi-cercle, couronnés d'une baluftrade, où trente ftatues forment une décoration qui parle aux yeux & à l'efprit. Nulle place d'où l'on ne voye & l'on n'entende avec la plus grande facilité. Voir & entendre, deux points essentiels d'où il faut partir, pour la construction des Spectacles.

Il seroit bien tems de la décider dans notre bonne Ville de Paris; d'autant plus que la reconstruction de l'Opéra (*a*) est instante, & que nos deux Salles de Comédie déshonorent la Capitale d'un grand Empire. Peut-être faudrait-il isoler nos Théâtres sur de grandes places, où l'on pourrait en décorer toutes les faces, & où la commodité se réunirait à la majesté. Mais la dépense, direz-vous ! & moi je dis : mais Paris ! Le Théâtre que je viens de vous peindre, a été élevé dans une petite Ville, aux frais d'une Société d'amateurs, des Académiciens Olympiques.

La première Piece qu'on y repréfenta en 1585, fut l'Œdipe de Sophocle. Vicence s'étoit déjà distinguée par la représentation de la première Tragédie qu'on ait vue en Europe, depuis l'extinc-

―――――――――――

(*a*) Dans le tems qu'on écrivait ceci, on parlait beaucoup de lui chercher un plus grand emplacement. On eût peut-être fait un monument plus digne de notre siècle, & de la postérité.

tion des Lettres. C'était la Sophonisbe de l'Archevêque Trissin, qui a son tombeau dans cette Ville. Nous ne pensions alors qu'à de misérables farces, ou à jouer ridiculement nos Mystères (*a*). Mais à présent il faut des théâtres dignes de nos Pièces.

Vérone, qui s'est trouvé sur ma route, après Vicence, offre un monument qu'elle ne doit qu'à elle-même. C'est un amphithéâtre qu'elle se donna au tems d'Auguste, n'étant encore qu'une petite République. Il est d'ailleurs mieux conservé que la plupart des édifices de ce

Vérone.

(*a*) Ces Farces religieuses ont continué dans la Vallée de Chaumont jusqu'à la cession que nous en avons faite à la Savoie, en 1713, par le Traité d'Utrecht. Dans la Tragédie de la Passion le Père Eternel, au moment que J. C. expirait, paraissait abîmé dans la douleur. Un Apôtre lui disait :

Père Eternel, vous avez tort :
Vous devriez avoir grand' vergogne :
Votre Fils Jésus-Christ est mort,
Et vous ronflez comme un ivrogne.
Reveillez-vous ; car votre Fils
Veut s'en aller en Paradis.

C vj

genre, & on l'entretient des deniers publics. Les caves où l'on tenait les bêtes pour les combats, les gradins, les escaliers, les vomitoires, les corridors y sont entiers. Il est de forme ovale, & peut contenir commodément vingt-mille spectateurs. L'extérieur, qui a souffert, ne montre plus que deux ordres d'architecture. Le troisieme est presque ruiné.

On remarque, au milieu du Cours, une porte d'un temple Romain, construit sous le règne de l'Empereur Gallien. L'architecture fait voir que l'Art se dégradait déjà.

Cette Ville, qui aime les Arts, les Lettres & les plaisirs, a rassemblé dans une même enceinte le théâtre de l'Opéra, un Musæum Lapidaire, une salle d'Académie, & une autre pour la conversation journalière. Ce vaste édifice s'appelle Académie Philarmonique.

Point de Ville du troisieme ordre, où l'on voye autant de Musæums pour l'antique, le moderne ou l'Histoire Naturelle. Les cabinets de tableaux y sont aussi très-multipliés. Il n'est pas besoin de vous dire qu'il y a du Paul Véronèse en quantité. Ce grand Peintre n'a pas oublié sa patrie; & sa patrie se glorifie de ses prodiges. Paris a des collections dans plusieurs genres ; mais nous y verrions bien d'autres richesses, si nos grands Seigneurs & nos Financiers ne croyaient pas devoir donner la préférence aux bijoux, aux vernis & aux magots de la Chine.

Le goût des sciences, de l'érudition & des beaux Arts, n'a presque jamais abandonné cette Ville. Quelle liste ne vous ferais-je pas de ses hommes illustres : Un Fracastor, Poëte, Philosophe & Médecin ; ses concitoyens lui ont érigé une statue. Un Panvinius, que Paul-Manuce appellait *Helluonem antiquarum historiarum*, & que d'autres ont nommé le pere de l'histoire. Un Monsignor Bianchini, connu par ses savantes dissertations, sur le Calendrier & sur le Cycle de Jules César. Un Cardinal Noris, qui, après avoir vu mettre son Histoire Pélagienne à l'Inquisition, fut fait, par le Pape, Consulteur de l'Inquisition même. Un Marquis Maffei aussi célèbre par l'érudition que par le Théâtre. Je ne me suis rappelé, qu'après mon départ, l'inscription énergique mise au bas de son buste :
AU MARQUIS SCIPION MAFFEI VIVANT.

On avait profité de son absence, pour placer ce buste à l'entrée de l'Académie. Il ne lui restait, pour augmenter sa gloire, que de le faire disparaître. L'Académie, après une longue résistance, n'y consentit qu'à regret. J'imagine, sans pouvoir l'assurer, qu'après sa mort, on aura replacé le monument, que je n'ai pas vu. Lisez sa *Verona illustrata*, vous y trouverez que dans les tems les plus reculés Vérone avait déjà des Citoyens illustres par les Lettres; Catulle, Cornelius Nepos, Vitruve, le Poëte Macer, Pomponius Secundus, autre Poëte & Consul Romain. Je nommerais encore Cassius Severus, si cet Orateur célèbre n'avait pas flétri sa gloire par l'infâme métier de Délateur, & par le fiel de la Satyre personnelle. Il mourut, comme il le méritait, après un exil de 25 ans, dans la haine de tous les gens de bien, & dans une misère si grande, que S. Jérôme dit: *vix panno verenda contectus*.

Vérone est voisine des Alpes; elle en reçoit l'Adige, qui dans son cours partage la Ville en deux parties presqu'égales, & remplit ses fossés. La République de Venise n'a rien oublié pour la fortifier ; trois Châteaux, des baſtions à la moderne, & une garniſon nombreuſe. Il y a dans le Véronais une race de chevaux fort eſtimés pour la ſelle & l'attelage. Ils diſputent de figure & de bonté avec les chevaux Normans. Le canton où ſont les haras, s'appelle le Poleſiné, dont ils prennent le nom.

J'avais projetté d'aller à Breſcia & à Bergame, dernières Villes de l'Etat Vénitien du côté du Milanais. Mais qu'y aurais-je vû ? Des tableaux. J'en ai tant vu ! Je n'avais point d'armes à feu à acheter à Breſcia, quoi qu'en diſe la renommée.

Si Bergame a quelque coin d'illuſtration, c'eſt pour avoir été le berceau du *Taſſe*. Mais qui croirait que ce Poëte, la gloire de l'Italie moderne, ſe trouva dans une ſi grande & ſi longue miſère, que, n'ayant pas le moyen de s'éclairer la nuit, pour écrire, il pria ſa chate, dans un joli Sonnet, de lui prêter la lumière de ſes yeux. A quoi lui ſervait donc la protection du Duc de Ferrare, du Cardinal d'Eſt, & de tant d'autres Mécènes ? On penſait à le couronner Poëte Laureat à Rome ; on en préparait la cérémonie, lorſqu'il y mourut. Le Cardinal Bevilacqua l'honora d'un marbre & d'une épitaphe. J'ai lu quelque part que le grand Milton passa aussi les dernières années de sa vie dans l'indigence, ce qui fit écrire sur sa tombe...... *Il vous demandait du pain; vous lui donnez une pierre.*

Mantoue. Je n'ai pas négligé Mantoue, comme Brescia & Bergame. La patrie de Virgile, n'y eût-il eu que ce motif de curiosité, j'y aurais couru. C'est une Ville assez grande avec des rues larges & alignées, qui ne compte pourtant que quinze-mille habitans. Elle en eut autrefois cinquante-mille, lorsqu'elle avait, pour Maîtres, des Princes qui n'étaient pas au rang des Potentats. Les grands Monarques négligent beaucoup de choses; les petits Princes soignent tout. Mantoue a passé dans ces derniers tems de la domination des Gonzagues sous la Puissance Autrichienne. J'ai vu à Venise un Prince de Gonzagues bien petit, n'ayant que le souvenir de la grandeur de ses ayeux.

Mantoue est au milieu d'une grande étendue d'eaux stagnantes : ce sont celles du Mincio qui la traverse. Le Voyageur qui peut voir cette Ville, sans se rappeller Virgile avec émotion, est indigne d'entendre le Cygne de Mantoue. La Ville, quoiqu'ancienne, est sans monumens antiques. Le moderne s'y montre. On voit dans l'Eglise des Dominicains le tombeau de Jean de Medicis, célèbre Capitaine de son tems, & père de Côme I, Grand Duc de Toscane.

L'Architecture du Palais du Thé est fort belle. Les peintures sont toutes de *Giulio Romano*, que nous nommons Jules Romain. La chûte des Géans foudroyés par Jupiter, est un morceau de la première force, & de la plus grande fierté. Dans l'Eglise des Théatins on admire le pinceau des Carraches.

Je vous ai donné Mantoue pour la patrie de Virgile. Quelque saumaise pourrait me faire un procès là-dessus. Il me citerait... que ne citerait il pas ? & il aurait raison. Virgile naquit effectivement à Andès, village dans le territoire de Mantoue. Son père y faisait des pots-de-terre, & le fils a fait l'admiration du siècle d'Auguste, aussi-bien que du nôtre ; tandis que nous ignorons l'existence de tant de Patriciens qui faisaient une si grande dépense à la Cour d'Auguste.

A cinq milles de Mantoue est une respectable Abbaye de Bénédictins, haut

& puiſſans Seigneurs de deux Villes & de trente-deux Villages. Ce Monaſtère eſt bâti ſur les ruines du château de la fameuſe Comteſſe Mathilde. Une idée aſſez ſingulière, c'eſt qu'elle eſt en ſtatue équeſtre ſur ſon tombeau de marbre blanc dans une Chapelle, tenant une grenade à la main. Son corps n'y eſt plus, ayant été tranſporté à Rome, dans l'Egliſe de Saint-Pierre, ſous le Pontificat d'Urbain VIII.

Je me ſouviens, Aſpaſie, que, dans le recit des Voyages, vous aimez un peu les aventures. En voici une qui n'a rien de merveilleux. C'eſt peut-être à cauſe de la grande inquiétude où elle m'a tenu que je vous la conte. A mon départ de Mantoue, au moment de monter en voiture, au lieu de mon Voiturin, jeune & vigoureux, je vois un Vieillard à cheveux blancs, les yeux malades, le fouet à la main, pour me mener. C'était le père du mien que je redemandais à toute la Ville, & qui avait pris parti ailleurs, ſans me conſulter. Que faire ? Je me livre. Nous arrivons au Pô, au ſoleil couchant. La traverſée du fleuve, fort large en cet endroit, nous retarde. Le Ciel ſe brouille, & s'arme de toutes ſes foudres. Nous entrons dans une forêt. L'orage groffit, la nuit s'épaiffit à ne plus rien difcerner. Nous étions encore à une lieue de notre gîte, Borgo-Forte, place affez bien fortifiée. Après quelques cent pas, le vieux Automédon defcend de cheval, & tout s'arrête. Le feu des éclairs lui avait ôté le peu de vûe qui lui reftait; & fa tête était perdue. Je le place dans la voiture, & je veux mener. Il me conjure de ne pas m'expofer à nous perdre tous deux. Il m'apprend que la langue de terre fort étroite qui conduit de l'extrémité de la forêt à la Ville, eft bordée de gouffres. Sur cette repréfentation je m'achemine à pied fous la pluie, la grêle & le tonnerre entre les gouffres. Mon bâton les voyait mieux que moi. Heureufement à la lueur des éclairs j'entrevois les murs & la porte de la Ville; j'arrive. Une fentinelle du haut du rempart me crie, qui vive? j'étais fort peu vivant. Je crie au fecours, qu'on m'ouvre & qu'on fera bien payé ; parole efficace en Italie plus qu'ailleurs. Cependant une demi-heure fe paffe avant que j'entende le bruit des clefs. On m'ouvre enfin. Je retourne à ma voiture, & à mon Vieillard, accompagné du Portier, & d'une lanterne; vous devinez le reste. Jamais gîte, quoiqu'il fût assez mauvais, ne me parut si bon. On l'a toujours dit, qu'il faut passer par la tempête, pour goûter vivement le plaisir du calme.

Guastalle. Guastalle est plus considérable que Borgo-Forte. C'est là qu'en 1734, l'Armée Française, unie aux troupes du Roi de Sardaigne, gagna une bataille contre les Autrichiens. Je n'ai donné qu'un coup-d'œil à cette Place. L'envie de revoir Parme me poussait. Et comment ne l'aurait-on pas cette envie? Une Cour où le Prince protége les Lettres, attire puissamment ceux qui les cultivent. Si j'ai oublié quelque chose dans ma Gazette de l'année dernière, article de Parme, vous aurez un Supplément.

LETTRE XLVII.

De Parme, le 27 Juin 1764.

MOn retour à Parme me plaît par plus d'un endroit. J'y jouis des bontés du Prince; sa Cour est un racourci de celle de Versailles; même livrée pour ses gardes; même étiquette, sinon qu'elle est plus rapprochée de l'humanité; plus familiere. Je recueille aussi des faits qui m'avoient échappé. Ici l'administration n'oublie rien. Je viens de voir une manufacture de Savon, une autre de Bougies, & j'ai sur ma table un projet pour des Mines de fer. Un établissement se forme, pour donner la meilleure éducation possible à vingt-quatre Pages; ressource bien grande pour la pauvre Noblesse dans un petit Etat. Avoir des Pages, c'est un trait d'humanité aussi bien que de magnificence. Mais si on n'en fait pas de bons sujets, on les perd, & on ne sert pas les familles.

Tout marche de front dans ce Ministère; l'agréable à côté de l'utile. Une partie du rempart, qu'on a plantée & sablée, s'est tournée en promenade, dont les points de vue sont délicieux. Un café d'une belle architecture, grand & commode pour le dedans, y offre des rafraîchissemens. Dans les autres Villes d'Italie les maisons où l'on s'assemble appartiennent à des particuliers qui représentent; à Parme le casin de la conversation s'est élevé aux frais du Prince; son jardin, qu'il livre au public, plaît par l'étendue, par le plan & par les statues dont le nombre s'augmente à proportion du travail. Les sujets en sont tous relatifs au lieu qu'elles décorent. J'aime à voir le Dieu Pan, ou Aristée, dans un jardin: mais Mars & César m'y déplacent. L'Artiste qui donne la vie à ces marbres, a son attelier dans les Palais du Prince dont il est pensionné. C'est un Français qui fait honneur à sa Patrie.

Vraisemblablement lorsque Dom Carlos, aujourd'hui Roi d'Espagne, jouissait de la Souveraineté de Parme, aucun des biens qui se font à présent, ne pouvait se faire; puisque rien n'était fait, lorsque son successeur est venu.

Ce Prince, qui a toujours les yeux ouverts sur le bien de l'Etat, en considérant que les voleurs pendus ne sont bons à rien, a établir des galères de terre, où le crime s'expie dans les travaux publics. Le malfaiteur qui ne peut plus nuire, y devient utile, & sert en même tems d'exemple vivant, pour effrayer les pervers.

Ce Prince, qui se prête à tout ce qui peut éclairer l'histoire, fait fouiller depuis cinq ans, dans les ruines d'une grande Ville qui disparut, on ignore en quel siècle. Ce que je vais vous en dire, c'est pour le communiquer à notre ami commun de l'Académie des Inscriptions.

Cette Ville existait du tems de Pline, qui en parle en ces termes liv. 7. ch. 49. *citrà placentiam in Collibus oppidum est Velleïatium in quo CX annos, sex detulère.* Ce passage un peu obscur, comme on en trouve plusieurs dans Pline, pourrait vous embarrasser: en voici la traduction. En-deçà de Plaisance dans les collines, est la Ville *Velleïatium*, ou six hommes ont véeu cent-dix ans. Plégon de Tralle, affranchi de l'Empereur Adrien, dans le Livre *de Macrobiis*, la nomme *Polis Beleia*, & encore *Quleia*. Voilà les deux seuls Auteurs qui parlent de cette

Ville, que les Savans d'Italie s'accordent à nommer *Velleïa*. Sa position est à huit milles de Plaisance, près de Massinissa.

On vient de trouver dans la fouille deux Inscriptions sur marbre, avec le mot *Velleïatium* : on lit dans l'une & l'autre, *Respublica Velleïatium*. Les Velleïens, comme on le voit dans la Table Théodosienne, occupaient un grand pays. Velléïa en était la Capitale. Ce second fait est attesté par deux tables de bronze, trouvées dans la fouille, & conservées dans la Salle de l'Académie de Parme. L'une contient les bienfaits de Trajan, pour les orphelins. Tous les biens qu'il avait assignés, pour leur entretien, y sont gravés. Elle était affichée dans une rue peu éloignée de la place publique, avec une belle bordure de bronze, encadrée dans une autre de marbre. Est-il probable que cet Empereur, voulant faire du bien à tout le pays, eût fait placer le monument de sa générosité dans une autre Ville que la capitele ? Tant de personnes intéressées au bienfait, fréquentaient nécessairement la capitale. Le moyen le plus naturel pour y participer, c'était d'en prendre connaissance.

naiſſance. La ſeconde table contient des Loix pour toute la Gaule Ciſalpine. Un corps de Loix qui doit régler tout le pays, doit naturellement ſe placer dans la capitale.

Velléïa était non-ſeulement la capitale du pays : pluſieurs raiſons font juger qu'elle était encore une Ville conſidérable, une grande Ville.

1°. Elle devait avoir la grandeur qui convient à la premiere Ville d'un grand pays policé par les Romains.

2°. Elle avait tous les édifices publics qu'on élevait dans les grandes Villes. Par exemple, le *forum*, qui était d'une grande magnificence, entouré de colonnes & de ſtatues qu'on a trouvé renverſées & mutilées, pavé de marbre avec une inſcription en lettres de bronze, qui traverſait le pavé: au milieu était un Autel érigé à Auguſte. Elle avait un autre grand monument, le *Chalcidicum*, Palais où l'on rendait la juſtice pour les monnoies; & on vient de découvrir un grand cirque dont on ne peut pas encore décider l'uſage, vu ſa forme & les bâtimens attenans, qui ſont tellement ruinés, qu'il n'eſt guères poſſible de conjecturer juſte.

3°. On a trouvé dans ſes ruines une quantité prodigieuſe de médailles, en toutes ſortes de métaux, parmi leſquelles il y en a de précieuſes. Environ ſoixante inſcriptions à différens Empereurs, juſqu'à Aurélien; treize ſtatues de marbre, mais aſſez maltraitées; des fragmens d'une ſtatue coloſſale de bronze doré de l'Empereur Adrien; la tête qui eſt fort belle, un pied, une main, & quelques lambeaux de la draperie.

4°. Des appartemens pavés de moſaïque, découverts dans les fouilles; des bas-reliefs; quantité de bordures de bronze doré, & fort bien travaillées; toutes ſortes d'uſtenſiles & d'ornemens. Tout cela indique une Ville où les Arts étoient en honneur, une Ville opulente.

Juſqu'à ce jour, quoiqu'on ait découvert des bâtimens de toute eſpèce, on n'a trouvé aucun Temple. Il y en avait, ſans doute, puiſque les fouilles donnent ſans ceſſe des *ex-voto*, ſoit en bronze, ſoit en terre cuite; puiſqu'on en a tiré une belle ſtatue d'Hercule en bronze, avec l'inſcription qui déſigne une Confrérie, *ſodalitium*, dévouée à ce Dieu.

On ignore abſolument le tems de la deſtruction de Velléïa. On y trouve des médailles du bas Empire, frappées sous des Princes qui ont régné après Constantin. Le silence des Ecrivains, sur l'époque de sa destruction, marque un siècle barbare où l'on maniait l'épée plus que la plume; où l'on ne tenait compte de rien.

Quant à la cause, il ne paraît pas qu'on doive l'attribuer à un volcan, dont on ne trouve aucun vestige ni dans le local, ni dans l'histoire. D'ailleurs, un volcan, en enterrant une Ville, laisse quantité de choses dans leur entier, comme on le voit à Herculanum & à Pompéïa. Ici tout, ou presque tout, est brisé, écrasé, abîmé. Il faut donc recourir à une autre cause; à l'éboulement d'une moitié de la montagne au pied de laquelle la Ville était assise. On voit par-dessus ses ruines, celles de la montagne à la hauteur de vingt-deux pieds; ce qui rend la fouille fort difficile & très-dispendieuse. Cette cause est d'autant plus évidente, que tous les ans il y a de nouveaux éboulemens du reste de la même montagne, lorsque les pluies abondantes forment des torrens; alors une partie des collines descend dans la vallée. Un pareil accident a détruit en

1761 le village *Picinisco*, non loin du Mont-Caffin dans le Royaume de Naples. Les habitans ont eu le tems de prévoir & de se sauver. Ceux de Velléia eurent peut-être le même bonheur ; si c'en est un de vivre, après qu'on a tout perdu.

 Dans mon premier séjour à Parme, l'année derniere, je n'avais pas eu le tems de voir Colorno, maison de Plaisance des Ducs. La situation en est agréable. Dans les jardins on est frappé de deux colosses antiques de pierre de touche. L'un des deux est encore couché sur le gazon. C'est un jeune homme nud, qui embrasse un petit Satyre. C'est dans la Tour de Colorno, qu'un Capitaine de Grenadiers au Régiment de Picardie, M. d'Arci, oublié avec deux Compagnies qu'il commandait, osa se défendre contre l'Armée Autrichienne, en 1746, & capitula honorablement. Je ne me souviens pas qu'on ait vanté à Paris dans le tems ce trait de courage.

 A mon retour de Colorno à Parme, par une belle nuit sans lune, l'air brillait d'une infinité de phosphores, qui voltigeaient çà & là ; c'étaient des mouches luisantes ; phénomène qui n'étonne pas les habitans des pays chauds. Par l'arrangement de mon Voyage, j'ai évité, sans me l'être proposé, les chaleurs de ce climat. A présent je les éprouve. Si on a quelqu'affaire qui demande de l'action & du mouvement, il faut s'y prendre, avant huit heures du matin. L'après-midi, on se retire dans des sallons qu'on a ouverts pendant la nuit, & qu'on a fermés avant le soleil levé. Là, dans la plus grande obscurité, on se jette sur des ottomanes. Bientôt la conversation baisse, & on ne fait plus que dormir, on végéter ; car à peine a-t-on la force de penser. On n'en sort qu'au soleil couchant, pour respirer la fraîcheur du soir, & revivre.

LETTRE XLVIII.

De Gênes, le 2 Juillet 1764.

CE que j'éprouve me persuade de plus en plus, que l'homme a bien de la peine à s'accorder avec lui-même. L'éloignement de ma Patrie, la longue privation des sociétés de Paris, toujours des visages & des usages nouveaux ; tout cela, depuis quelque tems, commençait à me faire trouver mon Voyage long. Maintenant qu'il tire à sa fin, je trouve qu'il va trop vîte.

Pavie.

De Parme jusqu'aux Apennins, qu'on passe & repasse tant de fois, la route est belle & commode. Pavie, autrefois Capitale du Royaume des Lombards, a sans doute beaucoup perdu de sa magnificence. Le Tésin la partage, & va se jeter dans le Pô. Un Poëte dirait qu'il s'enorgueillit d'un très-beau pont de marbre blanc. S'est-il fait quelque changement dans la pente de ses eaux depuis *Silius Italicus*, qui le peint si tranquille, appelant le sommeil par la lenteur de son cours,

Ac nitidum viridi lentè trahit amne liquorem ;
Vix credas labi ripis tùm mitis opacis
Argutos inter, volucrûm certamina, cantus ;
Somniferam ducit lucenti gurgite Lympham.

Il est aujourd'hui fort rapide. Les licences poétiques ne doivent pas aller jusqu'à dénaturer les choses.

Avez-vous encore un petit reste de goût pour le merveilleux ? On montre dans la Cathédrale une lance d'une grandeur démesurée, qu'on donne pour celle du fameux Roland. Il fallait qu'il eût la taille de Pantagruel. Rabelais & l'Arioste ont créé des hommes bien étonnans.

A cinq milles de Pavie on ne manque pas d'aller voir une Chartreuse qui a beaucoup de célébrité. Dans la nef & les bas côtés de l'Eglise, on marche entre deux files de statues de marbre, une à chaque colonne. Décoration noble. Le Maître Autel est d'un marbre blanc, enrichi de pierres précieuses, artistement incrustées. La Sacristie montre une grande quantité de Vases sacrés en or. Cette Chartreuse fut fondée & bâtie par Galéas Viscomti. Son tombeau qu'on y admire est du Bramante. Le Bramante, si vous l'avez oublié, ressuscitait la belle Architecture au beau siècle de Léon X. Il n'est pas besoin de vous dire que cette Chartreuse est fort riche, comme elles le sont presque toutes, principalement en Italie. Ne trouvez-vous pas singulier que des reclus, sans s'être emparés des consciences des Souverains, ni de celles des riches Particuliers, ainsi que d'autres Religieux, soient parvenus à tant d'opulence ?

D iv

Je me suis promené sur le champ de bataille où le brave François I, poussé par l'esprit de conquête & de gloire, trouva la perte de sa liberté, & de grandes angoisses pour son Peuple.

De Pavie jusqu'à Novi, petite Ville où commence l'Etat Génois, on ne fait pas 4 milles sans rencontrer les traces des torrens qui doivent bien embarrasser le Commerce & les Voyageurs dans la mauvaise saison. Des Nations industrieuses auraient bientôt remédié à ce grand mal... On violente si souvent la Nature dans le Moral, lorsqu'il ne le faudrait pas; & on ne sait pas la corriger dans le Physique. Le plus large des torrens dans le lit duquel j'ai fait dix milles, de Campo-Maroni à Gênes, remplit tout l'espace d'une gorge qui s'ouvre dans l'Apennin. Heureusement il était à sec; sans quoi, il faudrait chercher dans les flancs des montagnes des chemins hérissés de difficultés, sur-tout pour des voitures.

La Bochetta, dont le nom est si doux, m'a brisé. Je préfèrerais la Voie Appienne. Si ce passage était bien défendu, Gênes serait en sûreté du côté de la terre. Il ne l'était pas, lorsqu'en 1746 les Autrichiens lui porterent la guerre. Mais son courage la délivra. Après que j'aurai fait mon cours de Gènes, je vous en rendrai compte.

LETTRE XLIX.

De Gènes, le 10 Juillet 1764.

GÈNES, que les Italiens appellent *Genova*, est partie en plaine sur le bord de la mer, partie en amphithéâtre sur des collines. Elle passa, de l'Empire Romain, sous la domination des Barbares; jusqu'à ce que Charlemagne la réunit à ses vastes Etats. Vous voyez par-là si nos Rois de la troisième Race ont eu raison de vouloir la revendiquer. Mais si nous voulions reprendre tout ce que Charlemagne avait attaché à sa Couronne, nous détrônerions la plupart des Souverains de l'Europe. La Monarchie Française sera toujours assez grande, lorsque les Peuples la béniront.

Gènes, dans la révolution des siècles, ne dépendant plus que d'elle-même, profita des Croisades, à l'exemple de

Venise, pour s'aggrandir sur mer, & sur terre. Mais les longues guerres qu'elle eut à soutenir contre les Pisans & les Vénitiens, l'affaiblirent tellement, que depuis cette époque elle se rejeta dans les bras de la France sous Charles VI, Louis XI, Louis XII, François I; alternative de sujettion, & de liberté, toutes les fois qu'elle pouvait se délier.

Cet état d'incertitude & de dangers était trop violent pour durer. Il fallait un grand-homme pour déterminer son sort. Il se trouva, au seizième siècle, dans la personne d'André Doria, qui fixa la liberté dans son pays dont il pouvait être le Souverain. Il y établit l'Aristocratie qui se soutient jusqu'à ce jour. La nouvelle République lui érigea une statue de marbre avec cette inscription:

Andreæ Doria, quòd Rempublicam diutiùs Oppressam, pristinam in libertatem vindicaverit,

Patri proinde Patriæ appellato, Senatus Genuensis, immortalis memor Beneficii, viventi posuit.

Le *Libérateur*, le *Père de la Patrie*, titres qu'on lui consacrait dans l'inscription, regrettait-il la souveraineté, lorsqu'il passait devant ce monument de reconnaissance filiale ?

Le Doge n'est pas perpétuel, comme à Venise. Il ne gouverne que deux ans conjointement avec huit Sénateurs, logés dans le Palais public avec lui : c'est ce qu'on appelle la Seigneurie. Mais le Grand-Conseil, qui est la source de tout pouvoir, qui seul peut faire les Loix, la Paix & la Guerre, est composé de quatre-cents Nobles, qui s'assemblent dans le même Palais.

La justice s'y rend aussi. Je veux croire qu'elle s'y rend bien : mais l'appareil est sans dignité & sans décence. Le vestibule de la Rote, (c'est ainsi qu'on appelle ce Temple de la Justice) corps-de-logis séparé, ressemble, dans ses avenues, à un cloaque infect. Les salles où sont les Tribunaux, dénués de tout ornement, se présentent comme les Classes d'un pauvre Collége. Les Avocats, pêle-mêle avec les Juges, y plaident au milieu d'un tas de livres dont ils montrent les passages. On croirait voir l'Etude poudreuse d'un Procureur. Il semble qu'on ait voulu garder toute la dignité pour le Sénat & pour le Doge.

Ce Doge-Roi, à cause du Royaume

de Corse, porte une Couronne dans les solemnités. Il est habillé de velours cramoisi, & vingt-quatre Sénateurs, en velours noir, l'accompagnent. Les Génois ne paraissent pas craindre l'abus de cette Royauté. Le Doge, après deux ans de règne, rentre dans le rang de Sénateur; &, de *Sérénité*, il redevient *Excellence*.

Le Palais qu'il habite est bien nommé *public*; puisque tous les grands objets qui regardent le Public, y sont rassemblés, sans excepter la salle d'armes, suffisante pour armer trente-mille hommes. On y voit l'armure du grand Doria dont je viens de parler, avec un mot gravé dessus, mot qui animait les Génois, lorsqu'ils combattaient sous ses ordres, *Libertas*. On y voit aussi beaucoup d'armures de femmes Génoises, qui se croisèrent vers la fin du treizième siècle. On lit à côté un beau Bref du Pape qui les préconise, pour avoir sacrifié le soin de leurs familles & peut-être leurs mœurs à cette sainte expédition.

Une autre salle, la grand'salle, propose aux Citoyens des modèles à imiter. Ce sont des Héros qui paraissent revivre dans le marbre. L'un a soulagé sa Patrie dans une famine, l'autre l'a défendue dans une guerre, un troisième l'a sauvée par ses conseils. Ils sont en grand nombre. La statue que la République y a placée pour le Maréchal de Richelieu, à l'occasion des services qu'il lui rendit dans la dernière guerre qu'elle a essuyée, est plus grande que nature, & ne ressemble pas. J'y cherchais celle de M. de Boufflers. On demandera toujours pourquoi on ne l'y voit pas; & cette demande vaut une statue. Si Gênes honore les vertus, elle ne dissimule pas les torts. Des inscriptions publiques flétrissent la mémoire de ceux qui ont desservi l'Etat.

J'ai voulu savoir les revenus de la République; question qu'on ne peut pas faire à ses Agens. Un Auteur a écrit qu'ils montent environ à six - millions de notre monnoie. J'ai bien de la peine à croire qu'avec cette somme l'Etat puisse faire face à toutes les charges ; d'autant plus qu'une grande portion de ses revenus est engagée à la Banque de Saint George.

Voici l'origine & les progrès de cette Banque, unique peut-être dans son espèce. La République, ayant emprunté de ses riches Citadins de grandes sommes, pour soutenir la guerre contre les

Vénitiens, & ne pouvant s'acquitter, leur abandonna les revenus de fa Douane jufqu'à parfait paiement, & pour lieu d'affemblée un Palais fur la Douane même. Ils arrangèrent une façon de Gouvernement par un Confeil de cent d'entr'eux pour délibérer, & de huit Magiftrats pour exécuter, fous le titre de Saint-George. Toutes les fois que la République a eu de nouveaux befoins, elle a eu recours à la Banque, pour en être fecourue; &, comme elle lui avait déjà engagé la Douane, une grande partie de fes Terres a eu le même fort. C'eft la Banque qui les adminiftre, les gouverne, & les défend par les Directeurs qu'elle y envoie, fans que la République s'en inquiète. Cette Banque, ainfi conftituée par des Citadins qui marchent entre la Nobleffe & le Peuple, ayant dans les mains le principal nerf de l'Etat, eft un contrepoids à la tyrannie Ariftocratique, fi elle ofait fe montrer. Exemple vraiment rare trouvé par le befoin, & non par les Philofophes dans les Républiques qu'ils ont imaginées.

 Les Nobles Génois fe qualifient de Marquis, de Comtes, de Ducs; ce que Venife ne permet pas à fa Nobleffe.

L'Etat de Gênes serait bien plus indépendant, s'il n'avait pas permis à ses Citoyens, enrichis par le commerce, d'acheter des terres dans les Pays étrangers. Venise a encore évité cet écueil. La plupart des Seigneurs Génois sont, pour ainsi dire, sujets du Roi des Deux-Siciles, à cause des grands biens qu'ils ont acquis dans le Royaume de Naples; & il est à craindre que l'intérêt particulier ne nuise à l'intérêt de la République.

Son Arsenal de Marine, bien différent de celui de Venise, ne fait plus de figure. Tout est dans le plus grand délabrement. La Flotte Génoise, qui autrefois remporta tant de victoires sur les Sarrazins, les Pisans, les Vénitiens, les Turcs & les Espagnols; qui livra aux Génois la Crète, la Sardaigne, Majorque, Minorque, Négrepont, Caffa, Lesbos & Malte; cette Flotte, dès la fin du dernier siècle, était reduite à six galères. La République voulut alors l'augmenter de quatre. Louis XIV lui fit dire qu'il savait fort bien qu'elle n'avait pas besoin de cette augmentation : ordre de ne plus y penser. Les Souverains ont-ils ce pouvoir les uns sur les autres? La Flotte, depuis cette époque, a encore perdu. Elle est réduite à quatre galères, qui n'ont presque plus d'autre usage que d'aller chercher du vin & du blé.

Les Génois nous doivent de la haine & de la reconnaissance. Nous les bombardâmes en 1684, & nous les avons secourus en 1746 contre la Reine de Hongrie. Le bombardement amena, comme vous le savez, le Doge Impériali aux pieds de Louis XIV. Avez vous admiré le quatrain qui fut fait par un Bel-Esprit du tems?

>Allez, Doge, allez, sans peine,
>Lui rendre grace à genoux.
>La République Romaine
>En eût fait autant que vous.

Je voudrais qu'en louant les grands Rois, on ne donnât pas de si grands soufflets à la vérité.

>La République Romaine
>En eût fait autant que vous!

Sans doute lorsque les Scipions, les Marius, les Sylla, les Pompée, les César attachaient les Rois à leur char de triomphe.

Laissons-là Rome pour revenir à Gènes. Quand on y arrive par la Bochetta, on trouve le beau Fauxbourg d'Aréna, plus beau qu'une grande partie de la

Ville. On a de jolies maisons & des Palais à gauche ; le Port à droite, vaste Port, mais peu sûr. Les deux môles qu'on y a construits, laissent une entrée trop large, donnant trop de prise aux vents & à la fureur de la mer. Cette mer, qu'on appelle la Rivière de Gênes, n'a pas même l'avantage d'être poissonneuse ; disette qu'il faut attribuer ou à la trop grande agitation des eaux, qui tourmente trop le poisson, & le fait fuir dans des lieux plus tranquilles, ou à l'embarras des Pêcheurs, qui ne peuvent pas exercer leur art dans un Golphe si fameux par les tempêtes.

Je suis parvenu, en suivant le Fauxbourg, à une porte de la Ville. Je me suis cru dedans. Point du tout. Autre porte à une grande distance. Enfin une troisième. Voulez-vous le mot de l'énigme ? C'est que la Ville a trois enceintes, pour multiplier les difficultés d'un siége. Quelques jours après mon arrivée, j'ai suivi la première enceinte du côté de la campagne au pas du cheval. Parti à six heures du matin, je ne suis rentré dans mon Auberge qu'à une heure après-midi. Cette première enceinte court sur une grande quantité de collines, & sur une montagne fort élévée. Travaux immenses, qui semblent surpasser les forces d'un petit Etat. Mais c'est une République.

On dit communément Gènes *la Superbe*. Cela serait vrai, si toutes les rues ressemblaient à la rue Neuve, qui est fort large, bien alignée, & décorée de quantité de Palais, & à la rue Balbi. Ceux qui n'ont pas vu Gènes, prévenus par la renommée, se la représentent comme toute bâtie de marbre. Il s'agit d'une douzaine de Palais, & autant d'édifices ; tout le reste est de pierres ou de briques. Petites rues fort étroites. Les équipages ne peuvent rouler que dans la rue Neuve & la rue Balbi. On voit quantité de maisons peintes en ordres d'architecture ; décoration théâtrale, qui se dégrade bien vîte. La réalité vaudrait mieux. On l'admire dans les Palais. Ce n'est pas dans le Palais public où résident le Doge & la Seigneurie ; mais dans ceux des particuliers qui étalent une grande magnificence.

Le Palais Doria, par la beauté du plan, par la richesse des marbres, par ses jardins, par les détails & l'ensemble, répond à la grandeur du fameux André

Doria qui l'a élevé. Il y reçut trois Souverains, François I, Charles-Quint & le Pape Clément VII. On conserve la table à laquelle ils furent servis. Le Palais Turfi, beau comme beaucoup d'autres, se distingue par une inscription assez singulière... *nulli certa domus* ... Où sera-t-on assuré de sa propriété, si ce n'est dans une République ?

On dit des Génois qu'ils ont une terre sans végétaux. Leur terroir effectivement est sec, aride & pierreux ; & c'est justement ce qui rend le peuple plus laborieux, plus industrieux. Ils ont cultivé, fécondé les rochers ; & le commerce fait le reste. Au premier coup-d'œil on s'apperçoit que la population y est nombreuse. C'est l'Etat qui vend à Gènes les denrées de première nécessité. Tout le pain se tire des fours de la République, rassemblés dans un vaste édifice. Ses caves ou cantines pour le vin & l'huile, sont de grandes barques exposées dans la Darse aux ardeurs de l'Eté. Moyen infaillible pour altérer l'un & l'autre.

La Ville a pour sa garde cinq-cents Suisses, trois-cents Italiens & cent Corses. La Milice monte à trois mille hommes environ. On l'emploie à garder la mer & les Places du côté de la Lombardie. Point de Cavalerie, qui serait fort inutile dans un pays si montueux.

Je vous quitte pour continuer à m'instruire, & vous aussi.

LETTRE L.

De Gênes, le 20 Juillet 1764.

GÊNES, qui a dû au Commerce ses richesses, ses flottes, ses conquêtes, & toute l'importance qu'elle a eue pendant plusieurs siècles, s'est bien garantie du préjugé gothique qui flétrit le Commerce, comme dérogeant à Noblesse. Le Commerce au contraire y a enfanté de nouveaux Nobles, pour recruter les anciens. Il est vrai, pourtant, qu'André Doria, pour des raisons apparemment qui convenaient au tems, avait mis le Gouvernement de la République dans les mains de l'ancienne Noblesse, à l'exclusion de la nouvelle. Mais, par un Réglement de l'année 1756, les deux Corps se réunirent, pour y gouverner en commun.

Des Loix somptuaires empêchent, autant qu'il est possible, cette Noblesse de se ruiner par le luxe. Elles ne permettent aux hommes que l'habit noir, avec le petit manteau de taffetas. Les femmes, comme par-tout, prodigueraient pour la parure : interdiction des perles, des diamans, des dentelles.

Les mœurs des Génois n'étaient pas en bonne odeur au tems du Dante, qui les traite, sans ménagement, dans son Enfer ; & on lit dans Virgile, que les Liguriens, dont les Génois faisoient la tête, étaient accoutumés à malfaire — *assuetumque malo Ligurem*; mais on sait à quoi s'en tenir sur les vérités poétiques.

Il est vraisemblable que Gènes était peu de chose dans le tems qu'elle appartenait aux Romains ; puisqu'on n'y apperçoit aucun monument, aucune trace de grandeur, comme dans le reste de l'Italie. Tout ce qu'on y montre, c'est un vieux *rostrum* d'un vaisseau Romain, placé sur la porte de l'Arsenal. Ce n'était peut-être qu'une bourgade de Pêcheurs & de petits Marchands, jouant pourtant un rôle dans la Ligurie, où les idées du beau n'avaient pas germé.

Selon le cours ordinaire des choses, on

ne doit pas s'attendre à voir fleurir les Lettres, les Sciences & les Arts d'agrément dans une Ville de Commerce. Les soins continuels du Commerce emportent tout le tems ; & la partie qui gouverne est assez occupée du Gouvernement. Gênes n'a produit ni Orateurs, ni Poëtes, ni Savans, ni Peintres, ni Sculpteurs, qui aient eu de la célèbrité. Les beaux morceaux qu'elle possède en assez grand nombre, lui sont étrangers.

Par exemple, en fait de Tableaux, au Palais Brignolé, nom qui ne doit pas vous être inconnu, une Judith remettant la tête d'Holopherne à une Esclave Négresse. On y reconnaît le pinceau de Paul Véronèse. Il n'y a que Rubens qui puisse disputer avec lui dans ce même Palais par un chef-d'œuvre qui représente une femme tenant un flacon, entre les bras d'un Héros, avec un Satyre & un Amour qui le désarment. Au Palais Carhéga, une Charité Romaine du Guide. Dans l'Eglise de Carignan, un Saint-François recevant les Stigmates : il est du Guerchin. Dans la Cathédrale, un Crucifix fort estimé, du Barochi. On vante avec emphase dans le Trésor de cette Eglise un grand Vase d'une seule

Emeraude, qui fut donné à la République par Baudouin, Roi de Jérusalem. Des connaisseurs prétendent qu'il n'est que de verre. Un Moine, bien autrement connaisseur, a fait un Livre, pour prouver qu'il servait à la Cène la veille de la Passion.

La Sculpture serait nulle à Gènes sans le Puget, Français d'origine ; ce génie vigoureux, que vous avez admiré dans les jardins de Versailles, les yeux fixés sur son Milon déchiré par un lion, & sur Persée délivrant Andromède, s'est également immortalisé ici. Il a traité à l'*Albergo de' Poveri* l'Assomption de la Vierge ; & dans l'Eglise de Carignan un saint-Sébastien nud, & un Evêque en chappe : le tout en grand Maître.

Sachez néanmoins que Gènes a produit des Hommes illustres en d'autres genres. N'y eût-il que Colombo, si étonnant par la découverte du nouveau Monde ; que Spinola, le bouclier de l'Espagne ; que le grand Doria, qui était le Héros de sa Patrie, avant que d'en être le Père, elle se croirait assez avantagée.

Au reste, quoique les Sciences ne se soient pas naturalisées ici, il y a pourtant quelques Amateurs qui les approfondiraient, s'ils en avaient le loisir. J'ai passé des heures précieuses avec le Marquis Lomellini, ci-devant Doge, & si connu des grands Mathématiciens de l'Europe.

Ce n'est pas un petit agrément de pouvoir finir la journée dans les conversations, qui sont ouvertes ici comme dans toute l'Italie. On y trouve toujours quelque personnage intéressant, de l'amusement & de l'instruction. Le jargon vulgaire est une corruption entière de l'Italien, mêlé de Provençal & de la Langue Franque; mais la Langue de la bonne compagnie est le Français. Dans une conversation, au Palais Lila-Doria, j'ai remarqué un Anglais qui s'attire bien des égards & des questions. C'est le Commodore Harisson. Il a porté le Duc d'Yorck en Italie; & il est venu avec son Escadre attendre les ordres du Prince dans la rivière de Gênes. Cette station est suspecte au Sénat. Un autre point l'inquiète encore plus. C'est que le Commodore a détaché une Frégate pour aller sonder les parages de la Corse. Mais, pour rassurer les esprits, il a déclaré qu'ayant été jeté par un coup de vent sur les côtes
de

de l'isle, il y a entrevu des écueils inconnus à la Marine Anglaise, & qu'il est nécessaire de marquer sur la carte. Cette raison ne tranquilise pas le Sénat dans les conjonctures critiques où il se trouve par rapport à la Corse. A qui restera-t-elle ? L'avenir nous le dira.

Pour moi, j'ai attaqué de conversation le Commodore, que j'ai trouvé très honnête. Il a eu la bonté le lendemain de me faire les honneurs du vaisseau qu'il monte. Ce vaisseau n'est que de 64 canons; mais il a une célébrité qui le met au premier rang. C'est le Centurion qui portait l'Amiral Anson, lorsqu'il affronta tant de dangers, lorsqu'il répandit la terreur dans l'Amérique Espagnole, en faisant le tour du Monde. Ce vaisseau est encore en bonnes mains. Un petit évènement m'a beaucoup surpris. Savez-vous ce que c'est qu'un *Mousse* dans notre Marine ? C'est un polisson qu'on accoutume dès l'âge le plus tendre à grimper aux mâts, à connaître les cordages, à servir les voiles. Deux apprentifs de cette classe sont venus dans la Chambre du Conseil où nous étions, pour saluer M. Harisson, qui les recevait avec une bonté plus marquée que leur état ne le comportait : & moi de questionner.... Qui sont ces enfans...? Celui-là est le neveu de l'Amiral Hervey, & de Milord Bristol ; celui-ci est le mien... Et quel sera leur premier grade...? Matelot, & ainsi de suite.

Que dites-vous, Aspasie, vous qui voyez bien les choses, de cette éducation marine, pratiquée indifféremment pour la Noblesse & pour le Peuple, soit sur un vaisseau de guerre, soit sur un vaisseau marchan ? Ces enfans, en grandissant, auront donc passé par toutes les gradations de l'état, sçauront toute la manœuvre, connaîtront tous les vents, toutes les mers & tous les dangers, avec une ame de feu & un corps de fer, avant que de parvenir au commandement ; tandis qu'un jeune Français, que sa noblesse embarrasse si souvent dans le chemin du bien, après quelques années d'étude, dans une école sur terre, passe sur un vaisseau de Roi où il ne verra rien si la paix règne ; & lorsque la guerre se déclarera, que sçaura-t-il ? Toutes choses d'ailleurs égales, il y a toujours à parier pour la Nation la mieux exercée.

J'ai encore appris de M. Harrisson que, dans le commerce des grandes Indes, l'Angleterre a un usage bien louable. Le Chirurgien de chaque navire reçoit, avec ses appointemens, une livre sterling de gratification pour chaque homme de l'équipage qu'il ramène en Europe. Je crois vous avoir rendu compte de tout ce qu'il y a d'intéressant à Gênes. Je vais faire un apprentissage de navigation, voyage de long cours, dans la felouque du Courier, jusqu'au port d'Antibes. Adieu: je vous écrirai de Marseille.

LETTRE LI.

De Marseille, le 28 Juillet 1764.

JE voudrais bien avoir une bonne tempête à vous décrire. Tous les vents déchaînés, autant de foudres lancées que d'éclairs, la mer s'entr'ouvrant & bouillonnant en sources de feu, Neptune effrayé dans son Empire, & nous plus à plaindre que lui dans notre pauvre felouque: des rames brisées, des voiles déchirées, nos cris se confondant avec le bruit des cordages, & enfin notre courier achevant de vuider ses flacons dans sa grande coupe d'argent, pour mourir sans regret. Au lieu de ce fracas pathétique, je n'ai à vous peindre qu'un calme insipide, qu'une navigation assez tranquile de deux jours & deux nuits, troublée seulement par les lamentations de quelques femmes, que le mal de la mer tourmentait sans relâche. Pour moi, je me suis trouvé l'estomach le plus marin qu'on ait jamais fabriqué; & si la mer ne m'a pas donné de spectacle par ses terribles jeux, elle m'a dédommagé par la jouissance paisible de toute la côte de Gênes.

Cette côte borde la mer dans l'étendue de cent-soixante milles. Représentez-vous des montagnes couronnées d'oliviers, des collines couvertes de plantes odoriférantes, des Villes de distance en distance; Savone, Noli, Finale, Albenga, Oneglio, San-Remo, Ventimiglia, Monaco, Villefranche, Nice, sans compter les bourgs & les villages en grand nombre. Tous ces objets, qu'on apperçoit distinctement, forment une grande scène champêtre & citadine des plus riantes & des plus variées.

Je vous dirai un mot sur Monaco. Cette Ville domine un promontoire escarpé, où était autrefois le Temple d'Hercule *Monæcus*, qui donne encore le nom à cette Principauté. C'est de-là que Jules-César, après avoir traversé les Alpes, descendit dans la plaine, pour disputer à son gendre l'empire de Rome & du Monde.

Aggeribus socer Alpinis, atque arce Monæci
Descendens.

Il arrive assez souvent que, la mer devenant grosse, on gagne la terre le plus vîte qu'il est possible. Nous n'avons pas été dans cette peine. Nul accident ; & nous avons débarqué au port d'Antibes. C'est Antibes une clef de la France. La Provence eut une alarme bien vive, lorsqu'en 1746 l'Armée Autrichienne assiégea cette Place pour pénétrer dans le Royaume. Vous savez que la marche du Maréchal de Belle-Isle, & encore plus le soulevement patriotique des Génois, firent lever le siége. Les oliviers se ressentent encore des ravages de l'ennemi : mais les habitans m'ont assuré que le pays fut encore plus dévasté par nos propres troupes. Est-il donc si difficile de contenir nos soldats, par le moyen des Chefs ? *Discipline*, c'est un grand mot. Quand l'entendrons-nous bien ? Le feu Roi de Sar-

E iij

daigne, Charles-Emmanuel, après la guerre de 1733, où il avait été témoin de la valeur française, disait : si les Français savaient se plier à la subordination, comme ils savent braver les dangers, je ne voudrais jamais commander d'autres troupes.

Les Romains eurent un Arsenal de mer dans le port d'Antibes qu'ils avaient fortifié ; & on prétend que la Ville était beaucoup plus peuplée alors qu'elle ne l'est aujourd'hui. Elle ne compte que trois-mille ames, dans une étendue qui en comporterait beaucoup plus.

En traversant la Haute-Provence, pays assez tempéré, à cause des montagnes & des forêts qui le couvrent, j'aurais senti quelque peur, si les voyages n'accoutumaient pas les hommes à tout. On court plusieurs postes dans un mauvais chemin serré par des bois où des brigands auraient beau jeu ; & lorsque la vûe peut s'étendre, on ne découvre qu'une vaste solitude. La Chine établirait sur cette route des postes de soldats, pour la sûreté publique. Tout le pays n'est pas de même. Il montre un Peuple assez nombreux, dans les contrées où il est riche en pâturages, en bestiaux, en bled & en fruits; peu de vin.

J'ai vu les Isles de Lérins, où Saint Honorat vint établir la Vie Cénobitique vers 400. On y compta jusqu'à trois-mille Moines; & cette grande famille a fourni des Evêques à la plupart des Siéges du Royaume, sur-tout dans les siècles d'ignorance. L'Isle de Sainte-Marguerite, où tant de Prisonniers d'Etat ont fini leurs tristes jours, est comprise dans les Isles de Lérins.

La route que j'ai suivie dans la Haute-Provence, ne m'a montré qu'une Ville de quelque considération. C'est Fréjus. A ce nom barbare qui est-ce qui reconnaîtrait le *Forum Julii* ? Car c'est ainsi que Jules-Céfar l'avait nommé, en se plaisant à l'embellir. On voit encore les restes de quatre portes antiques, les vestiges d'un Amphithéâtre, & les ruines d'un aqueduc qui apportait les eaux de la Siagne de la distance de 18 lieues à travers des rochers qu'il avait fallu percer. Fréjus demeura plusieurs siècles dans l'état florissant où les Romains l'avaient mise. Elle avait alors une lieue & demie de circonférence, avec des murailles fort épaisses, & des tours de distance en distance.

Fréjus.

E iv

Il est vraisemblable qu'Agricola, natif de cette Ville, avait contribué au bien & à l'embellissement de sa Patrie. Un Général qui avait soumis l'Angleterre à l'Empire, devait avoir du crédit. Il ne la reconnaîtrait plus. Les Fréjugiens ont eu dans le dernier siècle un de leurs concitoyens qui fut Général des troupes de l'Empereur, au siége de Candie. Son portrait est à l'Hôtel-de-Ville. Cet homme, d'une naissance obscure, avait pris le nom de Marquis de Villeneuve, & avait épousé une Allemande qui comptait au moins trente-deux quartiers, & point de fortune. On dit que cette femme, ayant démasqué le faux Marquis, qu'elle accusait de l'avoir déshonorée par sa roture, l'empoisonna.

Hyeres. La petite Ville d'Hyères s'annonce de loin, comme l'Arabie heureuse, par des odeurs suaves, lorsqu'un bon vent les apporte. Son terroir ressemble à un vaste jardin qu'on diviserait en potagers, en vegers, en bosquets, j'ai presque dit en forêts d'orangers, citroniers, bergamotiers & autres arbres fruitiers qui demandent un climat doux. En considérant ce grand laboratoire de la Nature, je riais de vos petites serres chaudes, où vous la forcez à grands frais pour avoir des productions presque sans saveur & sans parfum. La Ville est située sur le penchant d'une colline, à une lieue de la mer qu'elle voit, recevant le soleil du midi, sans être accessible au vent du nord; situation analogue à celle de Naples, pour la douceur du climat. C'est dans ces heureuses positions que la vieillesse devrait achever de vivre.

On ne sçaurait parler de cette Ville sans penser à l'Evêque Massillon, dont elle fut le berceau, & qui lui a fait tant d'honneur par son éloquence & ses vertus vraiment épiscopales.

Les Isles d'Hyères sont au nombre de trois: celle de Porqueroles semble tirer son nom de *Porcus Sylvestris*, c'est-à-dire, des sangliers qu'on y trouve en quantité, & qui y passent de terre-ferme pour aller manger le gland des chênes verds dont l'Isle abonde.

La rade d'Hyères est très-grande & très-sûre; c'est-là où les vaisseaux du Roi vont ordinairement mouiller en sortant de Toulon, qui en est peu éloigné.

Toulon.

Quand on voit Toulon, son Arsenal, qui peut disputer à celui de Venise, son artillerie qui paraît menacer l'Europe; ses chantiers, ses magasins, tant d'édifices d'une noble architecture pour les différens services de la Marine, tant d'ouvrages de fortification; ses batteries multipliées, ses môles, son port d'où sortirent tant de flottes pour dominer la mer & les nations, on apperçoit une grande, mais formidable empreinte du siècle de Louis XIV.

Le Roi Victor forma un projet bien hardi, lorsqu'en 1707 il vint assiéger cette forteresse avec une armée de quarante-quatre mille hommes, secondée par une flotte Anglaise. On croit qu'il eût réussi sans la lenteur qu'il mit dans sa marche, qui donna le tems à la garnison de faire de nouveaux ouvrages du côté de la terre, & à l'armée Françoise d'arriver au secours.

Si toute la Ville ressemblait au quartier neuf, l'œil serait bien satisfait. Il y a une belle place : c'est un quarré long, bordé d'arbres. On vante aux côtés de la grande porte de l'Hôtel-de-Ville, deux excellens termes qui soutiennent un balcon. Le Cavalier Bernin en fut frappé, lorsqu'il vint en France, & il devina que le Puget ferait des prodiges. On lit dans la salle une inscription à l'honneur de M. de Chalucet, Evêque de Toulon, qui dans le tems du siège se distingua par ses largesses, ses conseils & son courage.

QUÒD OPTIMATES CONSILIO ET EXEMPLO FIRMAVIT, PLEBEM FRUMENTO ET PECUNIA JUVIT.

On devait cet honneur à un Evêque homme d'Etat.

J'ai passé fort près de la Sainte-Baume; ce désert si révéré par des pélerinages. Me gronderez-vous, Aspasie, de n'avoir pas été du nombre des Pélerins? Je pouvais prier de loin comme de près. Quant à la curiosité, qu'aurais-je vu? Une grotte & des *ex-voto* à la Magdelène, qui, dit-on, est venue de la Galilée, pour pleurer ses péchés. Quoi encore? Le saint *Pilon* ou pilier, au sommet duquel les Anges élevaient la Sainte sept fois le jour. Cette pieuse fable, détruite depuis long-temps, est encore une vérité pour le peuple; heureusement elle ne sçaurait lui nuire.

LETTRE LII.

De Marseille, le 14 Août 1764.

Après une vie errante de onze mois dans des terres étrangères où il faut faire tous les frais des nouvelles connaissances, après bien de l'agitation, des fatigues & de mauvais gîtes, il est doux de se reposer dans le sein de l'amitié. Je vis à la campagne dans la société d'un ami dont je vous ai parlé plus d'une fois ; avec un esprit cultivé, une ame honnête, des mœurs simples ; il serait le vôtre, si vous le connaissiez.

Le Château élevé, où nous mêlons la philosophie à la folie des sages, nous met sous les yeux un grand territoire semé de maisons de campagne, qu'on appelle *Bastides* ; une Ville de cent-trente mille ames environ, des barques de Pêcheurs qui couvrent la mer, des vaisseaux qui arrivent ou qui partent, une forêt de mâts dans un port que toutes les nations fréquentent, des isles qui coupent la monotonie de la mer, des promontoires & des chaînes de rochers qui la bornent.

Sur la grande route d'Aix à Marseille, dans notre voisinage, le voyageur s'arrête toujours à un point de vue qu'on nomme la *viste* en langage du pays : c'est de-là que les Bastides se confondent à l'œil avec la Ville dans une prodigieuse étendue ; on croiroit voir une Cité immense. Ce point de vue serait unique, si on abatrait cinq à six mazures qui dérobent un quart de l'horison.

Au reste, les dehors de Marseille, si beaux dans la perspective, sont désagréables pour la promenade, & embarrassans pour les voitures ; c'est un labyrinthe de chemins étroits, serrés entre les murs qui enferment les Bastides. Si deux voitures se rencontrent, il faut souvent que l'une ou l'autre recule. L'inspection des Ediles aurait dû prévenir cet inconvénient.

Nos fréquens voyages à la Ville varient nos plaisirs, & l'instruction que je vous débite. La nouvelle Ville est séparée de l'ancienne par une très-belle rue, ornée de grands corps de maisons, presque symmétriques, & d'un bon goût d'Architecture : deux lignes d'arbres décorent le milieu, ce qui forme un cours d'un mille au moins de longueur ; les autres rues de la nouvelle Ville répondent plus ou moins à cette magnificence. Celui qui ne connaîtrait que cette moitié dirait: j'ai vu une des plus belles Villes de l'Europe ; mais, en entrant dans la vieille Cité, il trouverait un cloaque infect. On sçait que Timoléon, le Héros de Corinthe, voyant des excrémens humains dont on avait sali sa porte, à dessein de l'insulter, dit qu'il connaissait à la qualité des digestions, que la République était bien malade : chaque pas donne lieu de penser aussi que la police de Marseille ne se porte pas bien.

On est d'ailleurs étonné de ne voir dans une Ville opulente ni portes dignes d'elle, ni places décorées, ni fontaines de la grande maniere, ni jardins publics, ni temples qu'on puisse citer, ni lanternes pour éclairer la nuit. Lyon & Bordeaux, ses deux rivales, la laissent loin derrière. J'ai voulu sçavoir la cause de cette nudité. Le revenu de la Ville, qui passe un million, se trouve, on ne sçait comment, au-dessous de zéro, la dépense surpassant toujours la recette. Peut-être que l'Edit tout récent, qui prescrit une nouvelle forme d'administration des revenus des Villes, va remédier à ce mal.

A juger de Marseille par tout ce qui lui manque en embellissemens, on se persuaderait qu'elle n'eut jamais de goût pour les Arts de décoration ; elle a eu l'avantage de donner naissance à ce fameux Puget, que Gènes & Versailles révèrent pour la statuaire. Il était encore Architecte & Peintre ; tout ce qu'elle montre de lui, c'est l'Hôtel-de-Ville qui n'est qu'en partie sur ses dessins ; c'est l'écu des armes de France, sculpté en marbre au frontispice de cet Hôtel ; c'est un bas relief de la peste, morceau qui n'est qu'ébauché ; deux tableaux enfin, un *Salvator Mundi* & le Baptême de Constantin dans la Cathédrale ; sans ces deux morceaux, Marseille n'aurait rien à citer en fait de peinture : sans doute le Puget aurait travaillé pour sa Patrie, préférablement à d'autres Villes, si elle avait sçu connaître & payer ses talens.

Il y a bien des siècles que cette indifférence a jeté ses racines dans cette Ville, & c'est un point d'histoire bien surprenant. Dès le tems de Périclès les Marseillois commerçaient avec Athènes. On en trouve la preuve dans une harangue de Demosthène, qui plaida la cause des Athéniens contre le Marseillois Prothus, pour un fait de commerce. Comment les Marseillois, en voyant dans Athènes tant de monumens qui en faisaient la première Ville du monde, n'étaient-ils pas tentés d'en imiter quelques traits dans la leur ?

Il est vrai qu'ils l'avaient imitée dans des institutions supérieures à celles-là. Pythéas, un de leurs concitoyens & des plus anciens Géographes, commençait à l'illustrer au siècle d'Alexandre; illustration qui augmenta beaucoup, lorsque son Académie, devenue célèbre par la Rhétorique, la Poétique, la Philosophie, la Médecine, la Jurisprudence, la Morale & les Mathématiques, attirait à ses leçons des disciples de tout pays; & il paraît qu'au tems de Ciceron, Athènes étant déchue du faîte de la gloire littéraire, Marseille disputait la place avec Rome; aussi la nommait-on *Athénopolis*. Les Marseillois devraient écrire en lettres d'or, ces paroles de l'Orateur Romain :
» Je ne t'oublierai pas, Marseille (*a*),
» dont la gloire est à un dégré si éminent
» que la plupart des nations te doivent
» céder ; & la Grèce même ne doit pas

_____

(*a*) *Pro L. Flacco.*

» se comparer à toi ». Mais c'est ce goût même des Lettres, & des Sciences qui aurait dû faire germer à Marseille celui des beaux Arts. C'est chez les Nations éclairées, qu'ils ont fait tant de prodiges.

La surprise augmente encore, si l'on considère que Marseille est devenue, avec toute la Gaule, la conquête des Romains pendant quatre siècles. Toutes les Villes sous de tels maîtres, Fréjus, Arles, Nîmes, s'embellissaient autour d'elle, tandis que la plus célèbre restait sans ornemens. L'Historien de Marseille, M. de Ruffi, pour laver sa Patrie de cette tache, dit que les Bourguignons & les Visigoths ruinèrent tout ; cependant les histoires ne font mention d'aucun monument considérable qui ait péri dans cette ruine. Tout ce qu'il cite lui-même se réduit à des tombeaux, quelques statues, quelques inscriptions, quelques médailles ; mais point de forum, point de thermes, point de théâtre, point d'amphithéâtre, point d'arcs de triomphe.

Elle faisait peut-être mieux ; elle fondait des Villes, Toulon, Hières, Antibes, Nice ; elle envoyait des Colonies dans d'autres Villes qui en avaient besoin, à Nîmes, à Narbonne, à Agde; ce qui marquait une grande population, & par conséquent une grande aisance.

Le jargon des Marseillois d'aujourd'hui ne tient en rien aux belles langues qu'ils parlaient alors. Descendus des Phocéens, colonie Grecque qui les fonda, ils parlaient naturellement leur langue, & avec tant de pureté, que les Romains, pour l'apprendre, allaient indifféremment à l'Académie de Marseille où à celle d'Athènes. Alliés importans des Romains, avant que d'être leurs sujets, ils s'étaient familiarisés avec la langue Latine, dans laquelle ils se perfectionnèrent, jusqu'à la chûte de l'Empire Romain. Pétrone, dont nous vantons l'esprit & la pureté du langage dans l'impureté même, *auctor purissimæ impuritatis*, était sorti de l'Académie de Marseille. Si les Barbares, en faisant des conquêtes, se contentaient de la domination, les vaincus pourraient se consoler en quelque façon; mais les Barbares éteignent toutes les lumières, & un peuple éclairé se replonge dans les ténèbres avec eux.

De toutes les institutions de Marseille, c'est le commerce qui a le plus résisté aux coups de la barbarie; il s'est soutenu de siècle en siècle jusqu'à nos jours. Tout le commerce de la France avec les Echelles du Levant, avec l'Espagne & l'Italie, se fait à Marseille ; son Port, où l'on voit toujours huit à neuf-cents vaisseaux, a l'apparence du Magasin de l'Europe ; son voisinage avec celui de Toulon, offre un contraste bien frappant ; l'un annonce la force, la terreur & la dépense, l'autre l'industrie, la paix & la fortune ; mais ces deux Marines, pour être de la plus grande utilité, doivent se donner la main, & s'étayer l'une l'autre.

Vous sçavez qu'on avoit ôté les galères à ce Port ; on lui en a rendu quelques-unes, & il s'en applaudit : c'est une garde pour le commerce, contre les corsaires, & les forçats travaillent à meilleur marché que les ouvriers de la Ville. Croiriez-vous que ces malfaiteurs, hors les cas où ils seraient à la rame (ce qui n'arrivera plus guères) sont moins malheureux que la plupart de nos cultivateurs ; assurés du pain & du vêtement que le Roi leur donne, ils gagnent encore de l'argent, dès qu'ils veulent en gagner : on apperçoit, parmi ceux qui ont quelque talent, une sorte de petit luxe.

Vous avez ouï parler des Manufactures

de Marseille, ne les mettez pas au niveau de celles de Lyon, qui sont fort au-dessus; & cela est bien. Il faut que les sources des richesses soient partagées. La manufacture d'étoffes d'argent & d'or est tombée ici en langueur; celle d'étoffes du Levant se soutient : les savonneries sont dans un état de vigueur : on fabrique de la belle fayence, qui a un grand débit.

Je reçois à ce moment deux de vos Lettres. Ce jardin que vous faites tracer me déplaît par les jolies miniatures en corbeilles & en treillages. Faites disparaître tout cela, sous la verdure & les fleurs : pressez-vous aussi de tapisser vos murs à la façon de la Nature; rompez dans vos bosquets cette symmétrie monotone, ces allées en ligne droite que la Nature désavoue; donnez moins de coups de peigne à vos charmilles & à tout : plus vous cacherez l'art, plus vous réussirez; ce n'est point par l'art que vous plaisez; faites que votre jardin vous ressemble.

Votre article des nouvelles publiques est consolant : on parle donc beaucoup de supprimer les Chambres de Valence, Reims & Saumur, Tribunaux des Fermes générales, pour juger les Contrebandiers ? Quand le fisc juge, les moindres contraventions lui paraissent des crimes atroces. On va aussi, dites-vous, nous délivrer des pauvres qui nous infestent par-tout ; si c'est en forçant au travail tous ceux qui ont des bras, & en donnant aux autres un asyle de charité, police qui réussit si bien en Hollande, à Genève & ailleurs, rien ne sera mieux.

Je ferai encore plus d'une course dans Marseille, & si quelque chose a échappé à mes recherches, je vous promets un supplément.

LETTRE LIII.

De Marseille, le 24 Août 1764.

JE viens d'un Tribunal où j'ai vu des Juges à face basanée, avec des mains endurcies par le travail ; ils rendent la justice sans Huissiers, sans Procureurs, sans Avocats, sans citation de Cujas ou Barthole, nulle science que celle du bon sens, nul appareil qui puisse imposer. Ils sont pourtant bien respectés des

Parties ; car on voit ceux même qui sont condamnés, remercier leurs Juges, sans marquer la moindre aigreur. Les frais du procès ne ruinent pas les Plaideurs, qui plaident eux-mêmes leur cause ; ils en sont quittes pour deux sols.

Ce Tribunal, qui termine sans appel tous les différends qui arrivent dans la pêche, Communauté fort nombreuse, est la Justice des Prud'hommes, Pêcheurs eux-mêmes ; être jugé par ses Pairs, est une bonne institution. L'époque de la création de ce Tribunal est incertaine. On sait seulement que le Roi René, & les Comtes de Provence avant lui, confirmèrent ses anciens priviléges, qui vont se perdre dans la nuit des tems.

La *Loge*, qu'on nomme en d'autres Villes la Bourse, est ouverte tous les jours à midi. On y affiche le départ & le retour des vaisseaux. On y fait des affaires avec toutes les Nations. La foule y est toujours grande. Le hasard m'y a fait connaître un personnage intéressant. C'est peut-être le premier Navigateur qui ait ôsé, avec une simple Tartane, faire voile de Marseille aux Terres Magellaniques. C'est le Capitaine Reainaud, connu d'ailleurs pour s'être vigoureusement défendu dans la dernière guerre, étant armé en course & chargé de marchandises.

Vous n'aimez pas le merveilleux, Aspasie; vous le regardez comme la raison du peuple. Ecoutez cependant un point de ma conversation avec ce vieux Navigateur. *J'ai vu*, m'a-t-il dit, *une race de Géans*... Oh! Monsieur le Capitaine, cela ne se peut.... *Mille pipes de diables! voilà comme raisonnent les gens qui n'ont rien vu*... Mais aviez-vous les yeux bien ouverts? *Très-ouverts; j'ai plus fait: j'ai mesuré ces Sauvages, que leur taille extraordinaire ne rend pas plus féroces. Ils ont douze pans de hauteur, les femmes un peu moins, & les enfans paraissent faits pour parvenir à la taille des pères*... Douze pans, Monsieur le Capitaine, c'est-à-dire, neuf pieds; & en quel endroit avez-vous vu cette race?... *Dans le détroit de Magellan, sur la terre des Patagons*... & en quelle année?... *En 1712*... Etiez-vous descendu à terre tout seul?... *Non, sans doute; ce n'est pas là notre usage. J'étais suivi d'une partie de mon petit équipage*... Mais avez-vous rapporté quelques idées de leur force, de *leurs mœurs, de leurs usages ?... Belle question ! Vous croyez que dans une navigation marchande on a du tems pour ces fadaises. La seule chose qui m'a frappé dans tout cela, c'est leur douceur. Il faut qu'ils soient dans l'habitude de voir de petits hommes, & ne les pas craindre* (a).

___

(a) Je ne savais pas alors que dans cette année même 1764, au mois de Décembre, le Commodore Byron abordait à la terre des Patagons, où il a vu, dit-il, une troupe de cinq-cents hommes d'une taille gigantesque, & dont la carrure & la grosseur des membres répondaient parfaitement à la stature. C'est ce qu'on lit dans la relation des Voyages entrepris par ordre de Sa Majesté Britannique, publiée en l'année 1774.

Sept ans avant cette publication, j'avais publié moi-même la découverte du Commodore dans une Lettre au Docteur Maty, sur les Patagons. J'écrivais sur une relation manuscrite que le Docteur lui-même m'avait envoyée de Londres, immédiatement après le retour du Commodore. Le Commodore me pardonnera-t-il de lui faire un reproche ? Dans un Phénomène aussi extraordinaire, aussi contesté depuis Magellan, le premier qui avait vu, ne devait-il pas mesurer rigoureusement, plutôt deux fois qu'une, un de ces Géans ? Il se contente de dire, par estimation, que celui qui se détacha

Eh bien! croirez-vous aux Géans? Croyez-vous même que j'étais bien éveillé, lorsque le Capitaine me contait ces prodiges? & ma qualité présente de Voyageur ne me fait-elle point de tort dans votre confiance? Vous me demanderez du moins ce que j'en crois moi-même. Je sais, comme vous, que le sot croit tout, que le demi-savant nie tout, tandis que le Philosophe examine, & ne fixe pas légèrement des bornes à la Nature.

J'aime qu'on la force pour le bien de l'Humanité. C'est ce que vient de faire un Gentilhomme de cette Ville, le Marquis de Pennes, celui qui ne veut pas que la Noblesse commerce. Vous avez lu son ouvrage qui combat le mien. La Nature avait refusé de l'eau aux habitans de sa Terre, il en a été chercher à une grande lieue; il lui a fait tourner une montagne, l'a contrainte de passer à travers une autre, & au sortir du rocher vif qu'il a revêtu d'une décoration convena-

---

de la troupe, pour venir à lui, n'était guère au-dessous de sept pieds; & que les plus petits étaient au moins de six pieds six pouces. Le Capitaine Reinaud est bien plus positif dans sa déposition.

Tome II. F

ble, il l'a fait couler dans le Village. Cet aqueduc rappelle le tems des Romains; je lui pardonne, je lui en ai fait l'aveu, d'avoir écrit avec tant de chaleur & d'honnêteté contre le projet d'ouvrir le Commerce à la pauvre Noblesse; mais le Marquis n'est pas pauvre.

Les Marseillois sont laborieux, mais ils n'imaginent rien pour améliorer leurs productions: de mauvais vents gâtent leurs fruits, diminuent la bonté de leurs melons: des paillassons, des cloches, des hollandaises remédieraient à ce mal. On n'y en voit point. Les ananas devraient être communs: ils n'en connaissent que le nom. Ils pourraient avoir de la volaille aussi bonne qu'ailleurs. Le blé noir, le blé de Turquie ne leur manqueraient pas; mais la science de la basse-cour leur manque: leur terroir entrecoupé de côteaux secs, couverts de thin & de serpolet, est admirable pour les moutons; la chair en est d'un goût exquis, & il est probable que la laine en serait précieuse, si, à l'imitation des Anglais, ils faisaient venir une race Espagnole; s'ils les faisaient parquer habituellement dans un climat si doux, & s'ils les tenaient proprement.

On fait une si grande consommation de soie dans le Royaume, & on en recueille si peu en proportion! On voit ici des plantations de mûriers blancs, mais j'en ai vu en plus grande quantité dans le Piémont, climat moins favorable. Il y a long-tems néanmoins que le bon Roi René apprit aux Provençaux la culture des mûriers, & l'éducation des vers à soie. On prétend que le Languedoc, qui a commencé plus tard, est plus avancé : en Piémont, on étête les mûriers tous les cinq ans ; ce qui donne une feuille beaucoup plus fournie & plus nutritive : de-là vient en partie la qualité supérieure de l'organsin. Mon ignorance me fait apprendre beaucoup de choses. Je ne sçavais pas qu'on fît dans ce pays-ci une récolte de vermillon. Il se tire d'un petit fruit qu'on cueille sur un arbuste, & j'ignorais aussi la pêche du corail sur cette côte.

Trois choses nuisent beaucoup à la fécondité de la Basse Provence : la qualité de son terroir sec & sablonneux, le degré avec la durée des chaleurs, & le *mistrau*, vent impétueux de nord-ouest, qui dessèche tout. On se flatte ici plus que jamais d'un canal d'arrosage tant de fois projetté, & tant de fois abandonné. Ce canal, selon l'ancien projet, en dérivant les eaux de la Durance, serait tiré depuis la Méditerranée, au lieu de Saint-Chamas en Provence, & conduisait d'un côté à Avignon, & de l'autre à Donzère en Dauphiné ; de cette manière il arroserait quarante lieues de pays, où il ne manque que de l'eau pour qu'il devienne un des plus fertiles de l'Europe. Ce canal navigable aurait une autre fin de la plus grande importance encore ; il ouvrirait le commerce de la Provence, par le moyen du Rhône & de la Saone, avec le Dauphiné, Lyon, Genève & la Bourgogne : mais si le Gouvernement ne le fait pas lui-même ; s'il en remet l'exécution & les avances des frais à une Compagnie, le passé nous annonce que l'avenir ne sera pas plus heureux. Les *Riquet* sont rares. Le Roi autorisa par des Lettres-patentes du 4 Mai 1718, S. A. S. Monseigneur Louis-Henri de Bourbon ; Louis-Antoine de Pardaillan de Gondrin, Duc d'Antin ; Louis, Marquis de Brancas, & Jean-Baptiste-Henri de Forbin, Marquis d'Oppéde, tous associés pour la construction de ce canal; & on voit dans d'autres Lettres-patentes, accordées par nos Rois aux ancêtres du Marquis d'Oppéde que cet ouvrage fut déja projetté en 1710, en 1667, en 1648, en 1619. Des Compagnies se formèrent, & rien ou presque rien ne s'est fait : il s'agit, dit-on, de quatre à cinq millions dont le Gouvernement se rembourserait sur le canal même. Nous avons des Monastères qui ont plus coûté.

Les environs de Marseille peuvent plus aisément se passer de ce grand avantage, que le reste de la Basse-Provence. J'examine, en parcourant la campagne, les hommes qui la cultivent ; s'ils sont bien vétus, je conjecture que leur subsistance est assurée, & lorsque je vois un peu de luxe, je conclus qu'ils sont dans l'aisance. On ne voit point ici, comme dans le cœur du Royaume, des sabots, des haillons & des cabannes couvertes de chaume : le Paysan bien vétu, selon la saison, habite dans des maisons de pierres, couvertes de tuiles, & il n'est pas rare de le voir en bas de soie, lorsqu'aux jours de Fêtes il fait danser au son du tambourin les compagnes de son travail ; mais ces jeunes ménagères, encore plus parées que les danseurs, faites d'ailleurs pour être regardées, étouffent leurs graces fous un couvre-chef, renoué fous le menton, & un grand chapeau digne d'un Directeur de Séminaire; leurs cheveux & des fleurs, comme en Italie, les pareraient fans dépenfe; leurs danfes n'en font pas moins amufantes par la vivacité & l'expreffion; mais on m'affûre que la paffion pour ces bals champêtres a beaucoup diminué en peu d'années: il eft de l'intérêt du Gouvernement de veiller à ce que le Peuple ne s'attrifte pas.

Parmi les plaifirs de la Ville, il en eft un affez piquant: ce n'eft ni la Comédie ni le Concert; cela fe reffemble par-tout. Lorfqu'aux jours de fêtes la mer eft calme, le Port fe couvre de bateaux plus ou moins ornés; le peuple, la bourgeoifie, vont chercher en pleine mer un air plus pur, & des amufemens plus vifs. Les uns fe difperfent fur le rivage, & y établiffent des tables, où l'on n'y voit ni la contrainte de la cérémonie, ni la folie du luxe. Des poiffons, des coquillages qui donnent encore l'amufement de la pêche, font les mêts du feftin; les autres, reftant fur l'eau, répondent aux plaifirs du rivage; celui du bain fe mêle de la partie, & ceux qui veulent passer de belles nuits, pour prolonger la fête, dressent des tentes. La danse, les cris d'allégresse augmentent la joie publique, dont la durée est d'autant plus longue, que l'ivresse ne s'en mêle pas; la Provence est plus sobre que le Nord de la France; elle permet au vin de l'animer, mais elle ne s'en laisse pas accabler; le célèbre Vernet, qui a si bien peint le port de Marseille, n'a pas vu sans doute ces orgies de mer; il les aurait fait passer sur la toile; les fêtes Flamandes ne sont pas si pittoresques.

Quand vous viendrez à cette mer, & que vous voudrez voir la pêche du thon, arrangez-vous avec les thons, ou vous ne verrez que la madrague & la manœuvre : le thon que vous ne connaissez que par extrait, lorsqu'on vous le sert mariné, arrive de l'océan. Les pêcheurs que j'ai consultés n'ont aucune preuve qu'il se multiplie dans la Méditerranée; & cependant on le prend rarement dans l'océan; il ne se prend pas même sur toutes les côtes de la Méditerranée; c'est sur celles de Provence qu'il se plaît singulièrement; il ne serait pas aisé d'en assigner la cause, & c'est-là où les Madragues l'attendent. Il y a des thons, comme dans toute autre espèce de poissons, de différente grosseur, depuis vingt-cinq livres jusqu'à six ou sept-cents.

La madrague est le filet qui les prend : il a une grande demi-lieue de longueur. Cette muraille de chanvre descend perpendiculairement jusqu'au fond de la mer, à la profondeur de dix-huit & vingt brasses. Le thon qui voyage, poussé par le vent qui convient, rencontre le filet ; il le suit jusqu'à ce qu'il arrive près de la tête, où il y a des chambres pour le recevoir. Y est-il entré (ce que l'on sait par un pêcheur toujours en faction) on ferme la porte, & alors une trentaine de pêcheurs, dispersés en plusieurs bateaux, lèvent le filet, toujours en avançant, & font couler le poisson vers la tête de la madrague, qu'on appelle le corpe, tissu très-serré & assez fort pour résister aux secousses des poissons les plus vigoureux. Ce corpe, amarré à quatre bateaux, compose la dernière chambre en forme de carré, où le thon vient enfin entre les mains des pêcheurs. Mais, ô jour marqué de noir ! levés à deux heures du matin, embarqués avant quatre, nous avons vu toute la manœuvre, & pas un thon, & on ne se jette pas dans la mer !

un déjeûné nous attendait au rivage.

Les Patrons nous contèrent (car c'était le moment de conter) que le dauphin, nullement dangereux pour l'homme, malgré sa force & ses dents, est bien redoutable aux thons, & en même tems à la pêche. Se trouve-t-il enfermé avec eux, il répand la terreur & l'agitation parmi tous les captifs, qui font des efforts en tous sens pour briser leur prison ; mais le dauphin est le premier qui en vient à bout. Adieu la pêche.

Les Patrons nous contèrent encore que le dauphin est d'une finesse, d'une sagacité que rien n'égale ; qu'il évite presque tous les piéges qu'on lui tend ; que, s'il lui arrive d'être pris, il donne des signes de douleur ; qu'au mouvement de la main qui le menace, il cligne les paupières comme un enfant timide qui sent sa faiblesse ; qu'il rend quelques sons, qu'il a une sorte de voix, qu'il se plaint, qu'il répand des larmes, qu'il a été *créature*, c'est-à-dire, homme dans leur langage. Enfin, ils nous en disaient tant qu'ils nous faisaient presque croire au dauphin de la mer de Naples, qui portait tous les jours & reportait, dit l'Histoire Romaine, un jeune écolier de Baïes à

Pouzzol & de Pouzzol à Baïes, pour prendre ses leçons. Ils ajoutèrent que la femelle du dauphin est vivipare ; qu'elle n'a ordinairement qu'un petit à la fois ; qu'elle l'alaite ; qu'elle le porte, lorsqu'il ne peut pas encore nager ; qu'elle l'accompagne long-tems, & qu'à la fin de son éducation elle le mene fort loin en haute mer, où elle l'abandonne à ses propres forces, & à son industrie.

Vous imaginez peut-être que la pêche du thon est abandonnée à tous les pêcheurs qui en veulent prendre sur eux la peine & la dépense, point du tout ; le droit de madrague a été accordé à des gens de qualité qui n'ont rien fait, & ne feront jamais rien, pour l'avancement de la pêche. Le pêcheur n'est ici que le fermier ; & il faut qu'en faisant tous les frais, qu'en mettant son tems & ses soins, il rende au titulaire 10, 12, 20 mille francs par an : si, au lieu de cette concession, les madragues étaient abandonnées au corps des pêcheurs, ils s'arrangeraient entr'eux pour le profit de tous, & le public y gagnerait : favoriser la pêche, qui est la pépinière des matelots, c'est travailler pour la Marine.

LETTRE LIV.

De Marseille, le 12 Septembre 1764.

JE prends la plume, Aspasie, sans savoir si j'aurai la force de vous écrire par le courier d'aujourd'hui. J'arrive d'un pélerinage qui m'a beaucoup fatigué ; mais j'oublie la fatigue, quand je pense que vous m'avez écrit en dernier lieu, avec un grand mal de tête. Il fallait sans doute qu'il fût grand, puisque vous m'en parlez, vous qui êtes si réservée sur vos souffrances, crainte d'affliger vos amis : il vous siérait pourtant bien de vous plaindre des maux même que vous ne sentez pas : votre jeunesse, votre figure, votre rang, tout vous autorise à être malade à volonté.

Mon pélerinage a eu pour objet Notre-Dame-de-là-Garde : c'est une Eglise sur une haute montagne qui domine la ville & la mer ; c'est en même tems un petit Fort d'où l'on signale tous les vaisseaux qui arrivent, & qui sont obligés de saluer. On ne parle point du Fort ; il n'est bruit que de l'Eglise & de la puissante Protectrice qu'on y révère ; mais si l'on mesure la dévotion des peuples aux dons qu'ils font aux Autels, celle des Marseillois perd à cette mesure. Les *ex voto* qui couvrent les murailles de cette pauvre Chapelle, ne sont que de cire. Le trésor qu'on ouvre dans la Sacristie, un voyageur pourrait l'acheter à la fin de son voyage. L'Italie gâte les yeux par l'argent, l'or & les pierreries dans les Eglises. Il faut croire que les Marseillois aiment mieux offrir au Ciel des vertus que des richesses.

On vous a parlé plus d'une fois des processions peu décentes de nos Provinces méridionales, où apparemment le feu des imaginations demande du théâtral plus qu'ailleurs. La procession de Saint Lazare que je vis, il y a quelques jours, ne ressemble point à celle-là ; elle avait toute la décence des nations graves. Que Saint Lazare ait été le premier Evêque de Marseille ou non, les Marseillois ont grande raison de le fêter avec toute l'Eglise ; mais ils ne souffriraient plus le martyre pour cette tradition, & il est probable qu'aujourd'hui le Parlement de Provence ne condamnerait pas au feu la critique de M. de

Launoy; les Tribunaux même tiennent au tems.

Dans mes excursions hors de Marseille & de son territoire, j'y ai fait entrer les Martigues, Principauté qui appartient au Duc de Villars, à sept lieues de Marseille; ce n'est ni terre ni mer, mais toutes deux à la fois. La mer entre dans les terres par un canal naturel, large d'une demi-lieue, & long d'une lieue, entre deux chaînes de côteaux & de montagnes; après quoi, rencontrant un grand vallon où elle peut s'épancher, elle y forme un golphe d'environ neuf lieues de tour, qu'on appelle vulgairement l'étang de Berre, du nom de la petite ville de Berre, connue par ses salines.

Les Martigues.

A l'aspect de la mer, du canal & du golphe, on est étonné, on est fâché que les Phocéens, cherchant à s'établir sur cette côte avec le plus grand avantage, n'aient pas fondé leur Marseille dans cette position: elle serait devenue avec les siècles une autre Venise, bien supérieure peut-être à celle qui existe.

Pour vous peindre les choses, comme elles sont, revenons à l'entrée de la mer dans le canal : à ce point est le port de Bouc, où les vaisseaux viennent mouiller avec toute la facilité qu'on peut desirer. Il est défendu par un très-bon Fort, qu'on appelle la Tour de Bouc.

Suivons maintenant le canal jusqu'au point où le golphe commence. Là sont situées les Martigues, assemblage de trois petites Villes, dont une en terre-ferme; Jonquières & Ferrières: la troisième au milieu des deux & des eaux; c'est l'Isle avec laquelle les deux autres communiquent par des ponts.

Nous voila sur le golphe. On dit ici qu'on pourrait en faire un usage bien utile à l'Etat : il serait aisé de donner de la profondeur au canal, dont le fond est sans bancs de rochers, pur sable, & alors la Marine du Roi viendrait s'exercer sur le golphe, à une manœuvre si nécessaire pour vaincre. Mais il ne faut rien dissimuler, cette institution préjudicierait à des pêcheries qui enrichissent quelques particuliers déja riches.

Nul endroit où la pêche soit plus commode, plus abondante & plus sûre; la tranquilité des eaux y attire le poisson, au printems sur-tout, lorsqu'il cherche à frayer: il entre en toute liberté; mais quand il veut sortir pour retourner dans la grande mer, des claies de roseaux qui forment de longues avenues le conduisent dans des chambres où il est retenu & conservé à volonté. L'acheteur le voit dans ces prisons..... Voulez-vous cette sole, ce turbot, ce rouget, ces sarguets ? Parlez.... Pour moi je criais du *jarguet*, petit poisson d'un goût exquis, mais d'une délicatesse à ne pas souffrir le transport. Les Villes les plus voisines n'en connaissent que le nom. Ces pêcheries se nomment *Bourdigues*.

On compte environ quinze-mille habitans dans les Marrigues, peuple de pêcheurs. C'est des œufs de muge qu'ils font la poutargue, pour les tables des riches, & ils salent une quantité prodigieuse d'anguilles que des Marchands d'Italie viennent acheter. Ce peuple, que l'olivier enrichit encore, ménagé d'ailleurs par le fisc, vit dans une grande aisance.

Trouvez bon que je vous reporte sur le golphe : considérez ce chemin qui le traverse. Il a une lieue de longueur, & plus de deux-cents pieds de largeur : la tradition du pays veut que Caïus Marius, pressé & enfermé aux bords du golphe par une armée ennemie, le fit faire dans une nuit, pour passer à l'autre bord : il fallait tout au moins que ce fût une nuit d'hyver. Je ne sçais même si celle que Jupiter employa à former Hercule aurait suffi. L'histoire nous dit bien que Marius, envoyé en Provence contre les Teutons, les Cimbres & les Ambrons, qui menaçaient d'y entrer, occupa ses légions, en attendant l'ennemi, à des travaux utiles : c'était la pratique des Romains, que nous ne suivons guères. Le chemin en question, n'est peut-être pas l'ouvrage des hommes; il se pourrait que les eaux du golphe, ayant percé le banc de terre que la Nature lui opposait, eussent inondé une partie de la campagne, & formé un autre petit golphe, tel qu'on le voit aujourd'hui, en laissant entre deux la langue de terre qui fait le chemin ; les deux golphes se communiquent par des coupures où il y a des ponts : cette conjecture reçoit encore un degré de probabilité de la courbure frappante qu'on apperçoit dans le chemin. Quand on pousse un chemin dans une étendue où rien ne fait obstacle, on le dirige en ligne droite.

On pourrait encore hazarder d'autres opinions. Quoi qu'il en soit, je ne vous donne la mienne que pour une conjecture. Je ne veux me brouiller ni avec Caïus-Marius, ni avec la Provence, qui appelle ce chemin *Lou-caïou*, par corruption, de *Caïus*, prénom de Marius.

LETTRE LV.

De Marseille, le 20 Septembre 1764.

JE ne quitterai pas cette Ville, sans vous dire un mot de la *Science gaie*, qui convient plus à votre sexe que toute autre. La Provence en fut le berceau, & particulièrement Marseille. Voici en quels termes un Voyageur érudit, autant que bon Observateur (*a*), parle de cette Science : « Elle avait pour objet la Poé-
» sie, la Musique, les Ecoles d'Amour,
» & la formation de la langue. La pureté
» de l'air de ce beau pays, le feu des
» Provençaux, la tendre vivacité des Pro-
» vençales ; le voisinage des Cours ga-
« lantes, répandues dans la France mé-
» ridionale ; le goût pour les Arts, qui

_____
(*a*) M. Grosley.

» distingua une Maison long-tems sou-
» veraine ; le long séjour des Papes à Avi-
» gnon, l'amour du plaisir que l'abon-
» dance avait répandu parmi les Italiens,
» la magnificence avec laquelle ils
» payaient leurs plaisirs, tels furent les
» premiers encouragemens d'une science
» dans laquelle l'Italie moderne, & en-
» suite la France, sont devenues les rivales
» de la Grèce; &, à remonter plus haut,
» Charlemagne, dit-on, dans le partage
» de ses Etats, avait abandonné la
» Provence en toute propriété aux *Trou-*
« *veres*, *Jongleurs*, *Menestrels*, & aux
» Suppôts de la Science gaie. Les Bouf-
« fons, Charlatans, Saltimbanques, en-
« traient aussi dans la troupe joyeuse,
» & on appellait tout cela Hommes de
» Cour, *huomini di Corte* ».

Tous ces Docteurs de la Science gaie, valaient bien les Fous de Cour, & les Farceurs de nos Mystères, qui se sont montrés depuis, pour amuser les Princes & les Courtisans. Au surplus, l'observation du Voyageur sur l'influence du climat, n'est pas sans vraisemblance. On ne peut guères douter qu'un beau ciel, tel que celui de la Provence, un climat doux, un air toujours pur, ne donnent plus de sensibilité physique, plus de feu à l'imagination, plus de ressort à l'esprit. Les tours du langage, les saillies, les chansons, le goût & la facilité pour la Musique & la Poésie, les danses vives y entretiennent encore aujourd'hui la Science gaie. Les Grecs donnaient aux Béotiens une humeur aussi sombre que les nuages qui les couvraient, un esprit aussi épais que l'air qu'ils respiraient.

Mais, à parler de l'influence du climat sur la santé, ne faudrait-il point, pour nous autres Parisiens, passer les étés sur les bords de la Seine, & les hyvers en Provence ? Les oiseaux nous donnent l'exemple de ces transmigrations annuelles. C'est la Nature qui les guide, pour éviter la souffrance, & peut-être pour prolonger leur vie. La chaleur du soleil est bien plus analogue à la constitution de nos corps, que le feu vaporeux & dévorant de nos cheminées. Si vous étiez à mon âge, je vous persuaderais bien mieux. Lorsque le feu principe diminue par l'addition des années, la douceur du climat devient beaucoup plus nécessaire. Louis XIV, vers la fin de sa carrière, fut apparemment plus travaillé par l'aspérité du ciel de Versailles, puisqu'on agita de lui faire passer les hyvers à la cheminée du Roi René. C'était le Port de Marseille. Les Finances étaient épuisées. La dépense empêcha.

Ne m'écrivez plus ici, mais à Lyon, où j'arriverai, je ne sais quand. Chaque endroit m'arrête, vous le savez, & puis je suis fort tenté d'une excursion dans certaines Villes du Languedoc, où les Romains ont fait des leurs. Ils nous firent grand bien en nous subjuguant : mais ce bien finir avec eux. Espérons, à présent que notre raison se perfectionne, de les surpasser par nos propres moyens.

LETTRE LVI.

D'Aix, le 24 Septembre 1764.

Aix.   AIx est au milieu d'une vaste plaine, où l'on associe le mûrier à la vigne & à l'olivier. On vous trompe à Paris sur l'huile d'Aix; & dans quelle espèce de denrée ne trompe-t-on pas le Public par les noms? Toutes les huiles de la Basse-Provence sont des huiles d'Aix, quand on le veut.

Ce ne fut point par l'huile que la Ville d'Aix commença à se faire connaître, mais par l'eau, *Aquæ Sextiæ*. Ce fut là son nom, à cause des bains de Sextius Calvinus qui la fonda. Vraisemblablement ces eaux Thermales, qui coulent aujourd'hui dans des bains fort négligés, étaient alors en grande réputation pour la santé. Mais la santé même suit la mode & les caprices de la Médecine.

Il faut que la Ville ait peu intéressé les Romains, puisqu'ils n'y ont laissé aucun monument considérable. On ne sait à quel édifice appartenaient deux colonnes de Granit, dont l'une a été relevée sur la place de l'Hôtel-de-Ville par les soins du Duc de Villars, en 1756: l'autre reste couchée devant la Cathédrale, jusqu'à ce qu'on lui accorde les honneurs du goût. On ignore aussi à quoi étaient destinées six colonnes antiques d'un beau marbre, en forme de rotonde; c'était peut-être un tombeau; & c'est aujourd'hui le Baptistère de la Cathédrale.

J'ai voulu voir un Autel consacré à Priape. Ce Dieu immodeste se présente au-dessus avec ces lettres I. H. C. dont on donne cette explication, *jucundo hortorum custodi*. Mais le possesseur de cette antiquité était à la campagne. Voilà de ces regrets qu'on ne risque pas en Italie. Les Italiens ne croient pas jouir, si les Curieux ne jouissent pas.

Aix s'embellit d'une année à l'autre. Son cours planté de quatre rangs d'arbres, orné de fontaines, & bordé de belles maisons, dispute à celui de Marseille.

L'an 1760 a vu élever sur la place des Prêcheurs un Obélisque de bon goût. On a gravé sur une face la fondation de la Ville par C. Sextius ; sur la seconde, la réunion de la Provence à la Couronne; sur la troisième, la naissance du Comte de Provence ; sur la quatrième, la Dédicace de l'Obélisque à Louis XV.

On m'a beaucoup vanté la Procession de la Fête-Dieu. On m'a plaint de n'être pas arrivé pour ce moment intéressant. Mais enfin qu'aurais-je vu ? Un Porteur-de-chaise fagoté en Reine de Saba; des Apôtres, armés de fusils, qui se battent contre des diables, pour défendre le Messie chargé de sa Croix ; un Lieutenant d'Amour, rôle toujours destiné à un jeune homme de distinction qui jette des oranges aux belles Dames; & autres gentillesses pareilles, au milieu d'une solemnité si auguste. La distribution des rôles est une affaire fort grave; c'est le Parlement qui en décide. On m'a conté, à ce sujet qu'un manant qui aspirait, sur titre, à être diable, ce qui était en litige, gagna les suffrages par ce trait d'éloquence : mon père a été diable, mon grand-père a été diable, pourquoi ne le serai-je pas ?

Le Parlement d'Aix a toujours été Grand-Justicier ; il a un échaffaud de pierre, toujours dressé en face du Palais. Nul ressort où l'on fasse tant d'exécutions, & les Juges sont étonnés de ce que la roue ne corrige pas. C'est ce Parlement qui, dans nos tems de guerres religieuses, condamna les Vaudois à l'extermination par le fer & le feu, & le premier Président exécuta l'Arrêt en commandant les troupes. C'est ce Parlement qui, dans le dernier siècle, fit brûler Louis Gofridy, Curé de Marseille, pour sortilége; prêt à rallumer le bucher pour le Jésuite Girard en 1731. Il faut croire que, parmi les Tribunaux, il aura été le dernier à recevoir les accusations de sorcellerie.

LETTRE LVII.

De Nismes, le premier Octobre 1764.

S.-Remi.

Nismes m'a tiré de ma route; &, avant que d'y arriver, la petite Ville de Saint-Remi m'a offert un grand Mausolée antique, composé de deux Ordres Corinthiens, terminés par une petite rotonde. Les bas-reliefs du piédestal ne sont pas admirables. Près de-là sont les ruines d'un arc de triomphe qui ne valait pas le Mausolée.

Beaucaire.

J'ai passé à Beaucaire : là une voie Romaine, assez bien conservée, se prolonge jusqu'à Nîmes. On y voit des colonnes milliaires, avec le nom des Empereurs qui faisaient réparer les chemins. Celui-ci faisait partie de la grande voie Aurélienne, qui s'étendait de Rome aux extrémités de l'Espagne. La fameuse foire de Beaucaire n'est plus ce qu'elle était. On espère qu'elle recouvrera tout ce qu'elle a perdu. Ce sera un bonheur singulier; car le cours du commerce, une fois détourné, rentre difficilement dans son lit. J'étais

J'étais impatient d'arriver à Nîmes, au bruit de la Renommée. La *Maison carrée* (voilà les beaux noms que nous donnons aux belles choses) est soutenue dans son contour par trente colonnes d'ordre Corinthien, avec une corniche & une frise, le tout d'une architecture qui ravit : le péristile répond à l'édifice.

Nîmes.

Étoit-ce une Basilique, un Prétoire, un Temple ? Choisissez le dernier. Mais à l'honneur de qui ? Les Antiquaires croyaient, il n'y a pas long-tems, qu'il avait été consacré à Plotine par l'Empereur Adrien son époux. Un Savant de Nîmes, en examinant la position des cloux qui aidaient à former les lettres de la dédicace au frontispice, vient de l'expliquer en faveur de deux petits-fils d'Auguste, fils de Julie. J'ai eu beau étudier les cloux, mes yeux n'ont pu saisir cette leçon. J'ai couru à l'amphithéâtre, qui par sa construction rappelle bien le goût d'un peuple qui imprimait sa grandeur à tout ce qu'il faisait pour le public.

Voici du moderne hors de la Ville. Une longue suite de maisons symmétriques, un canal en face agréablement revêtu, un beau cours, un jardin public avec des grilles ; une fontaine décorée, qui a de

Tome II. G

la beauté & de la grandeur ; des canaux ornés de balustrades, un rocher en perspective, qu'on a couvert à moitié d'une noble architecture. Il n'est point de Ville du premier ordre à laquelle cet amas de belles choses ne fît honneur ; mais l'eau de la belle fontaine (car c'est ainsi qu'on la nomme) on la cherche ; elle ne jaillit pas ; il faut pour la trouver, jetter les yeux dans un bassin, à une grande profondeur d'où elle sort. Il y a tout auprès un Temple de Diane, dont les restes font regretter ce qui a péri.

Quand on a vu les objets dont je viens de parler ; on ne s'avise pas de regarder la Ville ; c'est un tas informe de vilaines maisons dans de vilaines rues ; mais dans ces vilaines maisons habitent l'activité, le travail & l'industrie. Toute la Ville n'est qu'une grande manufacture : c'est l'attelier de la soie. Un de ses citoyens, en 1600, rapporta du Portugal une petite plante qui fait entrer tous les ans plus de quatre millions dans les coffres du Roi. Les Fermes générales doivent une statue à Jean *Nicot*, qui a sçu nous faire un besoin de la sensation du tabac.

La population de Nîmes ne se ressent plus de la perte qu'elle fit à la révocation de l'Edit de Nantes. On y compte cinquante-mille ames. J'ai vu le désert où vingt-mille Religionnaires vont prier Dieu, dans le grand Temple, qui a l'air pour murailles & pour voûte le Ciel. On ferme les yeux sur ces assemblées Religieuses si persécutées sous Louis XIV. C'est un commencement de tolérance.

Leurs anciens se souviennent avec attendrissement de l'Evêque Fléchier, dont l'éloquence & les mœurs ont fait tant d'honneur à l'Episcopat; il ne voulait que les instruire & les toucher, pour les ramener par la douceur & les bienfaits.

Nîmes pourrait se glorifier d'un assez grand nombre de citoyens illustres : un seul en vaut mille. L'un des meilleurs Empereurs que le Ciel ait donnés à la terre, *Antonin-le-pieux*, en était originaire.

A trois lieues de Nîmes, j'ai vu ce fameux pont qui n'était pas un pont, mais un aqueduc; le pont du Gard. Cet aqueduc, dans sa totalité, avait neuf lieues de longueur; arrivé au Gardon, il traversait cette rivière d'une montagne à une autre, en s'élevant sur trois rangs d'arches, les unes sur les autres : c'est cette partie de l'aqueduc qui a résisté au tems. Il était destiné par les Romains à porter l'eau de la fontaine d'Aure dans l'amphithéâtre de Nîmes; il distribuait aussi dans la Ville, & à des maisons de campagne. Aujourd'hui c'est vraiment un pont, car on y en a joint un en 1745, avec cette inscription:

STRUXERUNT ROMANI. PONTEM ADDIDIT OCCITANTIA. AN. 1745.

Ce pont, qui est d'une grande utilité, soutiendra l'aqueduc dont l'inscription est A. Æ. A. Devinez. En jettez-vous votre bonnet par-dessus les moulins?

AQUÆDUCTUS ÆLII ADRIANI.

D'autres y ont trouvé d'autres sens. Ce qui prouve que dans les inscriptions il ne faudrait rien laisser à deviner.

Au reste, pour rendre justice aux Modernes comme aux Anciens, cet aqueduc, tout beau qu'il est, ne vaut pas celui de Cazerte dont je vous ai parlé, article *Naples*; il n'est ni aussi élevé, ni aussi long. Il n'a que deux-cents pas de longueur entre les deux montagnes; l'autre en a mille. Je reprendrai demain le chemin d'Avignon, pour ne pas m'écarter de la route qui doit me ramener à Paris & à vous.

LETTRE LVIII.

D'Avignon, le 7 Octobre 1764.

Dans cette Ville si célèbre par la résidence des Papes pendant soixante-deux ans, on a bientôt tout vu. On met au rang des curiosités un tableau peint par le Roi René, comme les Rois peignent. Le sujet en est hideux; c'est le squelette de sa maitresse avec le cercueil d'où elle sort; assurément on ne dira pas qu'il l'a flattée.

Autre curiosité ; le tombeau de la belle Laure, si connue par l'amour que Pétrarque eut pour elle. Je vous ai vu douter si cette Laure était un personnage bien réel, parce que vous aviez lu, je ne sçais où, que le Pape Urbain V, touché des soupirs brûlans de Pétrarque, & le croyant malheureux de ne pouvoir l'épouser, à cause des engagemens qu'il avait pris dans les Ordres sacrés, lui offrit une dispense, avec la permission de conserver ses bénéfices ; à quoi le Poëte répondit, que Laure n'était pour lui qu'une Beauté phantastique, pour échauffer sa verve. Effectivement, parmi les trente Historiens qui ont assez mal écrit la vie de Pétrarque, il y en a qui, pour sauver la réputation du Poète, Diacre & Chanoine, ont dit que cette Laure n'était autre chose que la Poésie; d'autres, pour le laver plus net, ont avancé que sa Laure était la Vierge Marie, de manière que ses Sonnets seraient autant d'oraisons. Vous ne vous êtes pas encore avisée, Aspasie, de porter votre Pétrarque à l'Eglise, & je ne vous le conseille pas.

Un descendant de Laure, M. l'Abbé de Sade, que je vois ici, viens d'imprimer & de prouver que Laure de Sade, celle pour qui Pétrarque soupirait, était une Beauté en chair & en os, sans adopter le conte du Pape Urbain; anecdote qu'il réfute. J'ai l'ouvrage sous les yeux. L'Auteur prouve encore que ce fut près de la fontaine de Vaucluse que Pétrarque vit pour la premiere fois la belle Laure, encore fille, & qu'il fit retentir les échos de sa passion pour elle.

Si vous voyiez cette fontaine, le rocher creux & profond, en forme de puits, d'où elle sort, l'abondance & la limpidité de ses eaux, les paysages des environs, vous diriez que ce beau lieu est fait pour chanter une maitresse. On voit des ruines qu'on appelle le Château de Pétrarque.

Jamais Poëte ne fut plus fêté de son vivant. Les Papes, les Rois de France, le Roi de Naples, l'Empereur, la République de Venise, toutes les Puissances, lui écrivaient pour l'attirer & le couronner, à peu de frais sans doute, comme on couronne les Poëtes. Il préféra Rome, & il y fut effectivement couronné de lauriers, le jour de Pâques de l'année 1341.

Je laisse le Poëte *Laureat* sur ses lauriers, pour revenir à Laure, car j'en suis amoureux aussi-bien que lui. N'allez pas vous figurer que son tombeau mérite attention : ce n'est qu'un misérable cippe de deux pieds en quarré, enchâssé dans le mur d'une Chapelle.

Les yeux sont dédommagés dans la même Eglise par celui du brave Crillon. Il est ainsi qualifié sur le marbre même qui renferme ses cendres.

Avez-vous des gravures de Baléchou ? Conservez-les bien, il n'en fera plus ; il vient de mourir dans cette Ville.

G iv

Les Chartreux de Ville-Neuve, à l'autre bord du Rhône, ont des tableaux de Mignard, dont on fait grand cas.

On voit sur le Rhône les ruines d'un pont qui se fait regretter tous les jours; car on est obligé de passer & repasser sans cesse ce grand fleuve, qui n'est pas toujours traitable. Ce fut, dit la tradition du pays, Saint-Bénézet qui bâtit le pont miraculeusement au douzième siècle. Les ponts de l'antiquité Romaine subsistent encore. Il est étonnant que les Papes qui ont fait de si prodigieuses dépenses pour donner des murailles à la Ville, aient négligé de rebâtir le pont ; & quelles murailles ! c'est une décoration crenelée de deux lieues de circonférence. On en fait le tour dans des allées d'arbres, promenades charmantes. La perspective d'une campagne riche, la vue d'un grand fleuve qui se précipite pour arriver à la mer, en augmentent le plaisir.

Les Avignonais paraissent fort contens du gouvernement Papal ; enclavés dans une domination étrangère, éloignés du Maître, ils en sont plus ménagés. Le Pape en retire à peine ce qu'il faut pour soutenir la représentation de son Vice-Légat, & les autres frais du Gouvernement. C'est peut-être l'aisance où ils vivent, sur un territoire fécond, qui les rend moins industrieux, moins entreprenans dans le commerce. Mais qu'importe, si le bonheur habite avec eux ?

LETTRE LIX.

De Lyon, le 18 Octobre 1764.

J'AI peu de chose à vous dire sur ce que j'ai vu d'Avignon ici.

Le pont du Saint-Esprit, si redoutable pour les bateaux qui ont manqué le fil de l'eau si nécessaire à prendre de loin, sous peine de la vie, fut bâti au treizième siècle, sans l'intervention d'un miracle comme celui d'Avignon; &, à sa solidité, on peut juger qu'il durera encore long-tems. Il a 420 toises de long, sur deux toises quatre pieds de large. Sa mauvaise réputation est beaucoup diminuée, depuis que les Bateliers ont acquis plus d'expérience. On n'entend presque plus parler de naufrage.

Entre Montelimar & Valence, j'ai passé la Drome, torrent rapide qui embarrasse beaucoup les voyageurs. Ce passage dans un bac, entre dans les revenus de l'Evêque. Le péage en est cher, sans tarif fixe. On amasse des matériaux pour y faire un pont, & on y emploiera, dit-on, des soldats. Il vaut mieux tard que jamais, dit le bon vieux proverbe.

Valence. Valence, sur la rive du Rhône, est dans une situation très-agréable, surtout pour les maisons & les jardins qui bordent le fleuve, telles que l'Evêché & l'Abbaye de Saint-Ruf. On voit, dans le Couvent des Dominicains, la représentation d'un squelette de Géant, qui avait quinze coudées de haut. Ses ossemens ont été partagés en différentes Villes. Ici il n'y a qu'un os du genou. Ce Géant, nommé Buardus, était un tyran du Vivarais. Ce ne sont pas des nourrices qui content cela aux enfans. Mais vous savez qu'il y a bien des nourrices en chapeau.

Vienne. Vienne fut anciennement colonie Romaine. Le Préfet du Prétoire des Gaules y avait son Siége. Le Prétoire a été changé en Eglise: c'est celle de Notre-Dame-de-la-Vie. Cet édifice ressemble à la Maison carrée de Nîmes, avec la différence qu'il n'est pas si bien conservé, & qu'il n'y a point de péristile. Les colonnes sont engagées mal-adroitement dans le mur. Hors de la Ville une pyramide antique, qui fut apparemment le tombeau de quelque Romain. Nul vestige de celui de Pilate, qui, sur les plaintes que la Judée porta contre lui à Tibère, fut exilé près de cette Ville, & s'y tua, dit-on, de désespoir, peu d'années après.

Dans la Cathédrale, vaste & beau monument gothique, on voit le Mausolée commun de deux Archevêques de Vienne, M. de Montmorin, & le Cardinal d'Auvergne son successeur. Le premier est à demi couché sur le tombeau. Le second est debout. Ils se tiennent par la main, & le premier appelle le second. Ce morceau très-estimé est de Slodtz, si connu d'ailleurs par les belles choses qu'il a laissées à Paris. Sa vie a été trop courte pour l'avancement de l'art.

Vienne fut la patrie de Nicolas Chorier, Jurisconsulte, Littérateur, Historien & Auteur d'un Livre trop fameux par son infamie, l'*Aloïsia Sigea Toletana*. Cette école de libertinage, en latin très-élégant, a déshonoré le Professeur qui mérita de mourir dans un grenier, où personne ne le plaignit.

En revoyant Lyon, d'où je vous écris, je crois n'avoir rien oublié d'intéressant dans le compte que je vous ai rendu, en commençant mon voyage. Je ne vous dirai pas le mot des Villes que je vais trouver sur ma route d'ici à Paris, Mâcon, Châlons, Dijon, &c. Vous les connaissez comme moi. Je ne ferai qu'y passer rapidement, pressé par la saison, & l'envie de retrouver mon cabinet & mes amis; & me voilà à la fin de mon Odyssée.

Je n'oublierai pas cependant l'engagement ultérieur que j'ai pris avec vous, de vous crayonner une vue générale sur l'Italie : ce sera quand j'aurai du repos & du loisir.

VUE GÉNÉRALE
SUR
L'ITALIE.

IL n'est point de situation en Europe plus heureuse que celle de l'Italie; placée entre le trente-huitième & le quarante-cinquième degré de latitude, elle n'a ni les chaleurs brûlantes de la Zône torride, ni le froid mortel des Zônes glaciales; elle n'est pas même exposée, dans le cours ordinaire des saisons, à ces variations si fréquentes de l'atmosphère, à ces passages rapides du froid au chaud, & du chaud au froid, qui perdent les fruits, & minent la santé des hommes.

La terre, généralement bonne, arrosée, pour ainsi dire, à discrétion par les eaux qui coulent de l'Apennin, ne demande qu'à produire avec une culture facile. Le repos ne lui est point nécessaire: elle produit sans cesse blé ou légumes.

La vigne s'y plaît plus généralement qu'en tout autre pays : elle offre ses guirlandes en se mariant à l'orme, dans les plaines comme sur les côteaux.

Dans l'arrière-saison, à la fin de Novembre, la Nature n'est pas encore dans l'état de mort dont elle est frappée ailleurs : elle présente encore de la verdure, des pâturages & des légumes.

La douceur du climat n'exigeant qu'une petite consommation de bois à brûler, l'Apennin le fournit, pendant que les plaines où l'on ne voit point de forêts, ne sont occupées qu'à donner des subsistances aux hommes & aux animaux.

Parmi les pays qui peuvent se suffire à eux-mêmes, l'Italie en est éminemment un. Le blé, le vin, l'huile, la laine, la soie, & toutes les facilités pour les manufactures y sont rassemblées. Les chevaux Napolitains & Polésins sont fort recherchés. Parmi les animaux de labour (outre le bœuf de la grande espèce) le buffle, encore plus grand, plus massif & plus fort, facilite les travaux du Laboureur. Cet animal, originaire des pays chauds, dans les Indes & dans l'Afrique, prospère en Italie. Deux buffles y rendent le service de quatre bœufs.

Varron, le Lieutenant de Pompée, qui savait combattre, observer & écrire, prétendait, dans son Traité sur l'Agriculture, que, de toutes les parties du Monde connues de son tems, aucune n'était aussi cultivée, aussi fertile que l'Italie. Les hommes s'y multipliaient comme les abeilles dans une ruche placée au milieu des fleurs. C'est alors qu'on pouvait la saluer dans ce beau Vers.

Salve, ô magna Parens Frugum, tam magna Virorum !

Je te salue, ô Mère féconde des Fruits & des Hommes !

Les anciens Romains sentaient tout l'avantage de leur sol, de leur climat, & de leur position, entre la mer qui les environnait, & les Alpes. Aussi quel parti n'en tirèrent-ils pas ? Un trop grand, sans doute, lorsqu'après avoir franchi les Alpes & construit des flottes, ils forgèrent des fers au monde, pour tourner ensuite leurs forces contr'eux-mêmes, & disparaître enfin sous les coups des Barbares.

Tous ces Barbares, les Goths, les Vandales, les Hérules, les Thuringiens, les Lombards, les Français, les Germains, les Normans, convoitaient l'Iralie. Point de Souverain, point de Conquérant qui n'eût envie de s'en rendre maître, sans en excepter les Papes, qui, jusqu'au huitième siècle, n'y avaient d'autre droit, que celui des *Clefs*. Partagée ainsi entre différentes Puissances jalouses l'une de l'autre, elle a été déchirée par des guerres interminables.

Le Politique le plus consommé parmi les Princes des derniers siècles, Laurent de Médicis, au rapport de Machiavel, forma le projet d'éloigner les Nations étrangères de l'Italie. Il l'exécuta & le maintint tant qu'il vécut, par la balance du pouvoir entre les Puissances Italiennes, & par la considération qu'il avait dans toutes les Cours. Sa mort détruisit tout.

Ce n'est que depuis la guerre de 1742 que l'Italie respire un peu plus longuement que du passé. Mais reviendra-t-elle au point de prospérité où elle était avant que Constantin eût transporté l'Empire à Bizance? Plusieurs causes s'y opposent.

Des eaux vagues, de plus grandes eaux stagnantes, les débordemens de ses fleuves dévorent des milliers d'arpens, qui donneraient de belles moissons. Il y a long-tems que des Hollandais ou des Chinois auraient corrigé la nature, comme les anciens Romains l'avaient fait.

Son commerce extérieur, qui était si florissant sous le pavillon des Vénitiens, des Génois, des Florentins, des Pisans, est nul aujourd'hui, & ses Manufactures languissent.

Son commerce intérieur rencontre des obstructions journalières, qu'elle laisse subsister. Des torrents qu'elle pourrait contenir dans des lits certains, en y jetant des ponts, arrêtent souvent le Marchand. Si elle veut commercer de sa droite à sa gauche, le transport ne peut se faire que sur le dos de l'Apennin, par des chemins hérissés de difficultés, ou par un long circuit de mer. Les belles voies Romaines ont disparu, & ne sont point remplacées.

Sa population n'est peut-être pas aussi faible que bien des gens le prétendent. Ils n'en jugent que par les grandes Villes, telles que Rome, Milan, Ferrare, qui effectivement sont tres-dépeuplées, eu égard à leur grandeur. Mais cette règle ne convient pas à tous les pays. En France, par exemple, les Villes, surtout les grandes Villes regorgent d'habitans, les campagnes en demandent. En Italie, c'est tout le contraire. Les campagnes sont plus peuplées ; en voici la raison. En Italie, excepté dans le Royaume de Naples, l'homme, quel qu'il soit, a vraiment la propriété de ses biens & de sa personne. Il y a des Comtes, des Marquis, des Princes; mais ils n'ont pas droit de ruiner les espérances du Laboureur, pour le plaisir de conserver le gibier. Ils ne chassent que sur leur propriété, point de redevances d'ailleurs, point de vassalité, point de haute & basse Justice. Leurs titres, comme en Angleterre, ne sont que des noms sans conséquence. Quant au Royaume de Naples, où les Seigneurs, les grands Propriétaires, peuvent tourmenter les petits, une grande partie de sa population est dans Naples même. On n'y voit plus que les ruines de la grande Grèce. Ce beau pays, qui était alors couvert de Villages & de Villes, peut à peine soutenir une faible culture.

Mais, pour revenir à la population totale de l'Italie, qu'il n'est pas aisé de déterminer, le Voyageur s'aperçoit aisément qu'elle n'est pas, à beaucoup près, ce qu'elle devrait être dans un pays si étendu & si gras. On sait que l'Italie eut autrefois vingt-cinq millions d'habitans. Il est vrai que tel Citoyen Romain avait jusqu'à vingt-mille Esclaves : mais enfin ces Esclaves étaient naturalisés dans le pays qu'ils cultivaient. Si les Cultivateurs, & en général tout le Peuple, avaient plus d'activité, plus d'industrie, l'Italie disputerait encore de richesses avec les Etats les plus riches.

Ses vins, excepté celui de Florence, sont tous liquoreux ; ce qui tient beaucoup à la façon de les faire. Ils les font dans des espèces de baignoires, ils les remuent, ils les tourmentent, ils y mêlent de l'eau. Le vin cuit se façonne autrement. Il se distribue dans de grandes chaudieres, où, après qu'il a bouilli, on le laisse tranquille.

Ses huiles sont fort au-dessous de nos huiles de Provence. Ce n'est pas que la qualité de l'olive ne soit aussi bonne : mais on vise à la quantité ; & l'Etranger qui veut de bonne huile, n'achetera pas celle-là.

Ses laines, eu égard au sol & au climat, égaleraient celles d'Espagne, si, à l'exemple de l'Angleterre, elle faisait parquer ses moutons, & si elle tirait d'ailleurs une plus belle race.

Sa soie, dont elle pourrait faire une source de richesses, attendu la grande consommation, dans des pays à qui la Nature la refuse, n'est pas portée au degré d'abondance dont elle serait susceptible. On n'y voit pas la quantité de mûriers, à laquelle on devrait s'attendre.

Une grande partie du Royaume de Naples, toute la campagne de Rome, la Marche d'Ancone, le Duché d'Urbin, toutes les Terres Pontificales, languissent par la paresse des habitans, paresse occasionnée en partie par une charité déplacée. Les Moines, qui possèdent d'immenses richesses, font de grandes aumônes. Il n'y a point de gueux, quelque valide qu'il puisse être, qui ne trouve à vivre sans rien faire.

Il y a eu beaucoup de grands Papes qui se sont immortalisés, les uns en ressuscitant les Arts, les autres en élevant des Temples magnifiques; ceux-là en restaurant les anciens monumens, que Rome moderne n'égalera jamais. La base de tout a manqué à leur gloire. Si le premier Conclave, au-lieu de jeter les yeux sur un profond Théologien, ou sur un Saint qui ne serait que Saint, les arrêtait sur un sujet de la trempe de Sully, qui dessècherait les Marais Pontins, qui empêcherait les inondations du Tibre, qui creuserait des canaux, qui ouvrirait des chemins, qui animerait l'agriculture, qui créerait le commerce, qui favoriserait la population, qui proscrirait la paresse, & le mépris des Arts utiles, tandis que les Arts d'agrément sont adorés; & si ce grand exemple du Père commun était suivi par les Princes ses très-chers fils, qui partagent l'Italie avec lui, pense-t-on que le Saint-Esprit n'approuverait pas un tel choix? Il faut de l'argent pour cela : sans doute il en faut : mais il y a eu tel Pape qui a mis à des embellissemens, à enrichir le nepotisme, ou à faire la guerre à des Souverains très-Catholiques, plus d'argent qu'il n'en fallait pour procurer de si grands biens.

Du Physique de l'Italie passons au Moral. Si on en voulait décrire tous les détails, on ferait de gros volumes. Il faut se réduire à ce qui paraît le plus intéressant.

CHAPITRE PREMIER.

Du penchant de l'Italie vers une certaine forme de Gouvernement.

QUOIQUE tous les Gouvernemens, Monarchique, Républicain ou Mixte, soient en eux-mêmes également bons, pourvû que celui ou ceux qui gouvernent, dépendent des Loix, comme les gouvernés, il est cependant des Peuples qui ont plus d'inclination pour l'un que pour l'autre.

On aurait de la peine à persuader à l'Asie, où le pouvoir d'un seul est né, pour ainsi dire, avec la société, que les peuples peuvent subsister sans Monarques. En Europe ce n'est pas de même; &, pour ne parler que de l'Italie, elle a eu, dès les tems les plus réculés, plus de Républiques que de Royaumes. Romulus même, en fondant sa Royauté, y mêla de la forme Républicaine, par l'établissement d'un Sénat; &, malgré ce remède, Rome ne put souffrir que sept regnes; & à la révolution, pour un ou deux Rois que l'on comptait dans toute l'Italie, la nouvelle République était environnée d'une foule d'autres. La grande Grèce, aujourd'hui le Royaume de Naples, où Pythagore, Zaleucus, Charondas, donnaient des Loix, ne connaissaient que le gouvernement Républicain ; jusqu'à ce qu'enfin toutes ces Républiques se fondirent dans la grande République Romaine.

Nous sçavons qu'elle disparut elle-même sous les Empereurs ; mais, si on excepte ceux qui par leur gouvernement rappelaient les tems heureux, & même le simulacre auguste de la République, on vit continuellement sous les autres des conspirations, pour y revenir.

Les tems modernes ont montré le même goût, malgré les forces des Princes Barbares qui étaient assis sur les débris de l'Empire & de la République. Venise, Sienne, Pise, Lucques, Florence, se hâterent, autant qu'il fut possible, de ressaisir la liberté.

Le peuple Romain, au onzième siècle, faisait la guerre aux Papes, après s'être servi de leur autorité pour se délivrer de la domination des Empereurs : & lorsqu'il eut repris le gouvernement de la Ville, il redevint ennemi des Papes, qui eurent plus à souffrir de lui que d'aucun Prince Chrétien. Dans le siècle suivant, tandis que le Pape Alexandre III mettait en esclavage l'Angleterre & son Roi, pour les punir du meurtre de Thomas Becket, Archevêque de Cantorbéri; il ne pouvait se faire obéir des Romains qui ne lui permettaient pas de résider à Rome, quoiqu'il promît de ne se mêler que des affaires Ecclésiastiques. Le trône Pontifical sentit encore de plus violentes secousses, lorsqu'en 1347 l'audacieux *Rienzi*, né à Rome dans l'obscurité, mais nourri dans les sciences, prit le titre de Tribun, mena le peuple au Capitole, où il arbora trois étendards, avec les symboles de la Liberté, de la Justice & de la Paix; après quoi, il leva une armée de vingt-mille hommes, reçut des Ambassadeurs de l'Empereur & d'autres Puissances. Il fallut l'assassiner, pour rompre ses projets.

La Sicile avait passé de la domination des Normans, sous celle de Charles d'Anjou, frère de Saint-Louis. On n'oubliera jamais à quel excès elle se porta, pour la secouer; la sanglante boucherie des Vêpres Siciliennes où tous les François furent égorgés.

Naples

Naples devait être façonnée depuis long-tems à l'obéissance passive, sous le sceptre des Rois. Elle l'oublia dans le dernier siècle, en 1645, à la voix de Mazaniello. Ce pêcheur vit deux-cent-mille hommes sous ses ordres; & la révolution s'achevait, si cette multitude avait été un peu disciplinée, ou si l'assassinat du chef n'avait pas rassuré le thrône.

Gènes, après avoir été soumise aux Lombards & aux Empereurs, avait profité du tems des Croisades, pour se remettre en liberté. Elle ne se livra ensuite aux Rois de France Charles VI, Charles VII, Louis XI, Louis XII, que parce qu'elle ne pouvait pas souffrir de Maîtres, & pour reprendre sa forme Républicaine le plutôt qu'elle pourrait ; ce qui arriva par la valeur & la magnanimité d'André Doria.

Je ne parle pas des deux petites Républiques de Saint-Marin & de Raguse. Cette derniere, située sur le golphe de Venise en Dalmatie, est tellement attachée à sa constitution, qu'elle aime mieux être tributaire des Infidèles, que de risquer sa liberté avec des Chrétiens. Le Turc, éloigné d'elle, se contente d'un léger tribut, & la protège.

Tome II. H

Mais encore de nos jours le goût Républicain ne se montre-t-il pas dans toute l'Italie ? La Sicile se soulève assez fréquemment contre ses Vicerois. Le peuple Napolitain, au moindre mécontentement, évoque l'ombre de Mazaniello.

A Rome, si les Papes se maintiennent sur le thrône, c'est en ménageant le peuple, par l'attention soutenue à lui fournir constamment du pain au même prix, & par la modicité, pour ne pas dire la nullité des impôts. Une partie du peuple, les Transteverains, habitent un quartier de Rome, au-delà du Tibre. Laboureurs, Vignerons, Pêcheurs pour la plupart, ils se regardent comme les vrais descendans des anciens Romains. Cette opinion, fondée ou non, leur enfle le courage ; & dans toutes les occasions, ils sont toujours les premiers à repousser les entreprises de la fiscalité arbitraire. Le Pape Benoît XIV, forcé peut-être par quelque besoin imprévu, avait mis un nouvel impôt sur des comestibles ; ils refusèrent de payer. On voulut les contraindre par la force militaire : ils se présentèrent armés, comme ils purent, à la tête du pont Saint-Ange. Un jeune homme qui les commandait, fut tué au premier feu; sa mère prit sa place; & la multitude, partageant son ressentiment, mit les soldats en fuite, & la Ville dans le plus grand effroi, parce que cette partie du peuple pouvait soulever toute la masse : il fallut négocier ; on offrit de l'argent à la mère pour la calmer; elle répondit qu'elle n'était pas assez lâche pour vendre le sang de son fils; on aima mieux retirer l'impôt, que de s'exposer à une plus grande effusion de sang. On voit aussi, dans la justice que ce peuple se rend à lui même, à certain égard, combien on est forcé à le ménager. Les gens à équipage s'interdisent de trotter sur le pavé de Rome : car, s'il arrivait quelqu'accident, malheur aussi au cocher & au maître de l'équipage ! La police ne s'en mêle pas : enfin les Papes n'ôsent pas abolir ce Sénateur unique, reste du plus auguste Sénat du monde, phantôme qui flatte le peuple ; mais les Papes se gardent bien de confier cette place à un Romain, dans la crainte des conséquences.

 Rien ne nous paraît moins guerrier que les Italiens de ce siècle, si on excepte les sujets du Roi de Sardaigne,

H ij

que de fréquentes guerres ont exercés. Cependant est-il question de leur liberté: l'esprit Républicain vaut une armée.

Gênes était aux fers en 1746, sous les armes Autrichiennes. Un Plébeïen (il mérite d'être nommé) le Cordonnier l'*Espagnette* fait entrer le peuple dans son indignation, l'arme, le mène à l'ennemi, & Gênes est libre. Mais l'ennemi revient avec de plus grandes forces. L'Espagnette dispute le passage de la Bocchete, y commande, y combat & meurt en Héros. Le courage qu'il avait rallumé dans ses concitoyens, & les secours tardifs qui arrivèrent, remirent la République dans son assiette. Parmi plusieurs traits qu'on m'a cités à Gênes même, il en est un qui prouve que cet homme singulier avait une âme noble dans une condition très-obscure. Au fort de la crise, un Négociant Marseillois, qui avait une maison de commerce, & des effets précieux à Gênes, vint lui demander, à son quartier général, la permission de se retirer; il la lui accorda avec la sûreté dans l'exécution. Le Négociant, plein de reconnaissance, lui offre une bourse d'or, trésor pour un artisan qui avait une femme & des enfans à nourrir.

Refus; le Négociant insiste, presse. Que répond cet homme ? Si en ce moment je n'étais que l'Espagnette, je pourrais recevoir d'un homme riche que j'oblige ; mais je suis Général.... Eh! que prétendez-vous, réprend le Négociant ? Si vous réussissiez, serait-ce de vous emparer du Gouvernement ? Nous sçavons mieux combattre que les Sénateurs, répond l'Espagnette ; mais ils sçavent mieux gouverner. Ce que je demanderai avant de quitter les armes, c'est la réforme des abus.

Le Sénat lui devait peut-être une statue & des remercîmens au peuple. Loin de-là, avant la catastrophe, ce Sénat allait établir de nouveaux impôts. Le jour qu'il devait s'assembler, pour en concerter l'Edit, un Noble, vraiment noble, digne de l'immortalité, le Sénateur *Grillo*, joncha l'antichambre du Conseil de morceaux de corde de deux pieds de longueur. La délibération entamée, on lui demanda avec étonnement ce que signifiaient ces cordes ? Pour pendre ce Peuple, qui, depuis la prise d'armes, a quitté son travail & son salaire journalier pour vous sauver ; ne vaut-il pas mieux le pendre que de le réduire au désespoir? Mais il faut de l'argent, dit le Sénat ; où le prendre ? Où il est, répond le Protecteur du Peuple ; & à l'instant, ouvrant les portes du Palais, il fait entrer des crocheteurs chargés de cinq-cent-mille livres en espèces qu'ils répandent sur le parquet. Exemple trop beau, pour qu'il ne fût pas suivi.

La Corse vient aussi de montrer combien elle est portée à ne dépendre que d'elle-même. Subjuguée par une République-Roi, déja depuis plusieurs années elle se soulevait contr'elle. Quelques Régimens Français tâchaient inutilement de la rendre à ses Maîtres ; il a fallu deux campagnes & deux armées nombreuses, pour soumettre des gens qui n'avaient ni Places, ni troupes disciplinées, mais qui ne voulaient point de Maîtres.

De ce tableau raccourci sortent mille traits qui présentent d'âge en âge le penchant général de l'Italie vers le Gouvernement Républicain. Il importe peut-être au repos de l'Europe qu'elle reste divisée, comme elle est, en différentes Souverainetés ; car si toutes tombaient au pouvoir d'un seul ; & que ce Monarque eût la rage & le génie des conquêtes, que ne tenterait-il pas avec tous les moyens qu'il trouverait dans un tel pays?

CHAPITRE II.

Du caractère des Italiens.

POINT de Géographe, ou d'Historien qui, en écrivant d'une Nation, n'essaye d'en tracer le caractère : mais le Voyageur (je parle de celui qui ne veut voir que ce qui est) s'apperçoit bientôt, qu'en croyant saisir un caractère national, il ne tient que des caractères particuliers à telle ou telle Ville, ou à un certain nombre d'individus. Toute Nation est un assemblage de bonnes & de mauvaises qualités, de vertus & de vices.

D'ailleurs, le caractère national, s'il existait à une certaine époque, s'altère, se change par bien des causes qui surviennent, le Gouvernement, le Commerce, & le mélange des Etrangers.

De-là vient que, parmi les Historiens, Grégoire de Tours accuse les Italiens d'être sans foi, de se faire un jeu du parjure, & d'être enclins au larcin & au meurtre. Dithmar, plusieurs siècles après, les peint avec les mêmes couleurs. Saint Bernard les traite de peuple barbare, turbulent & orageux.

D'autre part, Jacques de Vitry, dans le siècle suivant, préconise leur prudence, leur gravité, leur maturité, leur attention aux bienséances, leur sobriété, leur éloquence, leur aptitude au Gouvernement, leur économie, leur prévoyance, leur amour pour la liberté, leur haine pour le despotisme. Le savant Barclai y ajoute la sagacité, la souplesse & la patience.

Si toutes ces bonnes qualités ne sont pas assez généralement répandues en Italie, pour en composer un caractère national, on peut du moins le former de quelques-unes, telles que la patience, la souplesse, la sagacité, l'éloquence. L'Italien se résout sans peine à attendre les évènemens, sans les précipiter. Point de forme qu'il ne prenne, pour arriver à ses fins. Il faut qu'une affaire soit excessivement embrouillée, s'il n'en démêle pas le fil. Il a une éloquence naturelle dans la conversation, où elle se montre sans apprêt ; la vivacité des images qu'il emploie, ses gestes, les inflexions de sa voix, son ton appuyé sur des voyelles sonores qui terminent tous les mots de sa Langue, vous forcent à l'attention ; & il sait encore écouter.

Une autre qualité bien louable, c'est l'honnêteté des Italiens pour les Etrangers. Ils leur ouvrent leurs Palais, leurs maisons de plaisance, leurs jardins ; & cela, sans faire acheter la grace par des prieres réitérées, sans la retarder, sans faire sentir que c'est une grace, sans regarder même à la qualité des personnes. Il suffit que l'Etranger ait une figure honnête. Se hasarde-t-on à parler leur Langue ? Loin de courir le risque d'un rire offensant, ou d'un persifflage, on vous encourage toujours par un *parla benè, benissimo*.

Mais si nous cherchons une passion dominante en Italie ; c'est le goût de la représentation. Les Grands, dans les Palais qu'ils se bâtissent, ne se logent pas pour eux. Derrière une longue enfilade de salles & de sallons où ils reçoivent les visites, où ils établissent les conversations, où ils donnent des concerts & des fêtes, ils se ménagent quelque réduit pour leur habitation. Leur livrée, leur cortége, leurs équipages montrent toujours de la prétention. Cependant, comme ils ne veulent pas se ruiner, ils retranchent de leur table, pour nourrir cette magnificence.

Ce goût de représentation s'étend proportionnellement aux classes subalternes. La bonne bourgeoisie, aux approches de quelque Fête publique, se condamne à deux ou trois jours de jeûne, pour se montrer en carrosse, en louant des laquais. Les femmes ont recours à d'autres moyens, sans privations.

CHAPITRE III.

De la douceur du Peuple.

DE l'esprit républicain qui domine dans toute l'Italie ; & de la promptitude du peuple à se soulever contre le pouvoir arbitraire, on pourrait conclurre que ce peuple est d'une humeur difficile, brusque, emportée. Point du tout. Il est plus doux, plus honnête que le Hollandais, l'Allemand, l'Anglais ou le Français. On s'en apperçoit dans les embarras qui se trouvent dans les rues, ou sur les chemins. Point de juremens, point de colère, point d'injures, encore moins de coups. A Venise, dans les obstructions fréquentes des gondoles sur les canaux étroits, on entend les Gondoliers se dire les uns aux autres : *fradel, non travagliar, non strascinar i poveri Christiani.* Frère, tâchons de ne pas nous nuire, de ne pas nous briser ; pauvres Chrétiens que nous sommes. Avec cette douceur de mœurs, avec cette tranquilité d'esprit, ils s'entr'aident, ils se débarrassent plutôt.

Rien de plus soumis, de plus respectueux que les domestiques, non seulement pour leurs Maîtres, mais pour tout autre. Les valets de place, que les Etrangers sont obligés de prendre à leur service, sont d'une exactitude & d'une patience à toute épreuve. Vous les gronderiez, vous les frapperiez, qu'ils vous traiteraient encore d'*illustrissimo*, en vous priant de vous appaiser, pourvû qu'ils soient bien payés. La sobriété de ce peuple contribue sans doute à cette douceur de mœurs. Le vin ne l'emporte jamais hors de la raison. On ne s'avise pas de s'informer si un ouvrier, ou un cocher qui se présente, est sujet au vin.

CHAPITRE IV.

Des Femmes en Italie.

LEs Italiennes, assez communément, ont une taille légère avec des graces vives, sans être ...tices. Fort peu empruntent leur ... . A Rome elles sont plus belles que jolies. On n'entend pas dire qu'elles se mêlent des Gouvernemens. Les hommes qui en tiennent le timon, avec des têtes plus faites peut-être pour le manier que dans beaucoup d'autres pays, se piquent de gouverner par eux-mêmes. Il faut que les femmes se contentent de plaire.

Le tems où elles ne se montraient pas, n'est plus. On disait: *jaloux comme un Italien.* On a trouvé le remède en leur confiant la garde de leur propre vertu. Les femmes du beau monde ont un Sigisbé, personnage galant qui tient un peu de l'ancienne Chevalerie. Il sert sa Dame avec une exactitude digne de reconnaissance. Il lui donne la main à l'Eglise, au Spectacle, dans les conversations, dans les promenades; & tandis que la Dame emploie son Sigisbé, le mari se fait Sigisbé d'une autre femme. Cette mode ne paraît pas propre à former des Lucrèces. Mais les maris ont pensé qu'il valait mieux laisser les femmes en liberté, que de s'égorger pour l'amour d'elles. Cependant la pratique des deux lits ne s'y est point encore introduite. Le précepte donné à l'homme, dès sa création, *adhærebit uxori suæ*, a l'air d'être gardé. Les Tribunaux ne retentissent point de demandes en séparation.

Un goût plus particulier aux femmes d'Italie, plus répandu qu'en tout autre pays, c'est celui des Lettres & des Sciences. L'Histoire en fait foi. Je n'en citerai qu'un petit nombre.

Au treizième siècle, la fille d'un Gentilhomme Bolonais, à l'âge de 23 ans, prononça une Oraison funèbre dans la langue de Cicéron. A 26, elle prit les degrés de Docteur; & sa grande réputation la fit nommer à une Chaire de Droit. On oubliait les graces de son sexe, pour ne rien perdre de ce qu'elle disait.

Au quinzième, *Isota Nogarola*, de Verone, était en relation avec tous les Savans, qu'elle étonnait par l'étendue de ses connaissances, & qu'elle charmait par la manière de les rendre.

Au seizième, *Cassandra Fédélé*, Vénitienne, écrivait également bien en Prose & en Vers, non seulement dans sa Langue, mais encore dans celle de Virgile & d'Homere. Elle possédait toute la Philosophie de son tems ; elle s'élevait même jusqu'à la Théologie. Les Papes & les Rois l'honorèrent de leurs hommages.

Dans le même siècle à Rome, *Vittoria Colona*, Marquise de Pescaire, pleura, en belles Elégies, l'époux, le grand-homme de guerre qu'elle avait aimé. Et qu'on ne croye pas que la Littérature, parmi les Italiennes, soit passée de mode ; la Signora *Laura Bassi* professe aujourd'hui la Physique à l'Institut de Bologne. Dans le nombre des Improvisatrices, ces Sybilles qui font, sur le champ, les Vers qu'elles chantent, la célèbre *Corilla* donne de la jalousie aux Improvisateurs les plus exercés. Enfin, l'Académie des Arcades, parmi ses Bergeres, en compte plusieurs qui sacrifient aux Muses, comme aux Graces. D'où vient aux femmes Italiennes ce penchant marqué à cultiver leur esprit ? N'est-ce point parce que le flambeau du savoir s'étant rallumé en Italie, avant que d'éclairer les autres peuples, elles se sont éprises de ses premiers rayons, & ont transmis cet amour à leurs filles? Les Italiens, accoutumés, de tout tems, à voir les Lettres & les Sciences se familiariser avec le sexe, ne s'avisent pas d'en rire. *Les Femmes Savantes* de Moliere n'étaient que ridicules, sans être savantes.

CHAPITRE V.

Du Luxe en Italie.

CHAQUE pays a son luxe. Ce n'est pas la table qui dérange les Maisons en Italie. La *Chocolata*, des *Rinfreschi*, voilà communément ce qu'on offre. Mais l'amour de la représentation entraîne de grandes dépenses dans la construction & l'entretien des Palais, dans les meubles, dans les équipages, dans la multitude des domestiques. Ce luxe, qui s'étend également aux étoffes de goût & aux modes, nuit encore plus à l'Etat qu'aux particuliers, parce que l'Italie, ou du moins la plus grande partie de l'Italie, n'a pas les manufactures qui travaillent le luxe. Elle est donc obligée de porter son argent à l'Etranger ; ce qui double la perte, lorsqu'on n'en a guères.

On est étonné d'entendre dire que les Royaumes de Naples & de Sicile, les deux plus fertiles contrées de l'Europe, ne rapportaient rien aux Princes de la Maison d'Autriche, qui les a possédés si longtoms. En voici la raison. Les grands Seigneurs allaient en foule se ruiner à Madrid, & ceux qui restaient dans leur patrie, n'enrichissaient pas le peuple par leurs dépenses; parce que leurs objets de luxe venaient de l'industrie étrangère. Or, on sait qu'il n'y a qu'un peuple aisé qui puisse remplir les coffres du Souverain.

A présent que le Royaume de Naples n'est plus une Province d'Espagne, le mal peut être moins grand : mais le luxe n'ayant fait qu'augmenter parmi les Napolitains, où il y a tant de Barons, de Marquis, de Comtes, de Princes, sans avoir de quoi l'alimenter par l'agriculture & les manufactures du pays, il est difficile qu'un tel luxe ne tourne à la ruine des particuliers & de l'Etat.

CHAPITRE VI.

De la Religion en Italie.

IL n'est point de pays dans la Catholicité, où il y ait autant d'Eglises, autant de saints dans la plus éclatante vénération, autant d'*ex-voto*, autant de Couvens, de Confréries, de Pélerinages, de confessions, de Communions, en un mot autant d'exercices de Religion, constamment suivis; & avec tant de moyens de sanctification, les Italiens n'ont pas de meilleures mœurs que les autres États. Leur conduite en bien des points ferait croire qu'ils ne distiguent pas assez l'extérieur de l'intérieur de la Religion, & que, l'extérieur étant bien, tout est bien.

Il ne faut que quelques exemples pour faire sentir la probabilité de cette conjecture. Dans le sexe qu'on appelle dévot par excellence, parce que la Religion le trouve ordinairement plus docile, les femmes les plus galantes, aux approches de Pâques, vont faire une Retraite dans quelque Couvent. Les soupirans ne s'en inquiètent pas ; le passé les rassûre. L'autre sexe est encore plus à son aise ; pourvu qu'il ne se soit pas enivré, péché extrêmement rare dans le pays.

L'extérieur de la Religion a pénétré si profondément dans l'éducation nationale, que les Samedis, dans les lieux même de prostitution, on fait brûler un cierge devant l'Image de la Vierge, & on exige en surérogation de quoi faire dire une Messe.

Les Prédicateurs ont bien à se louer de l'affluence des Auditeurs ; peut-être supposent-ils qu'écouter, c'est pratiquer. Quant à leur éloquence, ils paraissent sentir qu'il y faudrait plus de raison, de dignité, de majesté ; encore tout récemment un de leurs Prédicateurs les plus courus, en prêchant sur les dangers du bal, disoit : *Vediamo ogni giorno una zitella andar al ballo col fiore della pudicizia, e ritornarsene alla casa col frutto*. Ils étaient arrivés au vrai ton dans leur beau siècle. Ils font des efforts pour y revenir ; mais vraisemblablement ils seront encore long-tems à inculquer plus vivement le pratiques religieuses, que les vertus.

CHAPITRE VII.

De la Tolérance Religieuse en Italie.

DE tout tems l'intolérance Catholique s'est montrée plus rigoureuse contre les Juifs, qu'à l'égard de toute autre Religion. Aujourd'hui dans toute l'Italie, à Turin, à Venise, à Gènes, à Lucques, à Modène, à Florence, ils exercent librement leur culte, les arts & le commerce. Ils sont même citoyens à Livourne, où ils partagent les offices publics avec les autres commerçans, & où ils ont des propriétés en maisons & en terres.

A Rome, oui, à Rome, cinq à six mille Juifs rassemblés dans le Ghetto, quartier séparé, y vivent aussi tranquilement en adorant le Dieu d'Abraham dans une belle Synagogue, que leurs pères vécurent autrefois à Jérusalem. Ils sont seulement assujettis à une cérémonie religieuse & pécuniaire. Lorsque le Pape, après son élection, va prendre possession de Saint-Jean-de-Latran, les Rabins & les Anciens de la Synagogue se présentent à son passage, & lui offrent, à genoux, le Pentatheuque, dans un bassin rempli d'or & d'argent. Le Pape donne un coup de baguette sur la tête du premier Rabin, pour signifier qu'il accepte leur hommage ; & qu'il leur permet de demeurer à Rome pendant son Pontificat. Il est assez singulier que d'autres Eglises Catholiques, en rejettant les Juifs, veulent être plus sages que leur mère.

L'inquisition, contre sa nature, qui est de condamner sans entendre, & de brûler pour des opinions religieuses, se comporte à Rome avec assez de douceur. Depuis plus d'un siècle elle n'a jugé personne à mort. Si elle recherche quelqu'un pour cause de Religion, tout se passe, *incognitò*, en peines spirituelles & pécuniaires. Rien de public que sur des sujets de la lie du peuple. S'ils ont blasphémé, par exemple, ils expient leurs blasphêmes à la porte de leur Paroisse, la langue serrée entre des murailles.

Les Papes, autrefois si intolérans, si prompts à armer les Princes Chrétiens contre les Infidèles ou les Hérétiques, se sont bien adoucis. Un Curé de Paris, banni du ressort, dans nos dernières querelles de Religion, alla se jeter aux pieds de Benoît XIV, Pontife également respecté & chéri des Hétérodoxes, que des Orthodoxes : « je souffre per- » sécution, dit le Curé, pour la défense » de l'Eglise Romaine & du Pape ». *La Chiesa Romana*, répliqua le Saint-Père, *non ha bisogno d'un tal difensore, ed io non voglio esser difeso.*

Le Sénat de Venise, en 1754, défendit, dans toute l'étendue de la République, de mettre à exécution les Bulles, les Brefs, les Rescrits, monitoires, dispenses pour mariage, résignations, coadjutoreries, & toute autre disposition venant de la Cour de Rome, sans avoir été examinés & autorisés par le Sénat. Cet Edit subsiste ; & d'autres Etats d'Italie s'approchent plus ou moins de cet esprit, & Rome ne tonne pas.

La liberté de la Presse tient aussi à la tolérance religieuse. On imprime en Italie, à Venise, à Milan, à Lucques, à Florence des traductions d'ouvrages Français & Anglais, prohibées dans des pays qui ne sçauraient se piquer d'être plus Catholiques ; des ouvrages même Italiens qui ne manquent pas de hardiesse. Quelques Cardinaux, plus éminens par leurs lumières, que par leur dignité, protègent cette liberté ; & on est tout étonné d'acheter, sans façon, chez les Libraires de Rome, des Livres qui ne se vendent à Paris que sous le manteau.

La censure des Livres qui s'impriment à Rome & dans l'Etat Ecclésiastique, entre dans le Département du Maître du sacré Palais, place toujours remplie par un Dominicain. Les Poëtes autrefois avaient grand'peur qu'il ne les prît pour des Idolâtres : car on fit cette protestation à la tête de leurs Poësies. Le mot *destin*, les noms des Dieux, *Mars*, *Venus*, *Mercure*, que vous trouverez dans ce Drame, n'y sont mis que poétiquement pour le jeu du théâtre, & nullement par persuasion de leur réalité ; car je crois toujours à ce que croit & commande notre Mère Sainte-Eglise. Cette Profession de Foi serait superflue aujourd'hui. Le Maître du Sacré Palais & l'Inquisition supposent volontiers que tout le monde croit ce qu'il doit croire ; & on évite de nourrir les querelles théologiques, en y faisant trop d'attention.

Il faut pourtant avouer que la liberté de la Presse a ses dangers ; car, sans parler des libelles qui sont & doivent être proscrits dans tous les Gouvernemens, des génies trop hardis peuvent mettre au jour des opinions téméraires en matière d'Etat ou de Religion. Les Italiens d'aujourd'hui pensent qu'il vaut mieux risquer ces témérités, qu'on peut repousser par de bonnes raisons, que de s'exposer à étouffer les lumières, par le souffle impétueux d'une police inquiette. Ils comparent la plume à l'épée, dont la destination est de défendre la Patrie ; mais parce qu'elle sert quelquefois au meurtre, faut-il la briser ?

CHAPITRE

CHAPITRE VIII.

Des Sciences & des Bibliothèques en Italie.

LES Italiens, depuis le beau siècle de Léon X, qui avait reffufcité l'Eloquence, la Poéfie, l'Hiftoire & la Philofophie, étaient retombés peu-à-peu, finon dans la ftérilité, du moins dans une fauffe fécondité, très-inutile à l'avancement de l'efprit humain.

La patrie de l'Ariofte, du Taffe, de Frapaolo, de Guichardin, de Galilée, n'enfantait plus que des Sonnets, des Chanfons, des Differtations fur les antiquités, des Traités de Théologie Scholaftique. Dans le fiècle qui coule elle paraît fe fouvenir de ce qu'elle a été. Muratori, Mafféi, Metaftafe, Becaria & d'autres ont r'ouvert la carrière du génie & du goût; & fi l'émulation s'en mêle, comme les apparences le promettent, cette nation trouvera chez elle-même une abondance de fecours qui n'exifte pas ailleurs. C'eft dans fes Bibliothéques.

Avant la renaissance des Lettres, lorsqu'à peine les autres Nations sçavaient lire, l'Italie amassait déja des manuscrits qu'elle faisait chercher en Asie & en Europe ; & au tems des Médicis elle forma ces grandes collections d'Arts & de Sciences, qui n'ont fait que s'augmenter depuis.

Si tous les Livres, tous les manuscrits étaient détruits, excepté en Italie, Rome seule pourrait réparer la perte générale. On ne cite aucun dépôt dans le Monde qui puisse égaler la Bibliothèque du Vatican. Celles de la Propagande, de la Sapience, des Dominicains de la Minerve, & d'autres, toutes publiques, sans disputer avec celle-là, sont fort riches. Autres richesses : les Bibliothèques particulières, telles que la Pamphile, la Barberin, la Borghese, la Chigi, l'Altieri, l'Albani, la Corsini, &c. seraient ailleurs des Bibliothèques publiques. Elles le sont, en quelque sorte, par l'honnêteté, & la facilité des propriétaires.

Si aux richesses de Rome, en ce genre, on veut joindre celles de Naples, de Milan, de Venise, de Turin, de Florence, la mère des Sciences, & de tant d'autres Villes qui ont aussi leur part à la fortune publique, on conviendra qu'aucun pays n'en peut montrer autant que l'Italie. Elle a dans ces immenses dépôts des connaissances humaines de quoi guérir toutes ses erreurs en Politique, en Législation, en Philosophie, en Morale ; elle a tous les instrumens du sçavoir. Mais quelles sont les Nations qui profitent de tous leurs avantages ?

CHAPITRE IX.

Des Monumens antiques en Italie.

IL n'en est pas de l'Italie comme des autres Régions de la terre, où l'Antiquité s'est signalée par des ouvrages étonnans. Il n'y a plus de vestiges, ni des murs de Babylone, ni de son Temple de Jupiter-Bélus, ni de la Statue-montagne de Sémiramis, ni de ses Jardins en l'air, ni de ce Lac artificiel qui reçut l'Euphrate tout entier, en attendant qu'on lui creusât un lit. On ne sçait pas même au juste où était Babylone. L'Egypte ne conserve que ses pyramides.

On parle beaucoup des Monumens de

la Grèce, mais c'est plus sur la foi de l'Histoire, & sur des conjectures, que sur ce qui en reste. Les Romains, en la soumettant, en enlevèrent tout ce qu'ils purent transporter, en tableaux, en statues de marbre ou de bronze, en bas-reliefs. Ils lui enlevèrent même ses Artistes.

Quant aux édifices, ils se sont conservés, plus ou moins, sous les Empereurs d'Orient jusqu'au tems où Mahomet II renversa leur Empire. Depuis cette époque, tout ce qui restait, à peu de chose près, le génie même des Grecs a péri, sous la barbarie des Mahométans.

La même catastrophe n'est pas arrivée en Italie, quoique d'autres barbares l'aient inondée ; soit parce qu'ils ne faisaient que passer comme des torrens qui laissent subsister tout ce qui oppose une grande résistance, soit parce qu'ils ne mirent jamais l'Italie sous le joug de l'esclavage qui perd tout.

Nul pays dans le Monde qui montre autant de monumens antiques. Rome seule en possède plus que l'Europe entière ; & dans Rome cinq à six Palais, tels que le Farnese, le Borghèse, le Barberin, le Justiniani, sont plus riches en ouvrages Grecs que l'Angleterre ou la France. Ajoutons que, parmi les autres Villes d'Italie qui ne font pas dépourvues de monumens, Naples & ſes environs diſputent avec Rome, & Florence avec l'une & l'autre.

Nul pays auſſi qui mérite tant de les poſſéder. La France a quelques monumens de cette bonne antiquité : mais nous les négligeons, nous les déshonorons. A Nîmes, la Maiſon carrée, Temple ancien d'une forme ſi belle & ſi agréable ; ce morceau précieux d'Architecture a été livré à des Moines pour en faire une Egliſe. On l'a gâté ; ils ont eu la maladreſſe d'engager pluſieurs de ſes belles colonnes dans un vilain mur de leur création. Ils ont fait pis encore, pour établir une communication de leur Couvent à l'Egliſe ; ils ont offuſqué le chef-d'œuvre. Ce qui m'a un peu conſolé, c'eſt que ſans eux peut-être le monument eût péri par la ruſtique inſenſibilité de nos pères ; mais à préſent que nous avons du goût, il ſerait tems, il ſerait facile de le rendre à toute ſa gloire & à l'admiration publique.

L'Amphithéâtre a été encore plus maltraité par nous que par le tems. Il eſt plein à regorger de maisons du peuple. Pour en jouir très-imparfaitement, il faut monter jusqu'aux derniers gradins. Si on veut que la France conserve le peu qu'elle a en monumens, on ne sauroit trop veiller à donner aux Villes des Ediles qui aient des lumières & du goût. Celui qui permit de bâtir la première baraque dans l'Amphithéâtre de Nîmes, causera une dépense d'un million, si on veut réparer sa sottise: & il s'en fallut peu qu'on ne le voulût sous le règne de Louis XIV. Il y a bien de l'apparence que le Temple de Diane, dans la même Ville, subsistait encore, en très-grande partie, il n'y a pas beaucoup de siècles: mais tout périt dans les mains de l'Indifférence.

Bordeaux a un monument qu'on appelle, je ne sais pourquoi, le *Palais Gallien*. C'est un Amphithéâtre. Loin de le soutenir, il est livré à toutes les immondices du quartier. Il sert de cloaque.

Paris a aussi un monument qui méritait d'être maintenu en honneur, ne fût-ce qu'à cause de l'Empereur Julien, qui aimait tant ses chers Parisiens. Ce sont d'abord plusieurs arcs d'une grandeur frappante; & ensuite une vaste salle qui faisait partie de ses bains ; la voûte majestueuse est encore si solide, qu'elle porte un jardin qu'on a établi dessus. Ce monument est à peine connu des gens de Lettres même. En voici l'enseigne : à *la Croix de Fer*, bonne Auberge pour les Aniers & les Muletiers, rue de la Harpe. Faut-il s'étonner de cette dégradation, tandis qu'un monument de notre beau siècle, envié par l'Italie même, la colonnade du Louvre est restée si long-tems offusquée au-dehors & au-dedans. L'homme de goût qui l'a débarrassée, qui l'a découverte, autorisé par la place qu'il occupait, en a mérité une dans l'Histoire, & peut-être que son successeur se piquera d'achever ce qu'il a commencé d'ailleurs dans le Louvre même.

L'Italie est bien éloignée de cette indifférence pour ses monumens. Le Gouvernement veille à leur conservation. Il n'a pas même besoin d'y veiller. Les portiques intérieurs de la belle Université de Turin, sont chargés de bas-reliefs & d'inscriptions antiques (*a*). Les Ecoliers,

___

(*a*) Tirés des ruines d'une très-ancienne Ville sur le bord du Pô. Cazal se vantait d'être cette Ville même; mais une table de bronze,

qui ailleurs dégradent tout, se comportent ici en hommes faits. Toutes les Villes d'Italie laissent leurs statues, leurs obélisques, sans balustrades qui les garantissent des injures du peuple. A Florence, sur le marché aux herbes, on voit un groupe précieux, qui prête beau, pour y attacher des bêtes de somme : cela n'arrive pas. On dirait que ce peuple, comme celui d'Athènes, sent le mérite des beaux-Arts; il les adore, il les respecte.

CHAPITRE X.

De l'Architecture, Peinture & Sculpture modernes en Italie.

L'ARCHITECTURE moderne qui décore l'Italie, les Italiens la tiennent des anciens Romains, qui la tenaient des Grecs. Les Eglises, les Palais, les Fontaines, les Places publiques, les Théâ-

---

trouvée dans les fouilles, sous le règne du dernier Roi de Sardaigne, portait le nom d'*Industria*, dont on ignorait le site précis, jusqu'alors

tres, sont les ouvrages des Bramante, des Michel-Ange, des Palladio & de leurs rivaux. De Turin jusqu'au fond de l'Italie, les petites idées, le mesquin, le contourné, le bizarre du gothique ont disparu, pour faire place au beau simple, au noble, au majestueux.

La Sculpture, qui avait péri avec les derniers Grecs & les derniers Romains, l'Italie l'a retrouvée sous le ciseau des Michel-Ange, des Bernin, des Bologne, des Ammanati, des Bandinelli & tant d'autres. La France qui, après l'Italie, a produit le plus de Sculpteurs, ne montre des statues en nombre peu considérable & en mérite éminent que dans sa Capitale. Ses Villes du premier rang en ont aussi quelques-unes. La seule Cathédrale de Milan possède six-cents statues de bons Maîtres. Que serait-ce, si on voulait compter toutes celles qui sont répandues dans toutes les Villes, & les apprécier?

D'après cela, que dire de la Peinture. Le pinceau est bien plus rapide dans ses productions. Si on entreprenait seulement de faire le catalogue des Peintres qui se sont disputé la couronne, tels que Raphaël, le Guide, le Corrége, &c. cette nomenclature serait trop longue.

Dans les autres pays où la Peinture a fleuri aussi, en France, en Flandres, en Hollande, arrive-t-on dans les Capitales où se trouvent les plus grandes collections : on en indique aux Voyageurs trois ou quatre, quelquefois moins. En Italie, où il y a tant de Souverains, chaque Cour a sa collection; tant de Seigeurs qui habitent des Palais, chaque Palais a sa collection; tant de particuliers passionnés pour la Peinture, chacun d'eux, pourvu qu'il soit un peu riche, a son cabinet ; l'Artisan même, le Manant, l'Aubergiste se pare de quelques tableaux, non de ces magots, de ces enseignes à bière, comme on voit chez notre peuple. Si ce n'est pas du beau, c'est du moins du médiocre, qui vaut bien la peine d'être regardé.

En voyant tant de beautés en peinture & en sculpture, il faut, comme les Italiens & les anciens Grecs, aguérir ses yeux aux nudités. Ce n'est pas seulement dans les cabinets, mais dans les lieux les plus fréquentés, dans ceux même où la Religion semble exiger une décence plus severe : à Rome, place Navone, il y a un souterrain qui est, dit-on, le *fornix* où Sainte Agnès fut exposée à la brutalité des Gardes Prétoriennes ; c'est à présent une Chapelle dont l'Autel a pour tout ornement la figure de la Sainte en demi-relief. L'*Algarde* qui a sculpté ce beau corps, ne l'a pas plus drapé, qu'on ne drape Andromède. Non, il n'est pas rare d'exposer dans les Eglises, tantôt Adam & Eve, comme ils étaient dans le Paradis Terrestre, avant la perte de leur innocence ; tantôt de grands Anges qui ne sont pas plus vêtus, qu'on ne l'est dans le Ciel (*a*). Cet aguerrissement des yeux produit peut-être celui des oreilles, qui ne sont pas plus blessées de certaines expressions, que les yeux de la représentation.

On dit communément, que les arts agréables ne viennent qu'à la suite des richesses. Il faut quelque chose de plus, le goût. Rouen est plus riche que douze bonnes Villes d'Italie, & de simples bourgs y sont plus décorés que Rouen.

Mais, en réfléchissant sur les grands Artistes de l'Italie, une question se pré-

―――――――――――――――――

(*a*) Dans une Eglise de Pologne, à Lubochnia, on voit des nudités de l'autre monde, encore plus singulières : des Anges mâles & femelles qui s'amusent à courre le lièvre.

sente. Diomède, devant Troye, ainsi que les autres Héros Grecs, lançait des pierres d'un tel poids, que deux siècles après, deux hommes les auraient à peine soulevées : l'Art s'affaiblirait-il avec la Nature ?

Michel-Ange, qui a élevé le plus beau Temple du monde ; Ammanati, qui a construit le plus beau pont de Florence ; tous deux se sont encore immortalisés dans la sculpture & la peinture. Le Florentin Andrea Orcagna réunissait aussi les trois talens. Le Palais des Pandolfini, à Florence, a été fait sur les desseins de Raphaël. Brunellesco, dans la même Ville, était Statuaire & Architecte. Le Bernin, à qui l'on doit la magnifique colonnade de Saint-Pierre, & tant d'autres grands édifices, a laissé des statues du plus grand mérite.

D'autres, tout en s'occupant des Arts, cultivaient aussi les Muses. Le Bramante, qui a ressuscité l'Architecture, sacrifiait encore aux Graces de la Poésie & de la Musique. Léonard de Vinci, qui, en essayant le pinceau, dégoûta son maître Verrochio de la peinture, a laissé dans la Bibliothèque Ambroisienne, à Milan, ce manuscrit si vanté qui traite de l'antiquité des Arts & de l'Histoire naturelle. Il faut finir : Carle Morate, en broyant ses couleurs, chantait ses amours en beaux Vers.

On dirait que ces Artistes étaient animés de plusieurs génies, maniant également l'équerre, le pinceau, le cizeau & la lyre. Aujourd'hui l'Italie, comme les autres pays, ne demande à l'Artiste que d'être un ; & on est bien content, s'il réussit. Au reste, si l'affaiblissement des forces corporelles altère la vigueur du génie, à quoi l'Italie doit-elle la première dégéneration, si ce n'est à la mollesse de l'éducation ? Leçon pour les autres peuples.

CHAPITRE XI.

Des Spectacles en Italie.

LE cri ancien du peuple Romain, *panem & circenses*, du pain & des spectacles, se répète encore aujourd'hui dans toute l'Italie. Si on avait laissé l'homme dans le chemin de la Nature, occupé journellement de la culture de la terre, qui fournit enfin à tous les vrais besoins, amusé alors, délassé par des plaisirs simples, il n'aurait pas eu besoin de l'art pour son bonheur. Mais depuis qu'on l'a enfermé dans des Villes où il y a tant de désœuvrés d'une part, & tant de gens trop occupés de l'autre ; ceux-ci ont besoin de spectacles, pour se délasser ; & ceux-là pour alléger le poids de leur existence.

Si cela est vrai en général, il l'est encore plus pour les Italiens. Ce qui le prouve, c'est la multitude des théâtres dans des Villes dont la plus peuplée est bien au-dessous de la population de Paris. Rome a cinq à six théâtres; Naples, Milan, Venise, autant. Florence en a onze, & tout cela ne suffit pas dans le carnaval. L'artisan, le crocheteur, le cocher, aiment mieux y porter leur argent qu'à la taverne. L'heure des spectacles y favorise tous les métiers Ils ne s'ouvrent qu'à la fin de la journée, quand le travail cesse. On ajuste certains spectacles au goût du peuple ; parce qu'enfin il est compté pour quelque chose. On voit dans une seule représentation, cinq à six combats, autant de duels. Dans les grands théâtres même, où les intermèdes sont des Pantomines & des danses qui ne tiennent point à la Pièce, on voit la même chose : on n'y suit point le précepte d'Horace, qui défend d'ensanglanter la Scène. Deux hommes se battent : celui qui est blessé répand du sang ; on le voit couler.

L'Opéra est le grand spectacle de l'Italie ; presque toute l'Europe en a adopté la langue, & la Musique. L'Opéra Buffa, que nous avons accueilli & dénaturé, en lui ôtant le comique de son genre, est aussi couru que le grand Opéra. La Comédie, qui, avant l'illustre Goldoni, n'était qu'un tissu de lazzis & d'arlequinades, s'approche du ton de Molière. Il y a des pays où l'on demande si les spectacles peuvent s'accorder avec les mœurs & la Religion. Les Italiens ne font point cette question; ils n'excommunient pas ceux qui leur donnent du plaisir. La Religion n'y est point en contradiction avec le Gouvernement, qui soutient, qui pensionne les théâtres. Ainsi point d'excommunication ni religieuse ni civile. Les Comédiens restent citoyens dans la communion des Fidèles. Ils sçavent même s'occuper, d'ailleurs, dans les métiers & le commerce. L'Arlequin de Florence a une boutique bien fournie en marchandises de mode. Il peut témoigner & jurer en Justice, remplir le devoir Pascal comme un autre; &, à sa mort, on ne lui refusera pas la sépulture Chrétienne.

Les Spectacles inquiètent si peu les consciences Italiennes, que ceux qui sont chargés par état d'édifier le public, les fréquentent sans scrupule & sans scandale. Quand est-ce que la Morale sera uniforme dans tous les pays, ou du moins dans ceux où l'on professe la même Religion? Cette uniformité ferait de grands biens.

CHAPITRE XII.

De la Musique en Italie.

LA Musique, pour bien des peuples, n'est qu'un délassement qu'il ne faut pas pousser trop loin, crainte que le délassement ne vienne lui-même à lasser. Pour les Italiens, c'est une passion, c'est un besoin ; soit que leurs fibres soient plus sensibles, soit peut-être qu'il leur faille un remède à la mélancolie.

A peine a-t-on passé les Alpes, que dans les premières Villes & Bourgs que l'on rencontre, la Musique se présente sans la chercher. Le violon, la harpe, le chant vous arrêtent dans les rues. On entend sur les places publiques un Cordonnier, un Forgeron, un Menuisier & d'autres gens de cette étoffe, chanter un Aria à plusieurs parties, avec une justesse, un goût qu'ils doivent à la nature & à l'habitude d'entendre des Harmonistes que l'Art a formés.

Si on entre dans quelque bonne maison, sans choisir, c'est bien autre chose. On y trouve des concerts qui demanderaient ailleurs beaucoup de préparatifs, de recherches, de combinaisons, pour rester fort au-dessous.

Plus on avance en Italie, plus la Musique s'avance à la perfection ; Naples en est le plus haut point. Ce ne sont pas seulement les théâtres d'Opéra, mais encore les Eglises qui forment des Académies de Musique. Peu de jours où l'on ne se rende en foule à cette dévotion harmonieuse. L'Office même des Eglises dans les Villages, a les apparences d'un concert ; chacun y chante sa partie selon la portée de sa voix, & l'orgue en fait la basse.

Les Conservatoires, maisons fondées pour des filles trouvées, ou orphelines, mettent la Musique au rang des points capitaux de leur éducation. Ces filles, éleves des meilleurs Maîtres, exécutent de belles Vêpres & des Oratorio, soit pour la partie vocale, soit pour l'instrumentale, sans battement de mesure : omission commune à toute l'Italie, qui est étonnée qu'ailleurs on ait besoin de ce régulateur.

On a souvent disputé en France sur le mérite des deux Musiques, Française & Italienne. On ne sçaurait refuser aux

Italiens certains avantages dont la privation augmente beaucoup la difficulté. Leur langue est plus douce, plus libre dans sa marche poétique, plus sonore, que la Française ; leurs organes plus sensibles, leurs gosiers plus flexibles. On ne sçaurait nier aussi que toute l'Europe, en adoptant leur musique, n'ait prononcé en leur faveur. Ce seraient eux-mêmes qui décideraient le mieux, s'ils n'étaient pas juges & parties. Qu'on leur demande si, depuis que la France a une Musique, elle a eu des Musiciens. Ils lui en accordent un. Ce n'est pas *Lulli*, dont le mérite était assez grand pour avoir été le créateur de la Musique en France ; c'est *Rameau*. Le seul Opéra de Castor & Pollux est honoré de leur suffrage. Enfin on ne peut disconvenir que le goût de la Musique est beaucoup plus répandu en Italie que chez les autres peuples. On dirait que c'est un fruit naturel à ce climat, étranger aux autres. Leur facilité est si grande, que très-souvent la même Ariette ne se chante pas de même par le même Acteur. Elle varie selon son goût ; & différens Compositeurs s'exercent sur le même sujet. On a trois ou quatre Opéra pour un : le public choisit. Mais ne peut-on pas faire un reproche à la Musique Italienne? Sçavante à étonner, brillante dans son exécution, supérieure à exprimer des rixes, des combats, des tempêtes, & tout ce qui fait bruit, s'attache-t-elle à peindre le sentiment? Le bruit parle aux oreilles; la mélodie à l'ame. Naples, depuis long-tems, est le Séminaire des plus grands violons. Pour se rendre justice à eux-mêmes, ils allaient consulter le fameux Tartini à Padouë. Tartini écoutait, & souvent, portant la main sur son cœur, il disait: voilà des tours de force: voilà du merveilleux; mais cela ne m'a rien dit là.

CHAPITRE XIII.

Des Mines d'Argent en Italie.

CE n'est pas la Nature qui les lui a données, mais les Arts. Ces mines sont tous les objets de curiosité qu'elle renferme ; sa musique, ses spectacles, ses tableaux, ses statues, ses Palais, ses monumens anciens, ses fêtes publiques & durables dans le tems du carnaval à Naples, à Rome, à Florence, à Venise. Ce sont aussi, pour les voyageurs instruits, les attraits d'une région où l'Histoire des hommes a gravé ses traits les plus intéressans, où tout les rappelle, où ils entrent par tous les sens : que sais-je ? le physique même de l'Italie, ses riantes campagnes, ses côteaux, ses chemins parés des guirlandes de la vigne, ses riches situations qui invitent à bâtir ; une chaîne de montagnes qu'on croirait formée, avec dessein, par une Nature bienfaisante, pour verser de ses flancs, dans toute la longueur de l'Italie, les torrens, les cascades, & ensuite ses plus belles eaux ; ses phénomènes en histoire naturelle, sa pouzzolane, son soufre, son cinabre, ses lacs soufrés, ses volcans, dans lesquels on voit tous les volcans.

Cet amas de curiosités en tout genre, dans un beau pays ; voilà ses mines d'argent. On y accourt de toute part : le Russe, des bords glacés de la Néva ; le Suédois & le Danois, de la Baltique ; le Polonois, de la Vistule. L'Allemand, l'Anglais, le Hollandais, le Français, plus à portée, y abordent en plus grand nombre. Les Souverains quittent leur Cour, croyant n'avoir rien vu, s'ils n'ont pas vu l'Italie. La Reine Christine y fixa son domicile. Point d'Artiste (je parle de ceux que la gloire de l'Art enflamme) qui n'aille y chercher des modèles. Point d'Homme de Lettres qui ne projette, au moins, de saluer un jour le berceau des Lettres ; &, parmi la multitude des Voyageurs, il en est qui ne veulent plus vivre ailleurs. On en trouve établis dans toutes les Villes ; on en trouve jusques dans la petite isle Caprée, où le climat & la vie champêtre, éloignée de tout ce qui agite les grandes sociétés, les ont décidés.

Il est des ames qui ne sont que Chrétiennes. Celles-là se laissent attirer par la célébrité des Saints, par la beauté des Eglises, par la majesté des solemnités. Saint-Pierre de Rome a pris la place du Temple de Jérusalem. Point de pays au monde où l'on voye autant de Pélerins de toutes Nations.

Ayons à présent, si nous le pouvons, un apperçu de tout l'argent que ce concours annuellement habituel de Voyageurs, sème en Italie. Louis XIV, sous le Ministère de Colbert, avait ordonné une Fête vraiment royale. Lorsque le Ministre lui montra sur le plan ce qu'il en coûterait, il fut effrayé de la dépense, lui qui ne la craignait guères : je n'en veux plus, dit-il. Elle se fera, reprit le Ministre, sans qu'il vous en coûte. Que fit-il ? Il retarda la Fête à plusieurs reprises, il la fit proclamer dans toute l'Europe. L'Europe y accourut ; & les entrées de Paris payèrent les frais. Cette bonne fortune n'était que pour une fois ; l'Italie en jouit tous les ans.

Voilà (je le répète) les mines d'argent de l'Italie, mines d'autant meilleures, que les Voyageurs, outre les dépenses de nécessité, en font beaucoup d'autres, que l'adresse & l'avidité des Italiens leur arrachent. L'Italien enfermerait le Colisée, s'il le pouvait, pour en faire payer la vue. Le Voyageur ne se contente pas de voir, il est tenté de rapporter quelque chose dans sa patrie: l'un des tableaux, l'autre des pierres gravées, celui-ci des médailles, celui-là des bronzes antiques. L'Italien a mille moyens pour tromper les connaisseurs mêmes, qui emportent souvent des copies pour des originaux; du billon, en laissant de bon argent.

Il est, pour les Souverains, d'autres mines d'argent: les Douanes, qui sont singulièrement incommodes en Italie. Un amas de petits Etats coûte beaucoup plus au Voyageur, que la traversée des grands, sur-tout dans un pays tout coupé de rivières. Les Souverains, dans leurs Palais, dans leurs maisons de plaisance, dans leur représentation, dans leurs plaisirs, veulent trancher du Monarque. Forcés de ménager leurs sujets, ils se jettent sur l'Etranger. Leurs Douanes vous atteignent par-tout. Il faut payer, non seulement pour entrer dans leurs Etats, mais encore pour en sortir.

Dans

Dans les auberges, on vous demande votre nom, & vous payez la complaisance qu'on a de l'écrire aux portes des Villes. Les Commis exercent une maltôte qui peut-être n'entre pas dans les coffres du Prince ; mais le Voyageur n'en est pas moins pressuré. On vous propose de vous visiter : vous échappez la visite, en payant. Vous comptez en être quitte, pas encore. Le lendemain, on vous attend à la porte du départ, pour la même cérémonie. Il serait du bon ordre que les Potentats de l'Europe donnassent à leurs frères cadets un peu de ce grand superflu dont ils jouissent, pour les tirer de la nécessité où ils sont de tourmenter la bourse des Etrangers.

Les autres mines d'argent que l'Italie possède, sont dans les Eglises ; richesse immenses dont je ne tiens pas compte, parce qu'elles n'entrent pas dans la circulation ; mais enfin elles existent, & dans un besoin extrême on les trouverait.

Il faut pourtant convenir qu'une bonne agriculture & un commerce bien actif enrichiraient infiniment plus l'Italie, que toutes les mines qu'elle ouvre à la curiosité du monde : mais, sans l'argent qu'elle en tire, elle serait encore plus pauvre.

Fin du Voyage d'ITALIE.

VOYAGE DE HOLLANDE,
EN 1769.

Avant que d'entreprendre le voyage de Hollande, je savais que les anciens Bataves, aujourd'hui les Hollandais, livrés durant une longue suite de siècles, tantôt à eux-mêmes, tantôt à différens Maîtres, s'étaient contentés de vivre durement & grossièrement dans leurs marais, sans connaître les Arts qui embellissent un pays, & en augmentent les jouissances.

Je savais encore qu'en tombant sous le joug de l'Espagne, dans un siècle plus éclairé, ils n'y avaient gagné que de la superstition, & l'excès de l'esclavage.

Je savais même que, depuis qu'ils vivent sous l'étendard de la liberté, occupés du commerce, leur objet capital, ils ont laissé à d'autres Nations la gloire d'imiter Athènes & Rome dans les beaux-Arts.

Je savais donc aussi que je n'y trouverais, ni des monumens d'ancienne grandeur, ni les fleurs du génie & du goût modernes. Qu'allais-je donc y chercher ? Les prodiges des Arts utiles, ceux du Commerce & d'un bon Gouvernement. J'étais curieux de voir un petit peuple qui s'est étonnamment multiplié, relativement au petit coin de terre qu'il habite, & au peu de tems qui s'est écoulé depuis qu'il lui est permis de vivre avec des Loix : un petit peuple, dont on ne parlait pas, qui, en moins de deux siecles, a fondé, ou aggrandi tant de Villes & de Bourgs, a coupé son pays de canaux, a creusé un grand nombre de ports, a créé une Marine marchande & guerrière, a disputé l'empire de la Mer & du Commerce, a prêté & prête encore, par la grandeur de sa fortune, aux Nations les plus riches ; qui a fait des conquêtes dans les deux Indes & en Afrique ; qui enfin, du fond de ses marais, s'est élevé à la hauteur des Puissances de l'Europe.

Tournai. Parti de Paris le 11 Août 1769, je suis arrivé le 14 à Tournai. Cette

Ville, la première ou j'ai séjourné, est située sur l'Escaut, qui la partage dans toute sa longueur. C'était une des principales Cités des Gaules, lorsque Clodion, Roi des Français, la conquit sur les Romains au commencement du cinquième siècle. On y a trouvé, en 1653, le tombeau de Chilpéric I, qui renfermait beaucoup de choses à son usage; son coutelas, sa hache d'armes, son baudrier, avec quantité d'ornemens d'or, & de rubis enchâssés; le squelette même de son cheval de bataille.

Cet usage si ancien d'enterrer les Princes & les Héros avec des richesses, était tout propre à faire violer les tombeaux; &, si des brigands ne le faisaient pas, cela marque le pouvoir de la Religion sur les scélerats même.

Tournai est un exemple du malheur attaché aux places d'une grande importance. Sans parler des siècles fort reculés, à ne dater que de Charles VII, Roi de France, elle n'a cessé d'être assiégée, prise & reprise par les Ducs de Bourgogne, par les Anglais, par les Autrichiens, par les Français; toujours, pour ainsi dire, sous la bombe. Elle est peuplée de trente à quarante-mille ames;

bien fortifiée. Ses murailles & ses bastions ont peu souffert au dernier siége, que nous en fimes en 1745. Les dedans de la Citadelle furent entierement ruinés; les dehors sont conservés, à peu de chose près. On voit un beau moulin sur l'Escaut de la façon de M. de Vauban. Son génie se gravait sur tous ses ouvrages.

Fontenoi. Je n'ai pu me refuser d'aller voir le champ de bataille de Fontenoi. On juge bien mieux, sur le terrain, que sur un plan. Comment ne pas frémir, en voyant, pour ainsi dire, nos premiers bataillons renversés, le centre enfoncé, le Roi & le Dauphin en danger, la victoire pendant une heure entière à l'ennemi ? La gloire fut grande, sans doute, de l'avoir rappelée de notre côté : mais les Rois, lorsqu'ils entreprennent une guerre, pensent-ils assez qu'ils jouent la fortune de leur peuple & la leur ?

Saint-Amand. De Fontenoi j'ai pris la route de Saint-Amand. Les eaux thermales se trouvent ordinairement dans le voisinage des montagnes. Saint-Amand, dans une plaine sur la Scarpe, jouit pourtant de cet avantage.

Il y a aussi des boues fort puantes, où les malades s'enfoncent, les uns jusqu'aux reins, les autres jusqu'au cou. On croirait voir l'homme sortir du limon de la terre. Il y a dans la Ville une Abbaye de Moines, dont le revenu mettrait dans une aisance décente une centaine de Curés, qui béniraient la vigne du Seigneur, en la cultivant.

Après cette excursion dans le Tournaisis, j'ai passé encore quelques jours à Tournay. Son illustre Chapitre fait son principal ornement. Le service de l'Eglise mêle beaucoup de pompe à l'édification. Grand Chœur de Musique ; il y a une singularité : outre les Chanoines en grand nombre, on compte huit Grands-Vicaires qui le sont de cette Eglise, & non du Diocèse. Ces Grands-Vicariats sont de vrais Bénéfices. Ceux qui en sont pourvus chantent beaucoup, tandis que les Chanoines ménagent leur poitrine.

En visitant les bâtimens du Chapitre, la Bibliothèque m'a causé une surprise agréable ; je sçavais que depuis longtems les Bibliothèques Flamandes étaient riches en Livres de Théologie. Celle-ci l'est encore en Ouvrages de Philosophie,

& de goût ; & ces Messieurs sont pleins de zele pour de nouvelles acquisitions.

Bruxelles. De Tournay je me suis rendu à Bruxelles, la plus grande & la plus belle Ville des Pays-Bas ; sa situation sur la petite rivière de Senne, est des plus agréables. Elle a vu à la fois dans ses murs, au tems de Charles-Quint, sept têtes couronnées, en le comptant lui-même, sans qu'il y eût le moindre embarrras, pour nourrir un si grand nombre d'hommes & de chevaux. Tout le pays abonde en toutes sortes de vivres : jamais les armées n'y ont craint la disette.

Ceux qui attachent du Mystère au nombre de *sept*, doivent l'admirer dans Bruxelles. On y remarque sept grandes portes, sept grandes places, sept familles distinguées par leur haute noblesse & leurs priviléges, sept Assesseurs ou Echevins de la Magistrature, & sept Eglises principales.

Il y a un nombre considérable de beaux Hôtels, celui de Ligne entr'autres, ceux d'Aremberg, d'Egmond. On ne sçaurait passer devant ce dernier, sans se rappeller ce fameux Comte d'Egmond qui, après avoir suivi Charles-Quint en Afrique, après l'avoir secouru contre les Princes Protestans en Allemagne, après avoir encore mieux servi Philippe II, son fils, dans les Ambassades, & par deux grandes victoires, mais en but au Duc d'Albe, dont il voulait contenir la tyrannie, finit par avoir la tête tranchée à Bruxelles même, à l'âge de 46 ans. Il pouvait dire, comme le Comte d'Essex :

De tant d'honneurs reçus, est-ce donc là le fruit ?
Un long tems les amasse, un moment les détruit.

Le Palais où réside le Gouverneur des Pays-Bas, présente une façade à l'Italienne sur le jardin. Elle est assez belle, mais nulle décoration sur la cour. Cette cour n'est qu'un boyau, flanqué d'un côté par un grand commun, édifice neuf; & de l'autre par un vieux bâtiment qu'on se propose d'abattre & de rebâtir; mais cela ne corrigera, ni la défectuosité de la cour, ni celle de sa façade tout-à-fait étranglée.

Il y a dans ce Palais trois choses qui font honneur au goût du Prince Charles :

une Bibliothèque considérable; un Cabinet d'Histoire naturelle; il en est peu où l'on voye un aussi bel ordre; un autre Cabinet de Physique & de Mécanique. Le Professeur qui me l'a fait voir, m'a paru rempli de science & d'enthousiasme.

J'ai visité un quatrième Cabinet pour des Observations Microscopiques : il appartient à un particulier bon Observateur, M. Sémois. Il a mis sous mes yeux un phénomène encore ignoré de la plupart des Naturalistes. C'est une espèce de polype nouvellement découvert. Ce polype a la figure d'un arbrisseau dont les feuilles sont en forme de cloche; & les fruits, qui ressemblent à une orange, ont un mouvement propre qui contracte & dilate la totalité du zoophyte. Cette espèce diffère du polype à bras, aujourd'hui si connu.

M. Vérust a une collection de tableaux fort estimable. On y admire un grand morceau de Rubens : le couronnement de Sainte-Catherine, par les mains de la Vierge.

L'Hôtel-de-Ville est décoré de tapisseries qui disputent de beauté avec celles des Gobelins, & qui se travaillent de même, c'est-à-dire à l'envers : c'est l'Histoire de Clovis, & l'abdication de Charles-Quint : abdication qu'il fit dans la salle même de l'Hôtel-de-Ville, en présence des Etats.

La Salle de la Comédie est elliptique, avec une grande ouverture de théâtre. Quatre rangs de loges & même cinq, si on veut compter deux demi-rangs pratiqués sous les premières loges. Toutes les loges sont coupées obliquement, afin de tourner le spectateur vers le théâtre. Comme c'était le tems des campagnes, & que le Prince Charles était absent, ce spectacle était peu rempli. Les Acteurs m'ont paru d'une bonté médiocre. Un Acteur du théâtre Français y jouait le premier rôle en tout sens.

La Flandre, qui a des Chapitres de Chanoinesses, où des Filles de condition, sans se lier par des vœux, peuvent attendre un établissement dans le monde, a aussi des béguinages, dans le même esprit, pour la bourgeoisie. Bruxelles en a deux : le plus grand ressemble à une petite Ville ; entouré de murailles, avec un fossé, & plusieurs belles rues, où chaque béguine a sa demeure. Là, sept à huit-cents filles, & quelquefois plus, s'occupent à différens ouvrages qu'elles vendent pour leur compte. Sage institution qui soulage les familles, sans faire des esclaves.

Les dehors de la Ville offrent de belles promenades dans une campagne riche. L'allée verte est ce qu'il y a de plus charmant. Elle a presque une lieue de longueur, en s'étendant le long d'un magnifique canal. J'aurais volontiers cédé quelque chose de son étendue, pour y voir du monde. C'est alors qu'on peut juger de la richesse & du luxe des principaux citoyens.

J'ai quitté Bruxelles le 25, en m'embarquant sur le canal de Vilvorde, jusqu'à la grande eau, l'eau de l'Escaut. c'est avec raison qu'on la nomme grande. Ce fleuve est bien majestueux en cet endroit: à Vilvorde j'ai pris une voiture de terre pour arriver le même jour à Anvers.

Anvers.   Cette Ville, si renommée, a la figure d'un arc; l'Escaut en fait la corde; son port est très-beau & fort commode. Les plus gros vaisseaux peuvent y remonter, tant le fleuve est large & profond; & huit canaux principaux leur livrent l'entrée dans la Ville. Ils y abordaient autrefois en si grande quantité, que, pour arriver au lieu de décharge, ils étaient souvent obligés d'attendre plusieurs semaines, faute de place.

Ce tems n'est plus : le Gouvernement Espagnol chassa le commerce qui se réfugia dans Amsterdam, attiré par la liberté civile, politique & religieuse : peut-être même ne réussirait-on pas à le rappeler, en lui offrant les mêmes avantages. Les fleuves ne retournent pas à leur source.

Il ne reste à Anvers que ses belles Eglises, belles, si la beauté peut s'allier avec le mauvais goût : mais les tableaux qu'on y voit gagnent tous les suffrages. La Cathédrale se vante de la fameuse descente de Croix de Rubens, & de son Assomption de la Vierge. Il est peu d'Eglises dans cette Ville, qui n'aient quelqu'excellent morceau de lui. Saint-Michel offre l'Adoration des Mages, dont les connaisseurs font un cas infini. Sa Chapelle est dans l'Eglise de Saint-Jacques, où il est enterré sans façon ; il semble qu'il avait bien mérité les honneurs d'un monument. Le tableau de l'Autel est sorti de son pinceau ; & on voit au-dessus une

Vierge de marbre blanc, ouvrage admirable qu'il apporta de Rome. On dit, & il est vrai, que Rubens a mis par-tout ses trois femmes. L'une des trois n'était que sa maitresse. Au reste, s'il ne les a point flattées, il ne pouvait rien mettre de plus agréable dans ses ouvrages. On assûre qu'elles méritaient d'y figurer, & qu'il les avait choisies, autant pour la Peinture que pour l'amour.

Un autre Peintre à Anvers, sans avoir autant de supériorité, en a fort approché. C'est Floris, qui a laissé beaucoup d'ouvrages : c'est lui qui refusa d'abord sa fille à un garçon Serrurier, qui avait l'impertinence de la demander en mariage. Floris, pour se débarrasser de la poursuite, lui dit, en lui montrant un de ses chef-d'œuvres. Quand tu en feras autant, je te donnerai ma fille. Le Serrurier partit pour l'Italie ; &, comme si le génie de Raphael se fût emparé de lui, il peignit, à son retour, Jésus-Christ détaché de la Croix. Floris, dans l'admiration, lui donna sa fille. Le fait est consacré dans l'épitaphe du Serrurier, que l'amour avait fait Peintre.

Connubialis amor de Mulcibre fecit Apellem.

Parmi les Eglises Paroissiales, Sainte-

Valburge est d'une haute antiquité. On prétend que c'était un Temple dédié à Priape, dont on voit encore une petite statue sur une des portes. Les femmes du menu peuple, le prenant pour un saint, avaient la dévotion de l'orner de fleurs. On les a désabusées.

La Bourse est un vaste édifice qui rappelle des tems plus heureux. L'Académie de Peinture y tient ses Séances, & on y joue de mauvaises Comédies sur un théâtre étouffé d'ornemens.

En général, tous les édifices publics ont un air de grandeur, mais sans goût. Les Confessionaux même sont d'une grandeur démesurée, & tournés en décoration par un grand nombre de figures sculptées en bois. On y voit, par exemple, les sept péchés mortels personnifiés; & on m'a dit qu'ils figuraient aussi aux Processions. Toute la Flandre Autrichienne est fort adonnée aux Processions : ce sont les spectacles du peuple ; & cela vaut mieux, disent les politiques Flamans, que s'il n'en avait point du tout.

Anvers a une Citadelle, où le Duc d'Albe fit ériger sa statue, prévoyance dont il avait besoin; car personne n'aurait pensé à lui décerner cet honneur, qui fut de courte durée. Le peuple qu'il força à la révolte par l'abus du pouvoir, s'empara de la citadelle & brisa la statue.

D'Anvers à Roterdam, première Ville de la Hollande, distance de vingt grandes lieues, une diligence de terre m'a porté en un jour; ce maudit charriot de poste fut imaginé, pour rouer les gens qui n'ont point fait de mal. On passe le *Mordik*; c'est un bras de la Meuse, & en même tems un bras de mer. On y voyoit, il y a quarante ou cinquante ans, les clochers de dix-huit villages qui s'élevaient encore au-dessus des eaux, & qui ont cédé depuis à l'effort des vagues.

Ce Mordik a fort mauvaise réputation, depuis qu'un Prince d'Orange, déja héros à vingt-quatre ans, revenant de l'armée des Alliés en 1711, fut englouti dans les flots: tant de gens en le passant tous les jours, ont plus de bonheur que le héros! ce fut pour moi l'affaire de 32 minutes, par un vent de côté qui agitait beaucoup les flots. Cette agitation, dans un petit bateau, effrayait à l'excès une Marchande de Roterdam, qui passait avec moi. Elle se jetait à genoux : elle invoquait tous les Saints. Je n'imaginai d'autre moyen pour diminuer son effroi, que de lui bander les yeux. Elle me revalut bien ce petit service ; car, en arrivant à Roterdam, à dix heures du soir, par une grande pluie, j'aurais été obligé de prendre gîte dans la rue, sans cette bonne dame. La *Kermesse* avait rempli toutes les Auberges : c'est une espèce de foire, ou plutôt un petit carnaval. Par-tout marchandises étalées, gens de plaisir, & *musico*. On entend de toutes parts les violons & les danses. On a entrée dans ces bals au prix d'une bouteille de vin : celui que j'ai vu était destiné à la bonne compagnie que je ne trouvais guères bonne. La fumée du tabac ne paraissait pas incommoder les dames Hollandaises. J'avais honte de ne la pas supporter aussi gaiement. Les danses sont assez vives & figurées, mais les danseurs sont lourds.

Roterdam est située sur la Meuse orientale, fleuve majestueux, non loin de son embouchure : de larges rues alignées pour la plupart, des canaux bordés de quais & d'arbres, les vaisseaux mêlés avec les maisons, maisons de briques,

Rotterdam.

mais fort enjolivées ; tout cela est d'un agrément piquant. C'est la Ville où le commerce est le plus florissant, après Amsterdam.

La Bourse est un grand édifice où l'Architecture n'a rien épargné pour servir le commerce. Il y a aussi un beau Palais, destiné à loger les Rois d'Angleterre. Outre les Églises de la Religion Hollandaise, qu'on appelle Réformée, on voit des Églises Luthériennes & Catholiques, avec une Synagogue. Les Églises Catholiques ne peuvent pas avoir de clochers ; elles sont en forme de maisons ; mais du reste avec toute la liberté du culte.

La statue d'Erasme, en robe de Docteur, un Livre à la main, est sur la place du Marché, figure en bronze, de grandeur un peu plus que naturelle, d'une bonté médiocre, avec une inscription en Vers Latins. Il méritait un meilleur Poëte. Sa maison est près de-là. Autre inscription pour la faire connaître à la postérité. Si Roterdam eût été une Ville savante, dans le tems qu'elle éleva ce monument, elle n'eût fait que remplir un devoir de reconnaissance, pour un Savant qui lui avait fait tant d'honneur ;

mais elle n'était que commerçante, & le commerce a sçu honorer la science.

Prêt à quitter Roterdam, je me suis rappelé qu'on vantoit beaucoup un point de vue magnifique, du haut d'une tour fort élevée. La Ville & un vaste horison s'y découvrent à charmer; cette tour tient au principal Temple. J'y ai couru: après la curiosité satisfaite, deux gardiens du Temple, qui ne s'ouvre que les Dimanches, comme toutes les Eglises Protestantes, menaçaient de me retenir, en se querellant avec mon valet de place qui me servait de truchement. Ils exigeaient le double du prix convenu avec lui; & la porte ne s'ouvrait point. Je terminai, en payant ce qu'ils voulurent, & je croyais l'affaire finie : rien moins. Le hazard m'avait donné, pour compagnon de voyage, un Anglais fort instruit dans les Sciences, & encore plus dans les droits du Contrat social. Si un Français, me dit-il, se sent assez de courage pour supporter une vexation, un Anglais ne l'a pas; je vais demander justice aux Bourguemestres, pour nous & pour les voyageurs qui nous suivront; & moi de lui représenter combien cette discussion nous retarderait. Paroles perdues. Je le suivis au Tribunal, & il me chargea de plaider la cause. Mon exorde roula sur la grande idée que toute l'Europe avait de la justice Hollandaise ; après quoi, j'exposai le fait, en insistant beaucoup sur l'attentat à notre liberté. Les équitables Bourguemestres détachèrent sur le champ un Sergent de Ville qui amena les deux coupables. Ils furent condamnés à restituer non-seulement ce qu'ils avaient extorqué ; mais encore le prix convenu, & à quinze jours de prison. On ne voulut pas nous écouter dans la demande que nous fîmes d'abréger la punition, pas même nous permettre de laisser la restitution sur le Bureau pour les pauvres : toute cette procédure ne dura pas une heure. Je promis aux Juges de me louer de cette prompte justice ; je m'en acquitte.

Dans notre embarquement pour Amsterdam, le 29 Août, toujours par les canaux, nous ne fîmes que saluer en passant Delft, la Haye, Leyde, Harlem, nous réservant d'y séjourner dans un autre tems. Rien de plus doux, de plus commode & de moins coûteux que cette façon de voyager. Il y a dans les barques un cabinet séparé du commun, qu'on appelle *Rouf*. Il eſt propre & bien éclairé, avec toutes les petites commodités qu'on peut deſirer dans un voyage. Sans un changement fréquent de barques, à cauſe des écluſes, on irait aux extrémités de la Hollande dans un repos continuel.

Amſterdam eſt ſituée au confluent de l'Amſtel & de l'Y, ſur une mer de nouvelle création, le Zuiderzée. Quand on dit au vulgaire que la Méditerranée n'a pas toujours été, qu'elle s'eſt formée par une irruption de l'océan, entre l'Europe & l'Afrique ; ſi on ajoûte que l'Angleterre tenait à la France par un iſthme battu des deux côtés par de grandes mers, & enfin rompu, le vulgaire, parce qu'on ne peut pas en aſſigner l'époque, ſans vouloir en examiner les preuves, rit de ſes Maîtres ; il croira du moins qu'au treizième ſiècle, l'océan Germanique, entrant dans les terres par l'embouchure du Lac Flévon, & de l'Ems, couvrit trente lieues de pays, épanchement ſubſiſtant : de-là le Zuiderzée.

Amſterdam a merveilleuſement profité de l'avantage de ſa ſituation. Elle eſt peuplée de trois-cent-mille ames. On

Amſterdam.

sçait qu'elle n'en comptait pas le tiers sous le gouvernement Espagnol. Il y a trois Villes en Europe, plus grandes & plus peuplées, Paris, Londres & Naples ; mais quand on jette les yeux sur la commodité de son port, sur tant de vaisseaux qui entrent & sortent journellement ; sur cette forêt de mâts qui se mêle avec les maisons, sur la quantité prodigieuse de denrées & marchandises que les fleuves & les mers lui apportent, sur sa correspondance avec tous les pays ; on peut la regarder comme le marché de l'Univers.

S'il y a quelque Ville imprenable, celle-ci l'est ; fortifiée de vingt-six bastions du côté de la terre, elle ne craint rien du côté de la mer ; non-seulement son port est fermé par des pieux & des poutres, avec des ouvertures à volonté, pour laisser entrer & sortir ; mais encore les vaisseaux de guerre ne peuvent en approcher qu'à la distance de quatre lieues, à cause d'une barre qui se trouve là. Il faudrait donc l'attaquer par terre ; mais dans une extrémité elle mettrait toute la campagne & l'ennemi sous l'eau ; ce qui serait le plus à craindre pour elle, c'est la gelée ; mais alors on casserait la glace pour faire un foſſé. & d'ailleurs les vaiſſeaux de la République feraient en avant, & ſe laiſſeraient prendre par les glaces, pour ſervir de citadelle.

Au tour du foſſé qui environne la Ville, règne une digue parallèle aux murailles. Cette digue, ornée de deux rangs d'arbres, forme une promenade fort agréable.

L'Amirauté eſt tenue dans l'ordre le plus beau & le plus avantageux. Tout ce qui eſt néceſſaire pour l'armement d'un vaiſſeau a une ſalle particulière ; la plus grande économie y eſt obſervée ; un Capitaine de Vaiſſeau reçoit tout en compte ; &, quand il revient, il doit compte d'un bout de corde. On voit conſtamment devant l'Amirauté, ſept vaiſſeaux de guerre qui repréſentent les ſept Provinces Unies.

J'ai dit plus haut que les vaiſſeaux de guerre ne peuvent approcher qu'à la diſtance de quatre lieues, à cauſe d'un banc de ſable, nommé *Pampus*. Cela demande une explication. Cet obſtacle ne regarde que les vaiſſeaux armés ; & même, dans cet état où ils tirent beaucoup d'eau, à cauſe de leur peſanteur, les Hollandais ont imaginé une machine qui leve l'obſtacle ; ce ſont des chameaux (c'est ainsi qu'on les nomme) espèce de coffres, longs de cent-soixante pieds, qu'on remplit d'eau, & qu'on attache aux flancs du vaisseau; ensuite on pompe l'eau; & à mesure qu'elle sort, le vaisseau s'élève de la hauteur nécessaire pour franchir le *Pampus*.

La République compte actuellement cinquante vaisseaux de ligne en état de servir : outre ceux-là, j'en ai vu quatre en construction, l'un desquels sera l'Amiral ; il est de soixante-quatorze canons, de cent-quatre-vingts pieds de longueur, avec deux ponts seulement.

Amsterdam n'a point de belles places: la principale est le *Dam*, place irrégulière & sans ornement ; si ce n'est l'Hôtel-de-Ville, vaste édifice isolé, qui étonne par la grandeur des masses; il a deux frontispices & deux ordres seulement, l'ionique & le corinthien. Ce monument serait plus beau, si, au lieu de pilastres, on voyait des colonnes ; la Grand'Salle est un chef-d'œuvre de majesté & de goût, toute revêtue de marbre & de jaspe ; les statues, les bas-reliefs, les tableaux y rappellent ce que la Nation a fait de plus grand.

Cet édifice renferme toutes les pièces

qui sont nécessaires à la Régence. Ce Conseil de Régence est composé de trente-six membres qui étaient choisis autrefois par le Peuple, & aujourd'hui par le Conseil même. Ainsi, ce Gouvernement que bien des gens croient purement démocratique, ne l'est pas ; il est, à la vérité, dans les mains de la bourgeoisie ; mais ces premiers bourgeois forment dans chaque Ville une espèce d'Aristocratie ; & lorsqu'ils se réunissent en Etats-Généraux, c'est l'Aristocratie en grand ; car ce ne sont pas les suffrages du Peuple, qui créent les Régens ; mais c'est la Régence elle-même qui se recrûte, en remplaçant un Conseiller mort, destitué ou démis ; comme aussi elle tire de son corps les Echevins & les Bourgmestres. Il y a douze Bourgmestres à Amsterdam, des Echevins & un Bailli. Les Bourgmestres administrent la police. Les Echevins se partagent la justice civile & criminelle. Le Bailli est chargé de l'exécution dans le criminel.

On roue les assassins ; on pend ou l'on coupe la tête pour de moindres crimes ; on donne la question en certains cas. Le même Tribunal corrige les enfans libertins qui n'ont point de père, & dont la mère vient se plaindre; ils sont fouettés par le Boureau dans la Chambre de la Question, en présence des Juges, & cette correction n'est point infamante. S'ils ont un père, le Tribunal ne se mêle pas de les punir, parce que c'est au père à les corriger. Au reste, si une mère venait dénoncer son fils pour en avoir été frappée, ou seulement menacée de quelque violence, le Tribunal fait couper la tête au monstre, & l'envoie à la mère. Il y a bien long-tems qu'on n'en a vu d'exemples. Quant aux déserteurs, matelots ou soldats, on ne les punit pas de mort, mais par le fouet; après quoi, on les envoie aux travaux publics.

Ce point de législation est commun à d'autres Etats; ni l'Angleterre, ni la Russie, n'attachent la peine de mort à la désertion. Le feu Roi de Sardaigne, Charles Emmanuel, la trouva trop dure; il l'abolit. Il est naturel de penser que des hommes, qui prodiguent leur liberté & leur sang pour la patrie, méritent quelqu'indulgence, lorsqu'ils viennent à se repentir d'avoir vendu trop légèrement l'une & l'autre.

Mais, en même tems qu'il faut louer

la Hollande fur cette loi d'humanité, on eſt ſurpris de trouver la queſtion & la roue dans ſon Code Criminel. L'Angleterre a regardé ces deux peines, comme des atrocités qui ne conviennent qu'à des barbares. Il faut remarquer pourtant que la Hollande ne punit de la roue que l'aſſaſſinat, & jamais le ſimple vol eût-il été commis ſur le grand chemin.

J'ai été curieux de ſavoir ſi, dans une Nation où il y a tant d'argent, pour tenter la cupidité, il y avait beaucoup de voleurs. On ne s'en plaint guères. C'eſt un proverbe qu'on peut aller de nuit & de jour dans les rues d'Amſterdam, avec ſon chapeau plein de ducats, ſans la moindre crainte; &, s'il arrive un vol, il eſt très difficile que le voleur s'échappe. Il ne ſaurait ſe ſauver que par les canaux, & en paſſant des rivières. Il y a d'ailleurs une bonne Police, ſur-tout dans les Villes, où les Crieurs publics, pendant la nuit, courent les rues, en proclamant toutes les heures, & en appelant la garde dans le beſoin. Si un voleur vous demandait la bourſe, il n'y aurait qu'à la donner: il ne la porterait pas loin. Il ſuffirait de crier; & la potence en ferait juſtice. Quant aux filoux, c'eſt souvent le peuple qui justicie. Il les plonge dans un canal, il les retire, & les seche à coups de bâton. Il se passe communément trois ou quatre ans sans exécution. Peut-être que la rareté des filoux & des voleurs est due foncierement à une certaine aisance, répandue par-tout. Le peuple ne pense guère à voler, quand la misère ne le poursuit pas.

Les Hollandois ne connaissent pas les duels. La République y a mis bon ordre. Si un barbare d'une Nation polie provoque un Hollandais; celui-ci fait semblant d'accepter : mais, comme il faut sortir de la Ville, dès qu'on arrive à la porte, où il y garde militaire, l'appelé fait arrêter le duelliste, à qui il en coûte cent-cinquante florins; & si le duelliste se trouvait national, il serait chassé de son Régiment, déclaré infâme, & incapable de jamais servir l'Etat.

Je viens de parler d'une garde militaire : Amsterdam n'en a point au-dedans; mais seulement à ses portes, pendant le jour. Elle est de quatre-cents hommes, qui sont aux ordres des Bourgmestres. Pour la nuit, la Ville est gardée par des Compagnies bourgeoises; c'est que les Hollandais craignent, pour le troupeau, que les chiens ne deviennent loups.

La Maison-de-Ville, qui renferme tous les Tribunaux de Justice & Police, est aussi le Siége de la Banque. La masse d'argent est dans les caves. Mais bien loin de donner un intérêt au particulier qui vient y déposer le sien, il paie quelque chose pour la garde. Ce dépôt est sacré ; &, au moment qu'on redemande, on obtient. De cette façon les billets de banque, qui n'ont jamais trompé la confiance publique, tiennent lieu d'espèces, & sont beaucoup plus commodes pour les affaires.

C'est aussi à la Maison-de-Ville que se font les mariages de toutes les Religions, Calviniste, Luthérienne, Anglicane, Ménonite, Anabaptiste, Quaker, Juive, Catholique. C'est devant le Magistrat, sauf ensuite aux époux d'aller se présenter à leurs Ministres respectifs, pour y observer leur rite ; & tout vit dans une profonde paix. On compte environ trente-mille Juifs, qui occupent un des plus beaux & des plus grands quartiers de la Ville. Ils y jouissent de tous les droits de Citoyens.

Parmi le grand nombre des Eglises;

(car il en faut pour toutes les Religions) il n'en est aucune marquée au coin de la noble Architecture. L'Eglise-Neuve offre un monument de bon goût. C'est le tombeau de l'Amiral *Ruyter*, celui qui compta presqu'autant de succès que de combats; celui-qui, dans une seule année, fut vainqueur dans trois batailles contre les flottes Anglaise & Française; celui dont le Vice-Amiral, M. d'Estrées, écrivait à Colbert : je voudrais avoir payé de ma vie la gloire que Ruyter vient d'acquérir. Il mourut sur son bord, en combattant contre notre Duquesne, en 1676. Ce monument bien mérité est en marbre, & les figures sont belles. Ruyter appuie sa tête sur un canon, oreiller digne d'un Amiral.

La Bourse est un grand bâtiment en briques, vaste cour avec des portiques de la grande manière. Elle surpasse celle de Londres. Ce cirque où l'on combine les jeux de la fortune, n'est pas encore assez vaste, pour la foule des joueurs qu'on y voit journellement depuis midi jusqu'à trois heures. C'est-là qu'on fait des affaires avec les quatre parties du monde.

La salle de la Comédie est bien moins

fréquentée. Bien coupée pour voir & entendre, elle est à-peu-près aussi large que longue. Deux rangs de loges seulement, l'ouverture du théâtre grande & noble. En tout cependant elle paraît petite pour une telle Ville, d'autant plus qu'il n'y a que ce seul Spectacle (a) ; ce qui indique que les habitans sont trop occupés ou trop économes, pour se livrer à l'amusement. Les Acteurs, pour la plupart, ont un métier dans la Ville. Les Actrices sont de bonnes mœurs. Celles que j'y ai vues n'y ont pas grand mérite. Enfin la profession de Comédien est honnête. On leur donne tant par an, quel que soit la recette ; & le reste est destiné à soutenir les établissemens de charité. On jouait *la Colère d'Achille*. J'ignore, n'entendant pas la langue, si Achille y conserve le caractère qu'Homère lui a donné. Mais l'action m'a paru forcenée ; fureur continue, sans le moindre repos ; des cris de Stentor ; des Rois qui se querelaient, sans dignité. On voyait une grosse Briséis très-massive, à la fleur de quarante ans, pour laquelle

---

(a) Depuis la date de ce Voyage, elle a été incendiée.

néanmoins Achille brûlait d'amour, & faisait tant de tapage. La petite Pièce, *les Mariages mal assortis*, se jouait avec plus de naturel. Il y a eu un ballet qui représentait assez bien une kermesse. Comme il ne fallait que des yeux, j'y ai trouvé de quoi m'amuser.

Un cabinet de tableaux m'a fait beaucoup plus de plaisir ; c'est celui de M. Brankamp, Catholique de religion, qui a quitté le commerce, dont il n'a plus besoin. L'envie de se faire remarquer & visiter, plus peut-être que sa passion pour les tableaux, lui en a fait acquérir une grande quantité, presque tous de l'Ecole Hollandaise ou Flamande, si ce n'est une Vénus du Titien, & un petit nombre d'autres de différens Peintres. Mais dans cette collection il y a bien du médiocre, & des copies, soi-disant originaux : elle occupe sept à huit pièces d'une belle maison.

Les carrosses d'Amsterdam son montés sur des traîneaux à un seul cheval, surtout les carrosses de place qui se paient un peu plus cher qu'à Paris. Les riches citoyens ont des voitures sur quatre roues extrêmement rapprochées les unes des autres, & dont la voie est fort étroite, parce que les chemins de terre, hors de la Ville, le long des canaux, sont très-étroits. Il n'est point de pays où l'on ait plus ménagé la terre que dans la Hollande. Il y a aussi de petits carrosses fort jolis, pour les enfans au-dessous de dix ans. La mignone voiture est traînée par un grand chien, & plus souvent par un bouc. L'enfant tient les rênes sous la direction d'un domestique. Un cheval, quelque petit qu'il fût, ne donnerait pas la même sûreté, & d'ailleurs on ne voit que des colosses dans le pays, chevaux lourds & peu exercés à la course.

J'ai coupé mon séjour à Amsterdam, par le voyage de la Nord-Hollande, pays moins bruyant, mais très-piquant par sa singularité. Le premier Village qui se présente, c'est Purmeren. Nous avons quantité d'anciennes Villes en France du troisième ordre, qui ne sont ni aussi grandes ni aussi peuplées, & qui gagneraient beaucoup à être aussi jolies.

Nord-Hollande.

Purmeren.

Le second sur la route, c'est Brook. Toutes les maisons y sont de bois; mais toutes enjolivées par la peinture, & autres petites décorations fort variées. Les

Brook.

L v

rues sont étroites, pavées de briques en marqueterie, plus ressemblantes à des corridors qu'à des rues. On n'y voit aucune espèce de voiture ; tout y favorise la propreté. Elle est si excessive que les portes des maisons ne s'ouvrent que pour les baptêmes, les mariages & les enterremens. On craindrait que des pieds poudreux ou fangeux n'apportassent dans les appartemens quelque malpropreté. L'entrée ordinaire est un guichet dérobé par derrière ; on prendrait ce village pour l'asyle du silence & du repos. Il n'y a presque point de paysans ; ceux qui l'habitent sont des gens qui se retirent du monde avec de bons capitaux.

Horn.   De Brook un canal m'a porté à Horn, Ville du troisième rang : c'est un bon havre sur le Zuiderzée ; ce qui la rend fort marchande.

Enchuysen.   Le lendemain une voiture de terre, faute de canal, m'a mené à Enchuysen ; cette Ville est une presqu'isle en forme de croissant, lavée par le Zuiderzée. La terre étant beaucoup plus basse que la mer, il a fallu de très-fortes digues, de la hauteur de quinze & vingt pieds, sous peine d'être submergé. Enchuysen a eu la gloire, disent les gens du pays, d'avoir secoué la première le joug des Espagnols. Il s'y fait un grand commerce de harengs & autres poissons salés.

Il a fallu revenir à Horn pour gagner Alcmaer, Capitale de la Nord-Hollande, au milieu des terres. On y voit deux rues d'une longueur & d'une beauté frappante ; l'une avec un canal fort large, bordé d'arbres ; l'autre sèche. Il y a hors de la Ville un jardin public, beaucoup plus grand que les Tuileries, dans un goût moitié français, moitié anglais, avec une prairie & des troupeaux dans le centre. On y a pratiqué une allée tournante à la circonférence, ornée dans toute son étendue de petites maisons de campagne, & d'un canal. Tout cela jette dans ce jardin une variété délicieuse.

On connaît la réputation de la Hollande en général, pour la culture des fleurs : Alcmaer n'y a pas peu contribué. Les Florimanes de Paris seront moins étonnés que le vulgaire, de ce que je vais dire. Les Regîtres de la Ville atteſtent qu'en 1637 on vendit publiquement, au profit de la maiſon des Orphelins, cent-vingt tulipes avec leurs cayeux, pour le prix de quatre vingt-dix-mille florins. Une ſeule, nommée le *Viceroi*, fut vendue quatre-mille-deux-cents-trois florins: une autre, l'*Amiral d'Enchuyſen*, cinq-mille-deux-cents florins.

J'ai fini le tour de la Nord-Hollande, par Sardam. Le canal que l'on prend à Alcmaer, en s'élargiſſant, ſe transforme en une grande étendue d'eau qui ne permet plus le tirage, mais la voile : c'eſt un bras de mer qui continue juſqu'à Sardam.

Sardam. Sardam eſt un village immenſe, bâti ſur pilotis, coupé de canaux dans ſa totalité, comme Veniſe. On y apperçoit une quantité prodigieuſe de moulins-à-vent, occupés à ſcier des bois de conſtruction pour la Marine. Tous les habitans ſont charpentiers ; tant d'ouvriers, avec des matériaux toujours prêts, peuvent conſtruire une flotte en peu de jours. C'eſt-là que ſe fabriquent les vaiſſeaux qui vont aux Indes. J'en ai vu pluſieurs ſur les chantiers. La petite maiſon du Charpentier *Pitre* eſt devenue bien célèbre, par un apprentif qui a créé la Marine d'un grand Empire. Cet apprentif fut le Czar Pierre en 1697 ; j'ai vu le mauvais lit où il couchait, & la petite table sur laquelle il buvait de la bière avec le bon Pitre son Maître. Si, avant lui, on eût peint un Empereur la hache à la main, on aurait eu bien de la peine à deviner ce symbole. La veuve du bon Pitre, à présent âgée de quatre-vingts ans, vit à trois lieues de Sardam ; c'est sa fille qui occupe la maison.

Quand on parle des Nord-Hollandais, on imagine un peuple à peine civilisé : c'est une erreur. Avec des mœurs très-simples, ils ont les arts & les commodités de la vie ; à-peu-près comme dans la Hollande, les femmes y sont fort blanches, avec des traits piquans, & une taille assez légère. La couleur dominante des cheveux c'est le blond, ou le châtain-clair, qui se marient avec de grands yeux bleus. Si la fraîcheur du teint, si la fleur de la santé indiquent la bonté du lait ; c'est-là où l'on devrait chercher des nourrices ; aussi les enfans y ont-ils l'air de petits Amours champêtres. Toute la Hollande est couverte de troupeaux ; mais la Nord-Hollande en fourmille ; &,

comme elle a moins de commerce que la Hollande, elle est plus l'image de la vie pastorale. Tous les canaux qui traversent la Nord-Hollande, sont bordés de maisons à petite distance. Par exemple, de Horn à Enchuysen, étendue de trois lieues ; c'est une espèce de village continu, où chaque habitant a son potager & sa part de prairie ; il semble voir l'exécution de la loi agraire que le peuple Romain demandait à si grands cris.

Revenu à Amsterdam, j'ai donné mon tems à des instructions générales sur le commerce de la Hollande, dont voici quelques points capitaux. Cette République a plusieurs avantages dans la rivalité du commerce. Il est démontré, dans le commerce, que la Nation qui a le plus d'argent, fait les plus grands profits. La Hollande est cette nation : elle prête aux autres, & n'emprunte rien. Le mot de dette nationale ne se prononce pas dans ses finances. Livrée au commerce d'économie, elle achète le luxe d'une nation pour le porter à une autre, sans en garder pour elle, n'en voulant que le profit ; c'est bien un commerce d'économie en tout sens. Elle emploie beaucoup de vaisseaux, & le moins d'hommes qu'il est possible. D'ailleurs, point d'Etat dans l'Europe où l'intérêt de l'argent soit aussi modique : un Négociant qui peut emprunter à trois, & même à deux & demi pour cent, a bien de l'avantage sur celui qui ne peut emprunter qu'à cinq & à six ; mais la Hollande ne se contente pas de voiturer d'un pole à l'autre les denrées & les marchandises de l'Univers, elle trafique aussi de l'esprit des Nations. Sa Librairie forme une branche de commerce très-florissante, & plus certaines Nations gênent la presse, plus elle se réjouit. Enfin on sait que la Nation qui règle le change, est celle qui a le plus d'argent ; & que les profits répondent à la grandeur des capitaux. Tel est l'état du commerce en Hollande.

Je ne m'attendais pas à rencontrer dans cette Ville un personnage célèbre, qui a lutté, pendant deux campagnes, contre les forces de la France. Il attirait la curiosité publique. L'auberge où il était logé ne désemplissait pas ; & la foule était dans la rue. *Paoli* n'a ni la taille, ni l'air héroïque : il n'a pas même l'air Italien. Sans être grand, il a les épaules assez larges, le teint fort blanc, des cheveux blonds, une physionomie douce & modeste. Il a été flatté du propos d'un matelot qui avait passé vingt-quatre heures, jour & nuit, dans la rue, pour le voir & lui parler; ce qu'on lui procura enfin. Le Général lui faisant une espèce d'excuse d'avoir exercé sa patience, il répondit: je suis content, puisque j'ai vu un homme qui a voulu rendre les Corses aussi libres que moi. La Ville ne lui a fait aucun honneur public: mais tous les principaux l'ont fêté. C'est ainsi que le Prince Stathouder en a usé lui-même dans sa Cour à Loo.

Harlem. D'Amsterdam un beau canal m'a porté à Harlem, toujours au milieu des maisons de plaisance, ou des habitations rustiques, qui ont aussi de quoi rejouir les yeux. Harlem est une Ville du second rang, très-renommée par la beauté de ses toiles. Si on doit ajouter foi à une inscription gravée sur la maison où naquit un Bourgeois de cette Ville, *Laurent Coster*, sans cet Artiste célèbre les Sciences auraient manqué du plus grand moyen qu'elles ont pour se conserver & se répandre. Voici l'inscription traduite en français.

POUR L'ÉTERNEL SOUVENIR.

L'ART DE L'IMPRIMERIE, CONSERVATRICE DE TOUS LES ARTS, A ÉTÉ INVENTÉE ICI POUR LA PREMIERE FOIS.

On montre à l'Hôtel-de-Ville le premier Livre imprimé. Il est intitulé: *Speculum humanæ Salvationis*. Si l'Allemagne dispute cette gloire, voici peut-être le mot de l'énigme. Coster aura trouvé les premiers caractères fixes, *Guttemberg* & *Faust* les auront détachés, pour leur donner la mobilité; & enfin *Schoeffer* aura substitué des caractères de fonte à ceux de bois. Telle est la marche ordinaire des Arts.

La mer de Harlem n'est autre chose qu'un Golphe, qui était, il y a trois siècles, un terrein cultivé, où l'on voyait plusieurs Villages. Ces changemens récens de terre en eau, & d'eau en terre, font conjecturer que dans les siècles où l'on n'écrivait rien, il s'en est fait beaucoup d'autres, & qu'il s'en fera encore.

Mon projet était de me rendre le lendemain à la Haye; mais M. Van Marsélis, Echevin d'Amsterdam & Banquier, envoyé autrefois à Versailles pour un traité de Commerce, m'a retenu pendant quelques jours dans sa campagne à Nordrik. Quand il s'agit des Villages de la Hollande, il faut toujours supposer qu'ils ont l'air Ville, tant par leur étendue, que par la beauté des rues. J'ai remarqué dans la famille de l'honnête Echevin, ainsi que dans plusieurs autres, que les jeunes demoiselles en Hollande ôsent avoir des yeux & une langue. Elles figurent dans la conversation avec des manières simples, qui se ressentent d'une liberté décente. Il y a plus : une épouse, ne perdant jamais de vue l'engagement sacré qu'elle a pris, montrera toujours plus de retenue & de sévérité qu'une vierge.

On remarque dans ce canton qui touche les dunes, terrein sablonneux, une grande quantité de jardins botaniques. L'industrie tire du sable de quoi s'enrichir, en fournissant la Pharmacie. Un autre avantage pour ce canton ; c'est que l'eau n'est pas saumâtre, comme ailleurs, où la hauteur de la mer corrompt les eaux. On a trouvé le secret de faire croître sur les dunes certaines herbes qui ressemblent à des joncs, & qui empêchent que le vent, par son action continuelle, n'emporte à la fin les dunes qui servent de digues à la mer, & qui abondent en lapins exquis.

De Nordtik je me suis rendu à la Haye le 20 Septembre. La Haye est effectivement, comme on le dit, le plus grand & le plus beau Village de l'Europe, par son étendue, par sa population d'environ trente-mille âmes, par la beauté de ses canaux, de ses rues, de ses hôtels & de ses places. C'est la résidence des Etats-Généraux, des Ambassadeurs & du Stathouder. C'est le centre du Gouvernement. Ce Village sans murailles, plus décoré qu'une Ville, n'en a cependant pas le rang ; & il est sans voix aux Etats.

La Haye.

Parmi plusieurs places remarquables on distingue le *Pleyn* ; c'est un vaste quarré, orné de belles maisons. C'est-là où se fait la parade ; on y entend chaque jour une musique flatteuse, plutôt qu'une marche militaire ; outre deux Régimens de garnison habituelle, infanterie & cavalerie, le Stathouder a ses Gardes-du-Corps. On imagine bien que, dans un Etat fondé sur le commerce, on n'exige pas des preuves de noblesse, pour entrer dans cette troupe distinguée.

Le Palais du Stathouder n'a rien de remarquable pour l'architecture ni la symmétrie : édifice de briques ; les appartemens sont commodes, sans magnificence : les États-Généraux s'y assemblent, chaque Province y a une Salle ; &, quoique le Stathouder n'ait point de voix dans les États, il a pourtant sa place marquée dans toutes les Salles ; c'est un fauteuil distingué & élevé, où il paraît présider, par honneur de représentation ; mais il a d'ailleurs de grandes prérogatives ; il est le conservateur des loix & des résolutions, le maître & le distributeur de tous les emplois militaires, sur mer & sur terre ; car il est tout à la fois Grand-Amiral & Capitaine-Général des armées de terre : cependant il ne peut faire ni la paix ni la guerre, ni ordonner un denier d'impôt, & les Ambassadeurs ne le connaissent pas. La Noblesse lui est fort attachée, comme à la source des graces. Cette Noblesse est sortie du gouvernement Espagnol, avant la révolution : on n'y en fait point de nouvelle, ni par charge ni par argent : c'est principalement à la Haye qu'elle s'est rassemblée ; de-là cette Ville est beaucoup moins marchande que le reste de la Hollande.

Il y a dans le Palais du Stathouder un

Cabinet d'Histoire naturelle fort riche; on y apporte les contributions de tous les pays. J'y ai vu un serpent à sonnette, vivant, long de six pieds: on l'a irrité, & la sonnette s'est fait entendre sans discontinuer: elle est placée à l'extrémité de la queue, de la forme & de la couleur d'une pomme de pin desséchée; son venin est si exalté que l'animal qu'il pique meurt en trois minutes. Il y avait trois semaines qu'un navigateur l'avait apporté de l'Amérique septentrionale; on lui donnait pour toute nourriture quelques oiseaux, souris ou grenouilles, dont j'ai vu les cadavres entiers dans sa cage; s'il s'en nourrit, ce ne peut être qu'en suçant leur sang.

La Salle de la Comédie ne vaut pas celle d'Amsterdam: c'est Comédie Française, &, si habituellement elle n'est pas mieux jouée que ce que j'ai vu, les Acteurs ne doivent pas s'enrichir. Au reste, comme l'extérieur de la Religion est plus sévère en Hollande que dans la Catholicité, il y a quatre fois par an relâche au théâtre pour quinze jours, à cause de la Cène; & durant ces quatre quinzaines tout amusement cesse, jusqu'aux coteries. Je dis coteries, car en

Hollande il n'y a point de ces conversations ouvertes, si favorables aux étrangers, comme en Italie & à Londres: mais sans voir autant de monde dans les coteries, on peut s'y amuser. Un voyageur qui tomberoit dans une des quinzaines religieuses, serait réduit à une espèce de retraite.

J'aurais été bien fâché de quitter la Haye, sans en avoir vu tout le brillant. A mon arrivée le Prince Stathouder & sa Cour étaient à Loo, maison de chasse & de plaisance, dans la Province de Gueldre. En attendant son retour, je m'étais procuré des entrées en différentes maisons où je passais des heures fort agréables, & sur-tout dans celle de notre Ambassadeur (a), où l'on trouve tout à la fois la politesse, la bonté & la magnificence. Quand je voulais m'instruire sur le gouvernement & les mœurs, j'allais trouver M. de Larrey, Secrétaire & Conseiller Intime du Prince, & bien digne de sa place. Quand je voulais parler science, je m'adressais à son Bibliothé-

---

(a) M. le Baron de Breteuil, aujourd'hui Ambassadeur à Vienne.

caire, M. de Joncourt, homme fort honnête & fort instruit : c'est un Français réfugié qui a cherché une autre patrie, & il l'a trouvée. La Bibliothèque dont il a la direction, n'est meublée que de livres choisis, & on l'augmente sans cesse.

Enfin le retour du Prince & de la Princesse a ramené le mouvement & les plaisirs publics. J'ai eu l'honneur de leur être présenté. Le Prince est d'une taille moyenne, avec un air martial. La Princesse est grande, bien faite, avec une physionomie douce, & un sourire gracieux. L'une & l'autre ont une empreinte de bonté sur le visage. Quoique le Stathouder ne soit pas Prince Souverain, il est d'usage à la Haye, en parlant de son Palais, de dire, *la Cour*, & on nomme Cercles les assemblées qui s'y tiennent deux fois la semaine. J'ai assisté à une ; elle était nombreuse, & ornée en hommes & en femmes. Le Prince & la Princesse ont d'abord parcouru tous les rangs, en disant un mot de politesse à tout le monde ; le jeu a rempli le reste du tems. La Cour donne aussi des bals parés, point de masqués. Il n'y en a pas même dans la Salle du Spectacle.

Les masques ne fourniraient pas assez pour les frais.

On remarque à la Haye des mœurs plus polies, des habillemens plus recherchés, des tables mieux servies, des voitures plus élegantes; & en général tout ce que nous appellons le bon ton y a beaucoup plus fructifié, que dans le reste de la Hollande; cela doit s'attribuer à la résidence du Stathouder, des Ambassadeurs & de la Noblesse; mais les sages Hollandais ne regrettent point tous ces avantages.

En parcourant la Ville, quand je me suis trouvé sur la place où l'infortuné *Barnevelt*, Grand-Pensionnaire, après avoir servi quarante ans sa République, eut la tête tranchée pour sa récompense, je n'ai pu m'empêcher de réfléchir tristement sur les dangers des querelles religieuses dont la politique se sert tôt ou tard, pour verser le sang qui lui nuit : &, lorsque ce ressort lui manque, elle sçait en remuer d'autres. Dans les rues que je suivais, les deux frères de *Wit* revinrent à ma mémoire. Je les voyais traînés, massacrés par une populace furieuse qui déchirait les protecteurs.

Un monument de reconnaissance patriotique,

triotique, dans la grande Eglise Hollandaise, m'a tiré de ces tristes réflexions; c'est le tombeau de l'Amiral de Vassenaer, Baron d'Opdam, qui périt dans un combat naval contre les Anglais. Son vaisseau sauta en l'air. Les bas-reliefs en marbre, comme tout le monument, racontent le fait. Quant à l'Eglise, elle n'a rien de distingué: les Juifs Allemands & Portugais ont disputé à qui aurait la plus belle Synagogue. Les Portugais sont plus riches & plus considérés que les Allemands; & cela est ainsi dans les sept Provinces.

Les dehors de la Haye sont d'un agrément fort varié. En sortant par la porte orientale, on entre dans un bois touffu, & percé de routes tortueuses. On y voit un château du Stathouder, qu'on nomme la Maison-du-Bois: l'architecture en est fort simple: les dedans ont de quoi plaire: beaux appartemens, sur-tout la salle d'Orange, exécutée par les ordres de la veuve du Prince Frédéric-Henri, troisième Stathouder. On voit sur les murs les hauts faits de Frédéric, peints par Jordan, Artiste Flamand. Il y a d'autres tableaux; Vulcain & les Cyclopes, par exemple. Ce morceau est du moins de l'Ecole de Rubens, & presque digne de lui. La Ménagerie est peuplée de beaucoup d'animaux rares : des Chevreuils de Surinam, excellens sauteurs ; chaque saut les avance de douze à quinze pieds ; ils vôlent : un petit Cerf du Gange, haut d'un pied & demi, avec deux petites dagues, sans andouillets : l'Oiseau couronné de Banda, portant sur la tête une aigrette couleur de feu, & le corps ardoise, de la grosseur d'une Oie : une Civette : un Oiseau de proie, qu'on appelle le Roi de Vouvons ; il est de la grandeur de l'Aigle, mais plus mince : deux Pélicans, mâle & femelle : la femelle est beaucoup plus petite ; le mâle en est fort jaloux : car il s'élance sur quiconque veut en approcher.

Une belle route, bordée de quatre rangées d'arbres, mène de la Haye à Scheveling, joli Village à la distance de trois milles, sur la mer du nord. La route perce les dunes. Ce Village n'est peuplé que de Pêcheurs. On y fait quantité de parties de plaisir, pour manger du poisson. On ne voit sur cette plage que des bateaux de Pêcheurs, point de bâtimens de commerce. La mer y est fort orageuse. Des Pêcheurs venaient d'en tirer un arbre qui présente un phénomène peu connu dans l'Histoire Naturelle.

A cet arbre sont attachés des milliers de gros vers, longs d'un pied & plus, diamètre de six lignes, transparens comme du cryftal un peu terne. Ils tiennent par la queue à l'arbre, & la tête est enfoncée dans une coquille bivalve, avec deux fentes vers la sommité. Quand le ver ouvre sa coquille, il en fait sortir une antenne frangée & frisée, qui s'allonge & se roule alternativement. Il y a apparence que dans la mer il prend sa nourriture par-là. Peut-être aussi en tire-t-il de l'arbre auquel il adhère par la queue; car celui que j'en ai détaché pour l'apporter à la Haye, a commencé à noircir & se gangrener trois ou quatre heures après. Cette mort a débuté du côté de la tête. Les milliers que j'ai laissé collés à l'arbre, étaient encore pleins de vie, quoique pêchés depuis quinze jours & plus.

A moitié chemin de Scheveling est une maison de campagne, remarquable par ses jardins dans le goût anglais. Elle appartient au Comte de Bentink, fils de Milord Portland, favori du Roi Guillaume III. Il m'a paru qu'il se piquait de faire les honneurs de la Ville aux Etrangers. Son fils, Capitaine de haut-bord en Angleterre, a inventé ou perfectionné une machine qui étonne par la quantité de force. Je l'ai vue en action sur un arbre de haute-futaie, & le déraciner prestement. L'Inventeur m'a dit qu'il se flattait de pouvoir, avec cette même force, tirer un vaisseau chargé du fond de la mer.

J'ai fait une promenade à un autre Village, *Loosduyn*, où j'ai vu l'authenticité d'un prodige dans un autre genre. On lit dans l'Eglise Paroissiale une ancienne inscription très-longue, & très-détaillée, qui prouve que de tout tems les sots ont aimé le merveilleux. L'inscription historique raconte l'accouchement monstrueux d'une Comtesse de Hollande, qui mit au monde 365 enfans, par punition divine. Et comment douter, puisqu'on vous montre les deux bassins de cuivre, où furent arrangés ces petits embryons pour recevoir le Baptême ?

Ryswic, simple Village dans ces environs, n'est devenu célèbre que par le Traité de Paix qui s'y fit entre la France & les Provinces-Unies en 1697.

En voyageant, on a toujours quelque

voyage imprimé pour guide. Ces guides vous indiquent assez bien les monumens permanens. Il n'en est pas de même des objets transitoires de curiosité, qui n'existaient pas au tems du Voyageur qui a écrit; &, pour surcroît, il arrive souvent que les gens de la Ville ne vous instruisent pas assez. C'est ce qui m'était arrivé dans mon séjour à Rotterdam.

On ne m'avait point parlé d'un cabinet qui a beaucoup de célébrité : magasin de Porcelaines les plus belles, les plus grandes & les plus rares, des Laques très-recherchés, des Verres gravés avec une singulière délicatesse, des Coquilles de toute espèce, l'Histoire de Louis XIV en médailles, des Gravures magnifiques, des dessins originaux des grands Maîtres, & une ample collection de Tableaux, tous de l'Ecole Flamande & Hollandaise. L'homme de goût qui possède ces trésors, qu'on estime six-cent-mille florins, est un Marchand de fil, qui en vend encore pour deux sols. Sa maison, trop petite pour exposer tant de raretés, lui en fait louer une autre; encore est-il obligé d'entasser ce qu'il garde dans la sienne. Prenant congé de la Haye, je n'ai pas regretté mon second voyage à Rotterdam ; & d'ailleurs j'ai eu encore du plaisir à revoir la statue d'*Erasme*, l'un des premiers qui a tiré notre Littérature des ruines où elle était.

Delft. De Rotterdam j'ai passé à Delft, Ville qu'on admirerait, si elle n'était pas dans le pays des belles Villes. L'Eglise-Neuve renferme le tombeau de Guillaume I, le Fondateur de la République & le Père de la Patrie. Il n'y avait que le fanatisme qui pût assassiner un tel homme. Le monument qu'on lui a élevé est de marbre blanc. Quatre Vertus en bronze, la Foi, la Justice, la Patience & la Liberté, ornent les quatre coins du sarcophage, sur lequel est couchée la statue de Guillaume en marbre. A ses pieds est l'effigie de son chien qui, dit-on, regrettant son maître, refusa toute nourriture, & mourut peu de jours après. Sur le devant du mausolée est une autre effigie en bronze du même Prince représenté assis. Les gens de goût demanderont sans doute : pourquoi deux effigies ?

Dans un autre Temple est un monument à l'honneur du fameux Amiral *Tramp*, qui cessa de vivre & de vaincre en 1655. Il est couché sur un gouvernail de navire, & sa tête repose sur un canon au milieu des trophées de toute espèce.

Dans le même Temple, le mausolée de Pierre *Hein*, fils d'un Pêcheur, d'abord Mousse, & parvenu par degrés à la place d'Amiral. Il fut tué à la tête de la flotte qu'il commandait, au moment même qu'il remportait une victoire sur les Espagnols. Les Etats firent une députation à sa mère pour la complimenter sur la mort de son fils. Cette bonne femme n'était point sortie de sa première condition. *Je l'avais bien prévu*, répondit-elle aux Députés, *que Pierre périrait comme un misérable qu'il était: il aimait trop à courir, il n'a que ce qu'il mérite.*

Enfin dans ce même Temple un marbre en relief, qui représente la tête de *Leuvenhoek*, si célèbre par ses expériences physiques & ses découvertes.

Le savant *Grotius*, né aussi à Delft, méritait bien sans doute les honneurs d'un monument. Mais, par une fatalité assez commune aux génies supérieurs, persécuté dans son pays, il vécut & mourut expatrié, en remplissant l'Europe de son nom.

Delft a une branche de commerce fort considérable; c'est une manufacture de fayence qui approche de la porcelaine.

On fait que les cicognes ont un droit d'hofpitalité dans toute la Hollande. On ferait mal venu à en tuer une... Elles y font comme facrées, fans que cela tienne à la fuperftition; mais probablement à l'utilité dont elles font, en détruifant, pour fe nourrir, les ferpens & les infectes qui défolent les jardins. Elles font leurs nids fur les toits des maifons. Les Naturaliftes qui affûrent que ces oifeaux vivent toujours en famille, avec une réciprocité durable d'affection & de fervices, croiront fans peine ce qu'on m'a raconté à Delft. Au milieu d'un grand incendie, dans la faifon de la reproduction, les pères & les mères cicognes couvraient leurs petits de leurs ailes, pour en écarter les étincelles. On en vit même aller chercher de l'eau pour la dégorger dans le nid. Il y en eut enfin qui fe laiffèrent brûler avec leurs enfans.

Leyde. On va en trois heures de Delft à Leyde; c'est, après Amfterdam, la plus grande Ville & la plus peuplée de la Hollande; on y compte foixante-mille habitans; elle a beaucoup de rues auffi frappantes par la longueur que par la propreté ; plusieurs sont plantées d'arbres; un bras du Rhin, qui conserve encore son nom, traverse la Ville, en fournissant plusieurs canaux qui la partagent en cinquante isles, & va se perdre à une lieue dans les sables de Catvick ; ce n'est plus qu'un ruisseau, lorsqu'il entre dans l'océan. Les égoûts souterrains de Leyde sont plus utiles que de beaux monumens qu'on vante tant : un de ces égoûts, long d'un quart de lieue, sous la plus belle rue, reçoit des bateaux pour le nettoyer.

La fabrique des draps surpasse toutes celles de la Hollande ; on en porte une grande quantité dans le Levant. Son Imprimerie n'est plus aussi renommée qu'au tems des Elzevirs ; mais tout le monde sçavant connaît la réputation de son Académie ou Université. Les Scaliger, les Saumaise, les Hensius, les s'gravesende, les Boerrhaave, & tant d'autres d'un mérite si distingué, y ont donné des leçons.

J'avais une lettre pour M. Allamand, Professeur en Physique expérimentale, & en Histoire naturelle. Je l'ai surpris au milieu d'une leçon, dans le cabinet même destiné à l'Histoire naturelle. La leçon finie, il m'a montré les richesses du cabinet.

Il y en a de tous les genres, assez pour instruire, sans néanmoins que la collection soit aussi considérable qu'en d'autres Villes de l'Europe; j'y ai vu un animal empaillé d'une forme singulière, & d'une taille prodigieuse; il naît en Afrique; c'est le Camélo-Panthère, ou Girasse; sa peau est mouchetée; les jambes, le cou & la tête sont fort grêles; il tient du chameau; la tête, qui ressemble à celle du cerf, s'élève à la hauteur de vingt-deux pieds: il vit plus de feuilles que d'herbes, & il atteint à la cime des arbres; il a servi de spectacle & d'ornement de triomphe dans l'ancienne Rome.

On y montre aussi un Hippopotame, cheval aquatique, animal amphibie, fort commun dans les grands fleuves de l'Afrique, plus gros que le Rhinoceros; ses jambes courtes & grosses portent un corps d'un volume énorme: il a deux défenses de la longueur d'un pied ou peu s'en faut: tantôt il habite le fond des eaux, & se nourrit de poissons; tantôt il vient paître l'herbe & les légumes:

s'il est attaqué dans l'eau par une chaloupe, il vient aussi-tôt à l'abordage, & se bat jusqu'à la mort.

Le Cabinet d'antiquités n'offre pas de l'excellent, point d'ouvrage Grec.

Celui d'Anatomie, formé par le Professeur Albino, n'a rien de curieux pour les yeux ordinaires ; mais un sçavant Anatomiste y serait en admiration : ce sont toutes les parties du corps humain, vues intérieurement & injectées dans des bocaux.

Le Jardin des plantes & un Observatoire se joignent aux autres Facultés. Ce vaste édifice, formé d'un Couvent de Religieuses, & de plusieurs maisons qu'on y a réunies, n'est rien quant à l'Architecture, la symmétrie & l'ensemble; mais il est beaucoup pour les connaissances humaines. Toute la science dans cette Université ne prétend s'appuyer que sur l'expérience. Point d'hypothèses, point de systèmes, & les Professeurs disent qu'ils n'ont que la foi des yeux, au lieu des yeux de la foi.

L'esprit Hollandais est si tolérant, si pacifique, que la Ville consentirait peut-être, sans beaucoup de peine, à l'établissement d'une chaire Catholique de

Théologie, pour conserver des Ecoliers, qui, après s'être instruits à Leyde dans les autres Sciences, vont étudier la Doctrine Catholique à Louvain.

Leyde ne m'a point paru assez reconnaissante pour les Sçavans qui l'ont illustrée. Je n'ai vu qu'un seul monument consacré à Boerrhaave; c'est une urne de marbre, de forme antique, avec une inscription vraiment lapidaire par sa simplicité. La Hollande, comme tant d'autres pays, devrait se mouler sur l'Italie, pour conserver la mémoire de ceux qui ont conservé & perfectionné les Sciences.

Les Tailleurs de Leyde tirent une sorte de gloire d'avoir eu dans leur Communauté le trop fameux Jean de Leyde. On montre encore l'établi de ce Patriarche des Anabaptistes, qui se fit couronner Roi à Munster, pour périr ensuite dans les supplices.

Utrecht. De Leyde je me suis rendu à Utrecht, distance de six lieues; c'est une Ville de trente-mille ames; ses canaux viennent du Rhin. Si elle n'égale pas les autres Villes de Hollande par les agrémens du dedans, les dehors en sont charmans:

c'eſt un mélange de jardins potagers, de pépinières, de maiſons de campagne, & de promenades plantées : le mail, jeu d'exercice & d'adreſſe très-bon à conſerver, eſt un des plus longs & des plus beaux qui exiſtent. Il s'étend entre pluſieurs rangées d'arbres, & de jolies maiſons qui ont vue deſſus. Cet amas de jardins, de boſquets, de maiſons ſans prétention, forme un champêtre délicieux qui règne à une lieue de profondeur tout autour de la Ville. On dit qu'au printems la Muſique des Roſſignols y eſt d'un grand effet.

Utrecht eſt la rivale de Leyde, dans la carrière des Sciences. On enſeigne, dans ſon Académie, tout ce qui peut former le raiſonnement & le goût. Pour le Latin il faut l'apporter des Ecoles ; en ſorte que les plus jeunes diſciples de l'Académie ont environ ſeize ans. Ils ne ſont point gênés pour l'aſſiduité aux Leçons. On les pique d'honneur, en leur laiſſant toute la liberté des hommes faits, & s'ils font quelque choſe contre les Loix ou la Société, ils n'ont d'autres Juges que leur Profeſſeurs mêmes. Ordinairement leur cours d'étude eſt de cinq à ſix ans. On voit par-là que l'éducation, que l'on regarde ailleurs comme finie à seize ans, ne fait que commencer en Hollande.

On montre, dans une Salle de cette Académie, le Temple de Salomon ; modèle en relief & fort en grand, exécuté par un Professeur très-versé dans l'Hébreu, & les antiquités judaïques. Les Juifs, en le voyant, s'attendrissent jusqu'aux larmes, & s'enflamment sur la reconstruction de Jérusalem.

Le Professeur qui avait la politesse de m'ouvrir toutes les portes, enseigne les Mathématiques ; son Observatoire est bien médiocre pour le bâtiment & même pour les instrumens. Il est aussi Professeur de Physique.

Utrecht fut au pouvoir de Louis XIV, dans la guerre de 1672. Lorsqu'il y fit son entrée, le Cardinal de Bouillon, Grand-Aumônier de France, fit la cérémonie de purifier & rebénir la grande Eglise, où il chanta la Messe & le *Te Deum* : mais, quatre mois après, la France ayant perdu cette conquête, les Ministres de la Religion Protestante purifièrent & rebénirent à leur tour. Prendre & rendre ; voilà souvent à quoi aboutissent les guerres les mieux conduites ; ce qui en reste, c'est la désolation.

Nos Janſéniſtes réfugiés ont trouvé un aſyle dans cette Ville. J'ai vu officier leur Archevêque, avec la plus grande ſimplicité ; ſans ſa Croix, j'aurais cru voir un Curé de Village en fonction ; ſon Archevêché, qui eſt fondé ſur les charités du troupeau, n'excède pas deux-mille florins. Il a deux ſuffragans dans la Hollande, celui de Harlem & celui de Déventer. Lorſqu'un des trois vient à mourir, les deux qui reſtent conſacrent le ſucceſſeur, après qu'il a été élu par les Notables du troupeau, ainſi que cela ſe pratiquait anciennement. Au reſte le troupeau diminue de jour en jour.

Les Etats de la Province s'aſſemblent à l'Hôtel-de-Ville, édifice plus remarquable par ſa grandeur que par ſa beauté. C'eſt-là où ſe tint, en 1713, le célèbre Congrès qui termina la guerre occaſionnée par la ſucceſſion au Royaume d'Eſpagne. L'Europe était étonnée de voir la Hollande jouer le premier rôle dans cette négociation.

Dans le tems qu'Utrecht appartenait à Charles-Quint avec la totalité des Pays-Bas, elle eut la gloire de voir élever un de ſes enfans de la pouſſière où il était né, ſur le thrône Pontifical ;

c'était Adrien VI. Son caractère d'austérité & de réforme le rendit odieux aux Romains qui, à sa mort, écrivirent sur la porte de son Medécin, *au Libérateur de la Patrie*.

On voit, à deux lieues d'Utrecht, une Secte qui a été fort peu éprouvée par la persécution, & qui, par cette raison même, s'est fort peu multipliée : c'est celle des Herrenhouters, autrement des Frères Moraves, branche des Hussites. L'an 1457 fut l'époque où cette Eglise commença à être visible ; on les appelait encore Frères de l'Unité. Le Comte de Zinzendorf donna un asyle aux Frères sur ses terres. Ce Comte est leur vrai Restaurateur, & il reçut de cette Eglise la consécration Episcopale à leur manière ; ils ne subsistent que par les métiers. On loue extrêmement leurs mœurs. Tous les Célibataires des deux sexes vivent en commun dans des quartiers séparés, en s'occupant des Arts, & on prend sur leur gain de quoi les nourrir & les vétir. Les mariés vivent dans leur ménage comme ailleurs. Ils ont la confiance du public dans le débit de leurs ouvrages ; ce n'est pas qu'ils vendent à meilleur marché ; mais c'est que leurs ouvrages sont bien conditionnés. Le prix s'y attache, rien à rabattre. La Colonie de ces bonnes gens est de trois ou quatre-cents. On voudrait qu'elle fût plus nombreuse, tant on en est content. Dans leurs mœurs & leurs opinions ils sont un peu Quakers. Toujours occupés, sans craindre la misère ; jamais agités des passions tumultueuses, ne sont-ils pas à-peu-près aussi heureux que l'Humanité le comporte ?

Laissant Utrecht, j'ai pris la route de Boleduc, ou Bois-le-Duc, d'abord par un canal, comptant ensuite sur le vent, pour m'y porter par la Meuse ; mais le vent se trouvant contraire, j'ai pris une voiture de terre qui s'est arrêtée tout court au soleil couchant, sans que je pusse en deviner la cause. J'étais encore à une lieue & demie de Boleduc. Le cocher restait les bras croisés, & moi de l'exhorter à marcher dans une langue qu'il n'entendait pas, & lui n'en était que plus immobile ; heureusement un passant qui entendait ce débat, & quelques mots de Français, m'a tiré de cet embarras, en me faisant comprendre qu'il y avait une inondation de la Meuse d'une lieue & demie entre la Ville & moi, inondation dont la vue m'était dérobée par des arbres.

Il a fallu quitter ma voiture pour voguer sur des bas-fonds, à travers les roseaux & l'obscurité. Je ne sais si Ulysse s'ennuya plus en courant les mers ; je croyais n'arriver jamais ; nous avons tenté dix abordages, avant que d'en trouver un praticable.

Boleduc. Un bon gîte à Boleduc m'a consolé. Cette Ville au confluent de deux rivières, est regardée comme la meilleure place de la Hollande : on n'a rien oublié pour la fortifier : ses ouvrages avancés éloignent beaucoup l'ennemi du corps de la place ; mais ce qui fait sa principale force, c'est qu'elle peut en tout tems s'inonder à une lieue à la ronde.

On s'apperçoit à Boleduc qu'on commence à quitter la Hollande ; les rues, les maisons n'y réjouissent plus les yeux ; la propreté y dégénere ; la porcelaine ne se montre plus dans les Auberges. D'ailleurs rien de remarquable dans cette Ville, que je n'ai fait que saluer en passant.

De-là, pour me rendre à Maeseck en deux journées, je suis entré dans la Principauté de Liége, à quelques lieues de Boleduc ; c'est voyager à travers une immensité de bruyères ; aussi, sauf quelques villages qui sont sur la route, on ne voit ni hameaux, ni troupeaux, excepté quelques moutons. Le gibier y est fort bon ; c'est dans cette traversée que la misère a commencé à se remontrer à mes yeux, d'une manière d'autant plus frappante, qu'elle contraste brusquement avec le riant spectacle de la Hollande.

Maeseck, dans le pays de Liége, sur la rive gauche de la Meuse, n'offre rien d'intéressant que sa situation.

A deux lieues de Maeseck est une Abbaye de Chanoinesses, de la plus haute Noblesse. L'Abbesse, qui n'y réside pas, est une Princesse Palatine : il y a neuf Prébendes, & dans la même Eglise un Chapitre de Chanoines. Les deux chœurs occupent les deux extrémités de la nef. J'ai cru d'abord que les Chanoinesses, qui sont presqu'autant de Princesses, & qui jouent le premier rôle, avaient une jurisdiction sur les Chanoines, à qui on ne demande point de preuves de noblesse. C'est ainsi que l'Abbesse de Fontevraux, selon la fondation du Bienheureux Robert d'Arbrisel, domine les Religieux du même Ordre. Ce n'est pas de même ici. Les Chanoinesses

& les Chanoines sont indépendans les uns des autres, pour ne dépendre que du Pape, quant au spirituel ; car l'Abbesse est Souveraine temporelle. L'Abbaye, & le bourg qui y tient, portent le nom de *Thorn*.

J'y suis arrivé dans un tems de réjouissance ; c'était la kermesse. J'y ai vu sur un théâtre moitié paysan, moitié bourgeois, théâtre de société, une *Esther* Flamande; apparemment on sçavait, par les recherches du costume du tems, qu'Assuérus aimait la table; car en trois actes consécutifs on a servi trois banquets royaux. Mais une chose y fait honneur à Assuérus, c'est que les trois mêmes pâtés qui avaient figuré au premier & au second festin, reparaissaient au troisième, & rien de plus : pas le moindre fruit, pas la moindre sucrerie pour la belle Esther; économie louable pour ne pas surcharger le peuple par la dépense de la Maison Royale, & pour modérer le luxe; c'est prêcher d'exemple.

On peut conjecturer aussi qu'Assuérus, mangeant beaucoup & souvent, avait un sommeil facile; car, toutes les fois que, la toile se levant, on le voyait sur son thrône, il fallait l'éveiller. Vraisemblablement c'était la mode du tems de règner en dormant ; quoi qu'il en soit, le superbe Aman a été pendu haut & court. Les bourreaux ont fait leur personnage à merveille, & le pendu aussi, car il agonisait le plus tristement du monde ; mais Mardochée a subitement égayé la scène, en dansant joyeusement avec deux Rabins, en présence du pendu. Les trois danseurs étaient affublés d'une longue jacquette noire. On croyoit voir trois sacs à charbon en cadence.

Je comptais ne donner que quelques heures à Thorn : mais les bontés de Madame la Princesse de Hesse m'y ont retenu quatre jours, après quoi je me suis tourné vers Maftricht.

Cette Ville que les Romains appelaient *Trajectum ad Mosam*, à cause de sa position sur la Meuse, comprise ensuite dans le Royaume d'Austrasie, fut partagée entre deux Maîtres, les Ducs de Brabant & les Evêques de Liége. Louis XIV la prit en 1673, mais elle fut cédée aux Hollandais par la paix de Nimègue : c'est une de leurs plus fortes places, & la clé de leur République sur la Meuse, quoiqu'elle soit éloignée du

Maftricht.

centre de la Hollande, & enclavée dans le pays Liégeois; ses rues, ses maisons, sa propreté se ressentent encore du goût hollandais.

Sa Maison de Ville est une des plus belles qu'il y ait dans tous les Pays-Bas; c'est un grand édifice, en carré long, construit de pierres bleues, à la moderne. On dirait que cette maison veut éclairer les citoyens, en même tems qu'elle les gouverne; car elle renferme une Bibliothèque publique.

On compte à Mastricht treize-mille habitans. Il semble que les Espagnols du tems passé étaient plus propres à détruire qu'à édifier; car, avant que la Ville fut tombée en leur puissance avec les Pays-Bas, le commerce y était florissant. Elle nourrissait dix-mille ouvriers dans la seule manufacture de draperie. Il faut des siècles pour rappeler le commerce.

On s'y chauffe de houille, charbon minéral, fort en usage dans toute la Hollande & le pays de Liége. Cette substance inflammable est un mélange de pierres, de terre, de bitume & de soufre, résultat des forêts de bois résineux que les révolutions arrivées sur notre globe, auront enfévelies dans la terre.

Comme les Etats - Généraux, & les Evêques de Liége font Co-feigneurs de la Ville, elle eft gouvernée par les deux Puiffances. La Régence eft compofée d'un Confeil mi-parti. Tous les Magiftrats, Bourgmeftres, Echevins, Baillis, & autres, font moitié Catholiques, moitié Proteftans. Les deux Religions y font publiquement & tranquilement exercées. La Proteftante n'avait que deux Pafteurs avant la révocation de l'Edit de Nantes. Il a fallu en augmenter le nombre depuis cette époque ; mais cet accroiffement du troupeau, qui paraît donner de la préponderance à la Religion Proteftante, n'a point altéré l'harmonie civile : tant il eft vrai que, fous un gouvernement bien organifé, on peut enfin vivre en paix, malgré la différence des principes religieux.

C'eft à Maftricht que j'ai fini mon tour de Hollande, pays qui pique fingulièrement la curiofité, parce qu'il ne reffemble point à ceux que l'on connaît, étant plus bas que la mer, qui le menace de toutes parts ; il faut qu'il lutte fans ceffe contre cet élément, par le moyen des digues, travaux immenfes qui fuffiraient pour illustrer une plus grande nation. La Hollande a mis & met autant de courage & de soin pour s'arracher aux fureurs de l'océan, qu'elle en mit, il y a deux siècles, à secouer le joug des Espagnols : c'est sur-tout contre la mer du nord, au fond de la Nord-Hollande, qu'il faut opposer les plus forts remparts. L'eau salée pénétrant toutes les terres, il ne faut pas s'attendre à boire de la bonne eau : elle a un goût plus ou moins saumâtre; les habitans sont peu affectés de cet inconvénient. Il est rare qu'ils la boivent pure; le thé, la bière & l'eau-de-vie dont ils font un usage continuel, ne leur laissent pas sentir le désagrément de l'eau.

Avoir contenu la mer, c'était déja beaucoup; mais avoir tourné à leur profit un élément qui devait les détruire, c'est le chef-d'œuvre de l'art & de la sagesse, & c'est ce qu'ils ont fait par les canaux innombrables dont ils ont traversé tout le pays d'une Ville à l'autre. Des barques partent d'heure en heure, & en certaines Villes de demi-heure en demi-heure ; barques fort commodes & fort propres, voiture peu coûteuse, soit pour les hommes, soit pour les marchandises;
mais

mais si le voyageur épargne du côté de la voiture, il faut qu'il répande dans les Auberges, pour les domestiques de louage, & pour les objets de curiosité.

Dans les endroits où l'on prend les barques, il y a une maison pour ce service. On y entre, si l'on veut, pour attendre le moment du départ. On y est toujours convié à boire de l'eau-de-vie. L'étranger qui ne s'en soucie pas, est tout étonné d'être obligé de la payer sans en avoir bu. Quant aux Auberges, il est un moyen de se soustraire au rançonnement; c'est de voyager tout simplement en marchand, & manger à table d'hôte; ce qui contribue même à donner plus de connaissance des mœurs & des usages. Je soupçonne que nos élégans Français ne goûteront pas cette mince figure; tant mieux pour la Hollande.

Revenons à elle. Tous les Arts utiles y sont poussés à une grande perfection: on apperçoit de tout côté des moulins à vent, tout autrement conditionnés que les nôtres, tant pour l'effet que pour l'élévation, la solidité, la beauté & la propreté. On en voit qui sont flanqués de deux pavillons agréablement construits: c'est où loge le maître du moulin. Comme les Hollandais ne sçauraient employer l'eau pour force mouvante, ils emploient le vent, & ils l'appliquent à tout, à moudre, à scier, à épuiser les eaux nuisibles, &c. On connaît, à leurs écluses, à leurs canaux, à leurs pompes, qu'ils sont très-habiles dans l'hydraulique.

Il est peu de peuples plus laborieux, & qui sçachent mieux se procurer ce que la Nature a refusé. Ils n'ont ni lin, ni chanvre, ni manufacture de toiles, & cependant ils font un grand commerce en toiles qu'ils tirent du Brabant, & qu'ils font blanchir chez eux, sur-tout à Harlem, où l'art de blanchir est porté à sa perfection. Ils n'ont point de blé, & ils approvisionnent ceux qui en ont, & ils mangent le pain à bon marché, relativement à l'aisance du peuple, & à l'abondance de l'argent. La livre vaut 4 sols de France. Ils n'ont point de vignes, & ils ont des vins de tous les pays, qui ne sont pas fort chers. Le vin le plus commun est celui de Bordeaux, qui se vend ordinairement 32 sols de France, la bouteille. Il se fait fort peu de Livres dans le pays, & la Librairie y est très-florissante.

Ce que la Nature leur a donné, ils en

tirent le meilleur parti possible ; point de nation qui entende mieux à faire profiter le bétail par les soins qu'il demande, la propreté entr'autres. Les étables à vaches sont plus propres que les chambres de nos paysans. On suspend la queue des vaches, crainte qu'elles ne se salissent, lorsqu'elles viennent à se vuider, & que l'ordure ne leur nuise. On les panse avec autant de soin que les chevaux. On leur jette une couverture sur le dos, même en plein air, pour les garantir des insectes & des injures de l'atmosphère. Les sceaux qui servent à les traire en pleine prairie, à certaines heures, sont tous enjolivés. Les jeunes ménagères qui sont ordinairement chargées de ce soin, sont aussi propres, aussi blanches que le lait qu'elles tirent. Tout cela fait spectacle, & donne envie de boire du lait, à ceux même qui ont l'habitude du vin. On veille également à ce qu'aucune malpropreté ne s'attache à la toison des moutons. Point d'impôt sur le sel, parce qu'il est d'absolue nécessité pour les hommes & les bestiaux.

En fait de jardinage, le Hollandais tire de la terre tout ce qu'on en peut tirer. Les légumes de toute espèce sont très-bons. Les melons même sont beaucoup meilleurs qu'on ne devrait l'espérer du climat. On est surpris de trouver le parfum de l'Ananas au fond de la Nord-Hollande. Les fleurs sont une branche de commerce, qui n'est pas comptée ailleurs. Le Hollandais étudie les goûts de toutes les nations, non pour les suivre, mais pour en faire son profit.

On dit par-tout qu'on ne voit point de pauvres en Hollande. Cela n'est pas vrai dans toute la rigueur. J'en ai vu quelques-uns dans les rues d'Amsterdam : mais ils y sont fort rares ; c'est-à-dire, qu'en courant la Ville, comme font les Voyageurs, on en aura vu deux ou trois dans toute la journée. Encore leur façon de demander n'est-elle pas importune. Elle est timide, sans la moindre instance. Cette rareté de pauvres doit s'attribuer à des causes plus efficaces que ne peut l'être la bonne police. Dans l'égalité républicaine, il n'y a point de ces grands Propriétaires qui possèdent tout, tandis que les autres n'ont rien. Les richesses sont partagées ; & il y a du travail pour tout le monde.

Au reste, si les Arts utiles y sont en honneur, il n'en est pas de même des Arts de luxe. Tout le luxe de la Hollande est en porcelaines, en marbres & en tapis. A peine l'apperçoit-on dans les habits, dans les voitures, dans la livrée, dans les meubles & dans les repas. Un plat de poisson, de la viande de boucherie, beaucoup de légumes, voilà ce qu'on voit le plus communément sur les meilleures tables. Mais on voit par-tout, non-seulement dans les Villes, mais dans les moindres Villages, quelque chose qui vaut beaucoup mieux que le luxe ; c'est le nécessaire abondant ; c'est la réunion des commodités. Point de chaumières, point de haillons, point de disette, point de fange dans les Villages ; tous sont pavés, propres & agréables.

Si le luxe doit percer en Hollande, c'est de la Haye qu'il s'y répandra ; de la Haye, où il y a un Prince, une Cour, de la Noblesse & des Ambassadeurs. Des gens bien instruits m'ont assuré que l'on compte déja dans les sept Provinces 25000 chevaux de carrosse, & 15000 domestiques, qui n'y étaient pas, il y a dix ans.

Les Catons de la Nation commencent à regretter ce tems (en 1608) où les Députés des Etats Généraux, allant à la Haye, sortaient d'un petit bateau, & faisaient sur l'herbe un repas de pain, de fromage & de bière, chacun portant soi-même ce qui lui était nécessaire. Les Ambassadeurs Espagnols qui allaient aussi à la Haye, pour négocier une Trève avec eux, & qui les apperçurent, frappés de telles mœurs, s'écrièrent : voilà une Nation qu'on ne pourra jamais vaincre, & avec qui il faut faire la paix. C'était le tems de sa gloire.

On a dû s'appercevoir, lorsque j'ai décrit ses Villes avec leurs places, & leurs rues plantées d'arbres, que les Hollandais mettent la campagne dans leurs Villes; ce qui donne quelque chose de plus que l'agrément, de la salubrité. Les enfans y peuvent jouer, courir & s'exercer à l'aise. Quant au Moral, si les enfans deviennent bons & honnêtes, ils en ont obligation à l'exemple des pères & mères, bien plus qu'à la sévérité de l'éducation. On ne sait ce que c'est que de les reprendre, encore moins de les châtier. Les parens semblent dire qu'ils les élèvent pour être heureux & libres.

Si les Hollandais pouvaient oublier le prix de la liberté, tous les monumens publics les en feraient souvenir. Les tableaux, les statues, les tombeaux, les inscriptions font l'éloge de ceux qui ont combattu pour elle. La monnoie même courante met la Liberté à côté de la Religion, avec cette légende: *hâc nitimur, hanc tuemur*. Nous nous appuyons sur celle ci, & nous défendons celle-là. Un Voyageur Philosophe qui chercherait un pays libre, & où personne ne souffre que les maux inséparables de l'humanité, doit voyager en Hollande.

Le pays de Liége se montre sous un aspect bien différent. Ce n'est plus cette multitude de beaux Villages, cette aisance, cette population nombreuse. Il n'y a pourtant point d'impôts sur les terres. Il n'y en a que sur les consommations: est-ce la cause du mal ? vaudrait-il mieux asseoir l'impôt sur les terres ? Grand problème politique à résoudre, intéressant pour tous les Peuples.

Liége, ancienne Ville, traversée par la Meuse, est assise dans une vallée, où coulent trois petites rivières qui, en arrosant de vastes prairies, unissent l'agréable à l'utile. Les montagnes qui environnent la vallée, offrent des points de vue fort variés.

On y compte dix grands Fauxbourgs

Liége.

& cent-mille habitans. Il n'y a ni places, ni fontaines, ni autres décorations dignes d'une grande Ville. On entrevoit pourtant, dans quelques édifices publics, un germe de goût pour le grand. Les Cariatides qui soutiennent la frise des secondes loges au Spectacle, sont d'une taille colossale. La salle de l'Hôtel-de-Ville a un air de majesté. On voit à la façade du Palais du Prince des colonnes d'ordre Ionique, très-hautes, & d'un grand diamètre, quoique d'un seul morceau. Cette façade est d'une bonne Architecture : c'est dommage qu'en pénétrant dans l'intérieur, on ne trouve que du vieux gothique, autour d'une vaste cour. Il y a deux quais aux deux extrémités de la Ville, qui donnent des promenades agréables.

La multitude des Monastères au nombre de quarante-six, & trente-deux Paroisses, sembleraient annoncer une Ville encore plus grande. La Cathédrale, édifice lourd & grossier, renferme les cendres du Cardinal de la Marck, Evêque & Prince de Liége, qui prévint la mort pour faire exécuter lui-même son tombeau. Les deux vers qu'il y grava, témoignent que la grande fortune & les grandes dignités ne sont pas capables de faire le bonheur de l'homme.

Decipimur votis, & tempore fallimur, atras
 Mors ridet curas ; anxia vita nihil.

 Les très-nobles Chanoines, en élisant leur Evêque, donnent un Prince au pays, & non à eux. Ils aiment mieux relever immédiatement du Pape, comme d'un Maître éloigné ; & en cas de schisme, dans l'élection, c'est le Pape qui décide. Ils ont voté plus d'une fois, pour des Princes de Maison souveraine. D'accord avec la Ville, ils paraissent revenus de ce goût.

 Liége, quoique soumise à son Evêque, au temporel comme au spirituel, jouit pourtant de si grands priviléges, qu'elle peut être regardée comme une République libre, gouvernée par ses Bourgmestres, & autres Magistrats municipaux, qui sont créés moitié par le Prince, moitié par la Ville. Les Colléges même d'Artisans, au nombre de trente-deux, partagent l'autorité, en ce qu'on ne peut publier aucun Edit, sans qu'ils y aient donné leur consentement.

 Cette Ville eut autrefois un grand commerce ; les Puissances voisines, en y jetant des obstructions, l'en ont dépouillé avec le tems. Les principales branches de son commerce actuel, sont le fer & l'acier. Elle vend des armes à feu, pour des sommes considérables. Elle a à ses portes une mine de houille si riche, qu'outre sa fourniture, elle en débite annuellement pour deux-cent-mille écus. Je ne sais si, dans les autres Etats, on recherche avec assez de soin & d'opiniâtreté cette matière, qui, en épargnant le bois, rendrait les forêts moins nécessaires, & laisserait plus de place aux subsistances des hommes & des bestiaux.

De Liége j'ai dirigé ma route sur Bouillon, distance de vingt lieues, en traversant les Ardennes, pays très-élevé & très-sec. J'y ai vu peu de Villages & peu de culture. Je croyais y voir la terre couverte de moutons. J'ai eu beaucoup à rabattre. Ce qu'on y trouve sûrement, ce sont de mauvais gîtes.

A une lieue de Palisseux, premier bourg du Duché de Bouillon, j'ai fait une pause au château de Carlsbourg. Ce canton est bien cultivé, & abonde en troupeaux. Deux jours que j'ai passés dans le château, m'ont dédommagé de l'ennui qu'on éprouve en parcourant un pays désert, & de la diète que j'avais faite.

De Carlsbourg on descend à Bouillon, à une grande profondeur ; cette Ville, enclavée dans le Duché de Luxembourg, ne tenant du côté du midi qu'à la Principauté de Sedan, tire un grand renom, du fameux Godefroi de Bouillon, le héros du Tasse, nom illustré encore dans des tems plus rapprochés de nos jours. Elle est serrée de tout côté, par les montagnes, sans pouvoir s'étendre. Une rivière poissonneuse, la *Semoy*, en fait une presqu'isle, & semble avoir de la peine à trouver par où entrer, & par où s'échapper. La citadelle, sur un rocher presqu'inaccessible, serait une pièce de la plus grande résistance, si elle n'était pas commandée. La montagne qui est en face est cultivée, & forme un amphithéâtre agréable, fruit de l'industrie des habitans, qui ont vaincu la difficulté de la culture.

La Ville est peuplée de quatre-mille habitans. Elle le serait davantage, aussi-bien que tout le Duché, si le commerce, qui vivifie tout, en aidant l'agriculture,

Bouillon.

lui était ouvert chez les Puissances voisines. Le mot *contrebande* est un terrible mot. Il y a bien des siècles que cette Souveraineté se soutient au milieu des grandes Puissances, en passant d'une Maison à une autre.

Sedan.

La première Ville qui s'est présentée à moi en rentrant en France, c'est Sedan, Place importante sur la Meuse, aux frontières du Luxembourg. Dans le dernier siècle elle appartenait en Souveraineté à la Maison de Bouillon : c'est dans son château, ou sa citadelle, que le grand Turenne reçut la naissance & l'éducation ; c'est dans ses remparts que son frère aîné, revêtu de la Souveraineté, donna un asyle au Comte de Soissons, contre le ressentiment du Cardinal de Richelieu ; c'est à une lieue de la Ville qu'il gagna la bataille de Marfée, contre l'armée Française, commandée par le Maréchal de Châtillon ; victoire qui lui coûta cher peu de tems après. Il fit grand plaisir au Cardinal de lui fournir une occasion de le dépouiller ; car le Ministre en voulait plus à sa Principauté qu'à sa tête. La tête fut sauvée ; mais la Ville fut réunie à la couronne de

France ; & c'est depuis cette époque qu'elle est devenue une des clés du Royaume.

Ses fortifications sont pourtant négligées ; ce qu'on ne répare pas à peu de frais, coûte souvent beaucoup dans l'avenir. Sa situation sur la Meuse donne de grands avantages pour le commerce. Elle a quatre grandes manufactures des plus beaux draps qui se fassent en Europe. J'en ai visité une depuis la première main jusqu'à la dernière. J'ai appris avec regret qu'elle avait ci-devant cent-quarante métiers battans, & qu'elle n'en a plus qu'une soixantaine ; que telle Puissance, à qui on faisait de grands envois, n'en veut plus. Les Anglais nous nuisent par-tout. Chaque manufacture, si le commerce était encore dans sa vigueur, occuperait environ quatre-mille bras. Deux chefs de ces manufactures ont été annoblis : ils l'ont mérité, je pense, en faisant vivre tant de monde, & en contribuant à la fortune de l'Etat, en même tems qu'ils font la leur.

On ne sçaurait passer à Sedan, sans se souvenir du Maréchal Fabert, qui en fut long tems Gouverneur, & sans applaudir à Louis XIV, qui éleva si haut le mérite sans naissance, qui voulut même le décorer du cordon bleu, décoration que la modestie refusa. L'Histoire nous dit que, dans ce tems où la superstition infatuait encore les esprits, l'imbécile vulgaire attribuait au diable la grandeur de ses succès. On en revint, lorsqu'on le vit fonder un Couvent de Capucins qui a une magnifique terrasse sur les fortifications mêmes, avec des points de vue admirables : à cette œuvre de dévotion il joignit plusieurs titres patriotiques : en voici un entr'autres : la Ville lui fit présent d'une riche tapisserie ; il en destina le prix à un ouvrage public. Son tombeau en marbre noir est dans l'Eglise des Capucins, petit monument pour un tel homme.

Charleville.

La Meuse, en continuant son cours, voit sur ses bords quantité de bonnes Villes, parmi lesquelles Charleville se distingue par sa construction. Au commencement du dix-septième siècle, ce n'était qu'un village nommé *Arches* ; c'est à présent une Ville régulièrement bâtie : elle est distribuée en quatre rues principales, fort larges & fort longues, traversées d'un grand nombre d'autres,

& toutes tirées au cordeau ; les maisons des quatre grandes rues sont autant de pavillons symmétriques, couverts d'ardoises : au centre est une grande place carrée, décorée de galeries en portiques, & d'une belle fontaine executée en marbre.

Le fondateur de cette jolie Ville fut Charles de Gonzague, Duc de Nevers & de Mantoue, en 1606, & lui donna son nom ; il méritait bien, comme cela était, de la posséder en toute Souveraineté, avec son territoire. Le domaine utile a passé à la Maison de Condé, la Souveraineté au Roi. C'est ainsi que toutes les petites rivières vont se perdre dans les grands fleuves.

Avant le changement de Maître, Louis XIII avait fait bâtir, de l'autre côté de la Meuse, une Citadelle appelée le Mont-Olympe, qui commandait à Charleville : après le changement, elle a été démolie.

Mézières, place forte, n'est séparée de Charleville que par un pont, & une chaussée, plantée d'arbres. Charles-Quint l'assiéga & fut obligé d'en lever le siége, par la longue & vigoureuse résis-

Mézieres.

tance du fameux Chevalier Bayard qui la défendait. Je ne dirai rien de Réthel, sur la rivière d'Aîne, où je n'ai fait que passer.

Reims.

Mais Reims, par sa célébrité, arrête le voyageur. Sa position, au milieu d'une grande plaine, sur la petite rivière de Vêle, offre, dans le lointain, des côteaux chargés de vignes, & couronnés de bois. Cette Ville, qui remonte à une haute antiquité, est assez généralement mieux bâtie que nos anciennes Villes.

La nouvelle place de Louis XV attire d'abord la curiosité. La statue du Monarque est pédestre. On a mis à ses pieds, pour symbole de la douceur de son gouvernement, la France qui mène par la crinière un lion apprivoisé, un mouton qui dort dans le sein d'un loup, & un commerçant qui se repose sur un ballot de marchandises. J'ai lu avec plaisir sur le piédestal une inscription Française : pourquoi ne ferait-on pas honneur à notre langue ?

De l'amour des Français éternel monument,
 Instruisez à jamais la Terre,
Que Louis, dans nos murs, jura d'être leur
 Père,
  Et fut fidèle à son serment.

On peut y trouver une faute de Grammaire, & un pléonasme ; peut-être aussi que le monument devrait parler lui-même : mais la pensée est belle. C'est dommage que la place, décorée de beaux édifices, ne soit pas assez spacieuse : le monument y paraît gêné.

L'Hôtel-de-Ville est du règne de Louis XIII. Son Architecture ressemble en petit à celle des Tuileries. Il n'est pas achevé. On dit qu'on le finira. J'y ai entendu un concert hebdomadaire, & j'y ai vu une école de Peinture.

La Cathédrale est du bon tems gothique. Son portail, qu'on vante tant, est lourd, écrâlé dans sa partie inférieure ; le haut est extrêmement léger & hardi ; la nef paraît étroite, relativement à sa longueur & son élévation ; le palais Archiépiscopal, qui tient à l'Eglise, est fort peu de chose à l'extérieur.

Le Chapitre a compté de nos jours, parmi ses membres, un Chanoine qui s'était persuadé qu'il valait mieux s'enrichir par un commerce de vin, pour faire du bien à sa patrie, que de s'en tenir à réciter l'Office Canonial. Après avoir rendu le double de son patrimoine à sa famille, il a employé plus de cinq-cent-mille francs à décorer la Cathédrale, à faire venir de la bonne eau dans la Ville, à fonder des écoles gratuites, à ouvrir un afyle aux malades. Pendant qu'il faifait tant de bien, fes concitoyens le cenfuraient, le contrariaient ; & lorfqu'il a fermé les yeux à l'âge de quatre-vingt-huit ans, on s'eft rappelé qu'il n'aimait pas la *Conftitution*, & on ne s'eft déterminé qu'avec peine à lui accorder la fépulture Catholique : tant on a de peine à faire du bien aux hommes ! vérité amère qu'il faut oublier. Cependant les infcriptions qu'on lit de côté & d'autre, à l'honneur du Chanoine *Godinot*, rendront fa mémoire précieufe à la poftérité.

La fameufe & très-ancienne Abbaye de Saint-Remi poffède le corps du faint Archevêque, en chair & en os, dit-on, dans une châffe fort riche, de fix pieds de longueur. On ne laiffe pas regarder dedans. Son tombeau en grande maffe eft de marbre blanc, avec des colonnes de porphyre, parfemées de pierreries précieufes. Les figures dont il eft décoré font les douze anciens Pairs, revêtus de leurs habits de cérémonie, dans le Sacre des Rois. Ils font de grandeur naturelle. Saint-Remi, plus élevé que les Pairs, est représenté assis, & Clovis à genoux, pour recevoir l'onction Royale. La Sainte-Ampoule est gardée dans ce monument. A travers le cryſtal qui l'enferme, on apperçoit une couleur rougeâtre ; est-elle dans le cryſtal, ou dans le baume céleſte, qu'on mêle avec l'huile bénite pour l'inauguration de nos Rois ? C'eſt ce que je n'ai pu diſtinguer.

Cet uſage de déférer l'honneur de cette auguſte cérémonie à la Ville de Reims, préférablement à la Capitale du Royaume, prouve combien les Nations tiennent aux anciennes pratiques. Je ſçais que pluſieurs Empereurs d'Occident allaient ſe faire couronner à Rome : mais Rome était la ſource de l'Empire ; mais Rome était la Capitale du Monde ; mais les Empereurs, en faiſant cet honneur à Rome, prenaient acte en quelque ſorte de leurs prétentions ſur Rome même. Parmi les Souverains modernes, preſque tous ſe font ſacrer & couronner dans leur Capitale, théâtre bien plus grand & bien plus digne d'une ſi grande pompe. La Sainte-Ampoule ne perdrait rien de ſes droits.

La Ville de Reims n'oublie pas un trait d'Histoire qui la regarde. Louis XI, à son Sacre, lui avait promis la diminution des impôts, promesse qui fut oubliée. Lorsque les Collecteurs se présentèrent, on brûla leurs rôles: on en vint aux coups, on en tua quelques-uns. Louis envoya des troupes, & quatre-vingts bourgeois, pour l'exemple, eurent la tête coupée. Si, à l'arrivée des troupes, les bourgeois eussent pris les armes; & que dans la mêlée il en eût péri quelques milliers, au lieu de quatre-vingts, tant pis pour les rebelles. Mais une telle boucherie, judiciaire & de sang-froid, sur-tout après une promesse violée, parut plus qu'exemplaire.

Les Bénédictins ont par-tout des Bibliothèques choisies, dont ils savent faire usage. Celle de leur Abbaye de Saint-Remi est riche en manuscrits rares. On en vante un sur-tout. C'est Phèdre qu'on fait remonter au tems du haut-Empire.

Leur autre Bibliothèque, dans l'Abbaye de S. Nicaise, fait le pendant de celle-là. Les amateurs de l'antiquité s'arrêtent dans l'Eglise au tombeau de *Jovinus*, natif de Reims, & Général de la Cavalerie

Romaine, sous les fils de Constantin. Ce tombeau est d'un seul morceau de marbre blanc, orné de bas reliefs, qui représentent une châsse. On voit avec surprise au-dehors de cette Eglise un grand pilier en arc-boutant, qui tremble à l'ébranlement d'une cloche sans battant. Les Cordeliers ont en regard sur la porte de leur Eglise, Jésus crucifié, & S. François stigmatisé, avec cette inscription ancienne & très-singulière :

Deo Homini & Sancto Francisco, utrique crucifixo.
Au Dieu-Homme & à S. François, tout deux crucifiés.

La postérité a vu, dans ce parallèle, de l'orgueil & de l'impiété dont on ne se doutait pas au tems de l'invention. On a effacé les deux derniers mots. La rature se voit encore.

Parmi les Archevêques qui ont illustré l'Eglise de Reims, *Gerbert* tient un rang à part. N'étant encore que simple Moine, il savait plus en Physique & en Mathématiques, que son siècle ne le permettait. Il eut à se disculper de l'accusation de magie. Dans cette conjoncture, il ne s'attendait guère à devenir Archevêque & Pape.

Reims, malgré son ancienneté & le rôle important qu'elle a joué, sous les Romains, conserve peu d'antiquités. Ou va chercher près d'une porte de la Ville un arc de triomphe d'Ordre Corinthien, à trois arcades, avec des colonnes cannelées, & des bas reliefs dans les voûtes. Les Savans devinent qu'il fut dédié à César, Vainqueur des Gaules; d'autres à Auguste, lorsqu'il fit faire les voies Romaines; d'autres encore à l'Empereur Julien. Quoi qu'il en soit, ce qui en reste, est à moitié enterré. Il en coûteroit peu, pour découvrir le tout. Il y a encore, à deux-cents pas de la Ville, quelques vestiges d'Amphithéâtre, qui témoignent que les Romains se plaisaient à l'embellir.

Ses dehors, aujourd'hui, donnent de l'agrément par un cours d'une grande étendue, d'où la vue se promène sur ces riches côteaux, qui produisent les vins de Sillery, d'Ay, & d'Auvilé.

Cette promenade, plantée dans un bel ordre, la Place Royale nouvellement bâtie, les fontaines publiques, des alignemens pris pour bâtir désormais sur un plan général, une Ecole de Peinture, un Concert réglé, tout cela annonce que les Rémois s'évertuent, & perfectionnent leur goût.

Au reste, il y a eu quelque fatalité qui s'est opposée à l'aggrandissement de cette Ville. Sa position paraît assez avantageuse. Elle existe dès les tems les plus reculés. Elle a vu nos Rois dans ses murs dès la fondation de la Monarchie; cependant elle ne compte que trente-deux-mille habitans; & on parcourt son enceinte en une heure & demie.

En passant par Soissons, pour regagner Paris, ce qui m'a le plus frappé, c'est sa situation. Il en est peu d'aussi agréables. Du centre d'un vallon charmant, où coule l'Aisne, cette Ville voit tout-au-tour d'elle des promenades délicieuses, des prairies abondantes, des champs variés par différentes cultures, & des lointains vraiement pittoresques en côteaux, en bois, en Villages, qui terminent l'horison.

J'ai revu Paris le 15 Novembre, ayant employé trois mois dans ce Voyage. Je sais que d'autres Voyageurs de ma Nation le font en un, & souvent moins. Apparemment qu'ils ont le talent de voir beaucoup & bien en peu de tems. C'est être heureusement né.

FIN.

TABLE

TABLE
DES LETTRES

Contenues en ce second Tome.

LETTRE XL.

De Venise, le 22 Mai 1764.   Page 3

Ancone.	ibid.
Sinigaglia.	4
Fano.	5
Faenza.	6
Rimini.	ibid.
Saint-Marin.	7
Ravenne.	ibid.
Ferrare.	9
Padoue.	13

LETTRE XLI.

De Venise, le 30 Mai 1764.   16

Venise.   ibid.

Tome II.   O

TABLE

LETTRE XLII.

De Venise, le 5 Juin 1764. 22
Epousailles de la Mer. 24

LETTRE XLIII.

De Venise, le 12 Juin 1764. 26
Régate. ibid.

LETTRE XLIV.

De Venise, le 10 Juin 1764. 31

LETTRE XLV.

De Venise, le 12 Juin 1764. 46

LETTRE XLVI.

De Parme, le 25 Juin 1764. 55
Vicence. 56
Vérone. 59
Mantoue. 64
Guastalle. 68

LETTRE XLVII.

De Parme, le 17 Juin 1764. 69

LETTRE XLVIII.

De Gènes, le 2 Juillet 1764. 77

DES LETTRES. 315

Pavie. 78

LETTRE XLIX.
De Gênes, le 10 Juillet 1764. 81
Gên s. *ibid.*

LETTRE L.
De Gênes, le 20 Juillet 1764. 92

LETTRE LI.
De Marseille, le 28 Juillet 1764. 99
Antibes. 101
Fréjus. 103
Hyeres. 104
Toulon. 106

LETTRE LII.
De Marseille, le 14 Août 1764. 108
Marseille. *ibid.*

LETTRE LIII.
De Marseille, le 24 Août 1764. 117

LETTRE LIV.
De Marseille, le 12 Septembre 1764. 131
Les Martigues. 133

TABLE DES LETTRES.
LETTRE LV.
De Marseille, le 20 Septembre 1764. 137
LETTRE LVI.
D'Aix, le 24 Septembre 1764. 140
LETTRE LVII.
De Nismes, le premier Octobre 1764.
    144
S. Remi.   *ibid.*
Beaucaire.   *ibid.*
Nîmes.   145
LETTRE LVIII.
D'Avignon, le 7 Octobre 1764. 149
LETTRE LIX.
De Lyon le 18 Octobre 1764. 153
Valence.   154
Vienne.   *ibid.*
Vue générale sur l'Italie.   157

Fin de la Table des Lettres.

TABLE
DES CHAPITRES
Contenus en ce second Tome.

CHAPITRE PREMIER.

Du penchant de l'Italie vers une certaine forme de Gouvernement. Page 166

CHAPITRE II.

Du caractère des Italiens. 175

CHAPITRE III.

De la douceur du Peuple. 179

CHAPITRE IV.

Des Femmes en Italie. 181

CHAPITRE V.

Du Luxe en Italie. 184

TABLE

CHAPITRE VI.

De la Religion en Italie. 186

CHAPITRE VII.

De la Tolérance Religieuse en Italie. 188

CHAPITRE VIII.

Des Sciences & des Bibliothèques en Italie. 193

CHAPITRE IX.

Des Monumens antiques en Italie. 195

CHAPITRE X.

De l'Architecture, Peinture & Sculpture modernes en Italie. 200

CHAPITRE XI.

Des Spectacles en Italie. 206

CHAPITRE XII.

De la Musique en Italie. 209

DES CHAPITRES.

CHAPITRE XIII.

Des Mines d'Argent en Italie.   113

Voyage de Hollande en 1769.   219
Tournai.   220
Fontenoi.   222
Saint-Amand.   *ibid.*
Bruxelles.   224
Anvers.   228
Rotterdam.   233
Amsterdam.   237
Nord-Hollande.   249
Parmeren.   *ibid.*
Brook.   *ibid.*
Horn.   250
Enchuysen.   *ibid.*
Alcmaer.   251
Sardam.   252
Harlem.   256
La Haye.   259
Delft.   270
Leyde.   272

Utrecht. 276
Boleduc. 282
Maſtricht. 285
Liége. 295
Bouillon. 299
Sedan. 300
Charleville. 302
Mézieres. 303
Reims. 304

Fin de la Table des Chapitres.

APPROBATION.

J'Ai lu par ordre de Monseigneur le Garde des Sceaux, un Manuscrit ayant pour titre: *Voyage d'Italie & de Hollande*, par M. l'Abbé COYER. Il m'a paru que rien n'en pouvoit empêcher l'Impression, & qu'après tant de Voyages d'Italie, on liroit encore celui-ci avec intérêt. Fait à Paris, ce 6 Janvier 1775.

    CAPPERONNIER.

PRIVILÉGE DU ROI.

LOUIS, par la grace de Dieu, Roi de France & de Navarre: A nos amés & féaux Conseillers, les Gens tenant nos Cours de Parlement, Maîtres des Requêtes ordinaires de notre Hôtel, Grand Conseil, Prevôt de Paris, Baillifs, Sénéchaux, leurs Lieutenans Civils & autres nos Justiciers qu'il appartiendra, SALUT. Notre amé le sieur Abbé COYER, Nous a fait exposer qu'il desireroit faire imprimer & donner au Public, un Livre intitulé: *Voyage d'Italie & de Hollande*, s'il Nous plaisoit lui accorder nos Lettres de Priviſége pour ce nécessaires. A ces causes, voulant favorablement traiter l'Exposant, Nous lui avons permis & permettons par ces Présentes, de faire imprimer ledit Ouvrage autant de fois que bon lui semblera, & de le vendre, faire vendre & débiter par tout notre Royaume pendant le tems de six *années* consécutives, à compter du jour de la date des Présentes. Faisons défenses à tous Imprimeurs-Libraires & autres personnes de quelque qualité & condition qu'elles soient, d'en introduire d'impression étrangere dans aucun lieu de notre obéissance : comme aussi d'imprimer, ou faire imprimer, vendre, faire vendre, débiter, ni contrefaire ledit ouvrage, ni d'en faire aucuns extraits sous quelque prétexte que ce puisse être, sans la permission expresse & par écrit dudit Exposant, ou de ceux qui auront droit de lui, à peine de confiscation des Exemplaires contrefaits, de trois mille livres d'amende contre chacun des contrevenans, dont un tiers à Nous, un tiers à l'Hôtel-Dieu de Paris, & l'autre tiers audit Exposant, ou à celui qui aura droit de lui, & de tous dépens, dommages & intérêts ; à la charge que ces Présentes seront enregistrées tout au long sur le Registre de la Communauté des Imprimeurs & Libraires de Paris, dans trois mois de la date d'icelles ; que l'impression dudit Ouvrage sera faite dans notre Royaume, & non ailleurs, en beau papier & beaux caracteres ; conformément aux Réglemens de la Librairie, & notamment à celui du 10 Avril 1725, à peine de déchéance du présent Privilége ; qu'avant de l'exposer en vente, le manuscrit qui aura servi de copie à l'impression dudit ouvrage, sera remis dans le même état où l'Approbation y aura été donnée, ès mains de notre très-cher & féal Chevalier Garde des Sceaux de France, le sieur

Hue de Miromenil ; qu'il en fera enfuite remis deux Exemplaires dans notre Bibliotheque, un dans celle de notre Château du Louvre, un dans celle de notre très-cher & féal Chevalier Chancelier de France le fieur de Maupeou, & un dans celle dudit fieur Hue de Miromenil ; le tout à peine de nullité des Préfentes : du contenu defquelles vous mandons & enjoignons de faire jouir ledit Expofant, & fes ayant caufe, pleinement & paifiblement, fans fouffrir qu'il leur foit fait aucun trouble ni empêchement. Voulons que la copie des Préfentes, qui fera imprimée tout au long, au commencement ou à la fin dudit ouvrage, foit tenue pour duement fignifiée, & qu'aux copies collationnées par l'un de nos amés & féaux Confeillers, Secrétaires, foi foit ajoutée comme à l'original. Commandons au premier notre Huiffier ou Sergent fur ce requis, de faire pour l'exécution d'icelles, tous actes requis & nécellaires, fans demander autre permiffion, & non-obftant clameur de haro, charte normande, & lettres à ce contraires : Car tel eft notre plaifir. Donné à Paris le cinquieme jour du mois d'Avril, l'an de grace mil fept-cent foixante-quinze, & de notre Regne le premier. Par le Roi en fon Confeil.

LEBEGUE.

Je reconnois avoir cédé & tranfporté le préfent Privilége à la Dame Veuve Duchefne, pour qu'elle en jouiffe en mon lieu & place, comme d'une chofe à elle appartenante, fuivant les arrangemens faits entre nous. A Paris ce 7 Avril 1775. L'Abbé COYER.

Regiſtré le préſent Privillège, & enſemble la Ceſſion ſur le Regiſtre XIX. de la Chambre Royale & Syndicale des Libraires & Imprimeurs de Paris, N°. 89. Fol. 399. conformément au Réglement de 1723. A Paris le 7 Avril 1775.
SAILLANT, Syndic.

Achevé d'imprimer pour la premiere fois, le 15 Avril 1775.

De l'Imprimerie de CAILLEAU, rue Saint-Severin, vis-a-vis des murs de l'Egliſe.

www.ingramcontent.com/pod-product-compliance
Lightning Source LLC
Chambersburg PA
CBHW050127240426
43673CB00043B/1586